MENU PARA A SEMANA

AMANDA HESSER & MERRILL STUBBS

FOOD52

MENU PARA A
SEMANA

Receitas e cardápios
para agilizar a sua cozinha

FOTOGRAFIAS

JAMES RANSOM

TRADUÇÃO

LÍGIA AZEVEDO

COMPANHIA DE MESA

Sumário

Introdução 1

A PRIMAVERA DA MERRILL

A SEMANA ADIANTE 11
merguez de cordeiro, aspargo, ervilha-torta, folhas de ervilha, *hana-nirá*, limão-siciliano em conserva, ricota, cookie de aveia

Salada de ervilha-torta, folhas e aspargo com creme de limão-siciliano em conserva e *merguez* 14

Aspargo assado do Jonathan 15

Salada verde com ervilha-torta, aspargo assado, ricota e amêndoa torrada 15

Merguez de cordeiro 16

Orecchiette com *merguez* e *hana-nirá* 19

Sanduíche de *merguez* com folhas baby, queijo de cabra e azeitona verde 19

Manteiga de *hana-nirá* 20

Ovos verdes 20

Torrada de ricota 20

Cookie crocante de aveia 23

A SEMANA ADIANTE 25
salmão assado, fritada, ervilha, escarola, aspargo, batata assada, maionese de ervas, vinagrete simples, ruibarbo, bolacha

Bolacha multiúso 28

Bolacha com fritada, maionese de ervas e pimenta 28

Fritada com ervilha, folhas verdes e ricota 31

O melhor vinagrete de vinho tinto 31

Salmão assado com maionese de ervas 32

Bolinho de compota de ruibarbo 35

Torrada de chocolate 35

A PRIMAVERA DA AMANDA

A SEMANA ADIANTE 39
nuggets caseiros, batata, aspargo, alho, limão-siciliano, ruibarbo

Molho de alho assado da Roberta 42

Salada de frango com abacate e limão-siciliano 42

Nuggets caseiros 45

Sanduíche de *nugget* com picles e molho especial 45

Brandade 46

Panqueca de brandade 46

Macarrão ao limão-siciliano com aspargo 49

Torrada com queijo de minas e aspargo 49

Salada de aspargo e abacate com parmesão 49

Batata assada do Tad 50

Legumes sortidos 50

Galette de ruibarbo 53

Ruibarbo assado com mexerica e cardamomo 53

A SEMANA ADIANTE 55
fraldinha, trigo, nabo, folhas de alho, *charmoula*, limão-siciliano em conserva, *schlumpf*

Aspargos mexidos 58

Salada de grãos com aspargo, nabo, queijo feta e molho de limão-siciliano em conserva 61

Legumes com ricota e folhas de alho 61

Filé de frango com *charmoula* e limão-siciliano em conserva 62

Fraldinha e *charmoula* na vianinha 62

Quesadilla ao pesto de folhas de alho 65

Schlumpf 66

Sorvete de chocolate com *croûtons* de brioche, amêndoa e sal 66

O VERÃO DA AMANDA

A SEMANA ADIANTE 71
wraps de peixe, arroz jasmim, tomate-cereja estourado, cebola em conserva, pêssego picante, *blueberry*

Limonada com manjericão 75

Tomate-cereja estourado 76

Salada de arroz jasmim com tomate-cereja estourado, atum, azeitona e alcaparra 76

Sanduíche de tomate-cereja estourado 76

Salada de pêssego picante 79

Presunto cru enrolado no pêssego picante 79

Salada tailandesa de carne 80

Salada de carne e abacate com arroz frito e castanha-de-caju 82

Sanduíche tailandês com carne, abacate, coentro e cebola em conserva 82

Sanduíche de carne com cebola em conserva, tomate-cereja estourado e folhas verdes picantes 82

Arroz jasmim por tentativa e erro 83

Arroz de forno simples da Merrill 83

Wraps de peixe 85

Cebola em conserva 86

Penne com tomate-cereja estourado e milho 88

Raspadinha de *blueberry* 91

A SEMANA ADIANTE 93
atum escaldado, cuscuz, romesco, pimentão no azeite, manteiga dourada, ameixa

Salada de lula grelhada com limão, alcaparra e cuscuz 96

Torrada com maionese de páprica defumada 96

Salada de cuscuz com abobrinha, pistache e queijo feta 99

Tomate à *noisette* 99

Salada de cuscuz com abobrinha, pistache e atum escaldado 99

Atum escaldado 100

Sanduíche de salada de atum com molho romesco 100

Pimentão no azeite 103

Salada de atum com pimentão e maionese de páprica defumada 103

Macarrão de verão 104

Costeleta de porco ao molho romesco 107

Ovos ao molho romesco 107

Torta de ameixa 109

O VERÃO DA MERRILL

A SEMANA ADIANTE 113
carne, camarão grelhado, farro, cogumelo, rúcula, pesto de folhas de alho, rabanete, morango, suspiro

Spritzer de vinho rosé e morango 116

Smoothie de morango com iogurte e mel 116

Salada de farro com cogumelo assado e parmesão 119

Bisteca com rúcula, limão-siciliano e parmesão 120

Tigelinha de grãos e carne 121

Manteiga de *sriracha* e limão 121

Bruschetta de rabanete e abacate com manteiga de *sriracha* e limão 121

Tartine de rabanete e homus 121

Camarão grelhado com rúcula e pesto de folhas de alho 123

Salada de farro com camarão, rabanete e pesto 124

Torrada com pesto 124

Macarrão com atum e pesto 124

Torrada de abacate com pesto, bacon e ovo poché 124

Bagunça sofisticada 126

Biscoito de suspiro 126

A SEMANA ADIANTE 129
caranguejo, almôndega, macarrão, tomate, abobrinha, vagem, abacate, manjericão, melancia, pêssego, sorvete de amora

Melancionada 133

Salada de caranguejo e abacate 134

Torrada de caranguejo 134

Sanduíche de abacate, caranguejo, alcaparra e tomate-cereja estourado 134

Almôndega com tomate e abobrinha 136

Sanduíche de almôndega com mozarela e manjericão 136

Molho de tomate rápido 137

Vagem cozida 137

Macarrão com alho, tomate, manjericão e brie 138

Meu sanduíche de tomate favorito 138

Sorvete de amora com gotas de chocolate 141

O OUTONO DA MERRILL

A SEMANA ADIANTE 145
**ragu de linguiça, frango, abobrinha,
batata-doce, macarrão, maçã**

Frango rosé 148

Abobrinha assada com molho apimentado
de hortelã 151

Salada quente de frango 152

Batata cozida 152

Macarrão ao forno com ragu de linguiça 155

Batata-doce assada com ragu de linguiça 155

Bolo de purê de maçã com cobertura 156

Purê de maçã assada 156

Purê de maçã 156

A SEMANA ADIANTE 159
**porco, grão-de-bico, couve-flor, brócolis,
cevada, *confit* de cebola, caqui, bolo inglês**

Sopa de brócolis, limão-siciliano e parmesão 162

Paleta suína assada durante a noite 165

Salada de cevada com caqui, *confit* de cebola
e queijo 166

Vinagrete de *confit* de cebola 166

Couve-flor apimentada 169

Bucatini com couve-flor, pecorino, pimenta
e farinha de rosca 169

Escarola, couve-flor apimentada e grão-de-bico
com vinagrete de *confit* de cebola 169

Grão-de-bico refogado com aipo 170

Bolo inglês de açúcar mascavo com chantili 173

O OUTONO DA AMANDA

A SEMANA ADIANTE 177
**costela, *penne*, erva-doce, tomate,
ameixa, chocolate**

Creme de tomate assado 181

Queijo quente com bacon da mamãe 182

Salada de ovo 182

Frango de frigideira 184

Salada de frango com erva-doce e amêndoas
defumadas 185

Erva-doce refogada 185

Sanduíche de salada de frango 185

Salada de erva-doce e salame 185

Costela bovina ao vinho tinto 187

Purê de abóbora 188

Bolo de chocolate com azeite 191

Sorvete de menta com torrada de bolo e chantili 191

Ameixa e espuma de canela 191

A SEMANA ADIANTE 193
**cordeiro, nhoque de ricota, couve cremosa,
molho verde, raiz-forte, baunilha**

Paleta de cordeiro fatiada 196

Couve-de-bruxelas assada 196

Salada de couve-de-bruxelas com *pinoli*
e uva-passa 196

Salada de cordeiro com raiz-forte,
agrião e aipo 198

Vinagrete cremoso de mostarda 198

Molho verde 198

Sanduíche de cordeiro com couve e molho verde 198

Couve cremosa 199

Nhoque de ricota com couve cremosa 199

Nhoque de ricota 200

Nhoque com manteiga, sálvia, couve-de-bruxelas
e *pinoli* 200

Arroz tostado 203

Arroz tostado com couve cremosa e ovo frito 203

Cookie de baunilha com especiarias e gotas
de chocolate (vegano!) 204

O INVERNO DA AMANDA

A SEMANA ADIANTE 209
rabada, mingau de arroz, couve-de-bruxelas,
folhas de mostarda, coco, mel

Jook turbinado com folhas de mostarda 213

Jook com ovo frito 213

Rabada 214

Picadinho de rabada na torrada 216

Farro 216

Farro com folhas de mostarda, amêndoas, groselha
e lascas de queijo 217

Sanduíche de presunto cru com manteiga
e salada 217

Salada de couve-de-bruxelas com molho
de aliche 219

Salada de farro e couve-de-bruxelas 219

Salada de couve-de-bruxelas com molho de aliche
e ovo cozido com iogurte grego 219

Barrinha de coco dos sonhos 220

Sanduíche de cookie de gengibre com sorvete
de chocolate 220

Sorvete de chocolate com mel apimentado
e cereja ao marasquino 220

A SEMANA ADIANTE 223
porco, molho à bolonhesa, polenta, ervas, verduras
ao alho, laranja-sanguínea, chocolate

Salada de laranja-sanguínea 227

Salada de abacate e laranja-sanguínea 227

Porchetta da Luciana 228

Molho à bolonhesa 231

Batata-bolinha crocante 231

Polenta assada 232

Verduras ao alho 235

Salada de espinafre, *pancetta*, ovo e *croûtons* 235

Sanduíche de *porchetta*, cebola em conserva
e verduras ao alho 235

Musse de chocolate com alecrim 236

Sorvete de café com marshmallow tostado 236

O INVERNO DA MERRILL

A SEMANA ADIANTE 241
ensopado, abóbora, purê, pastinaca, massa folhada,
chocolate, menta, drinques

Enroladinhos com pecorino e raiz-forte 244

Sherry Temple 245

Shirley Temple 245

Ensopado de carne ao vinho tinto com pastinaca
e cenoura 247

Creme de abóbora com xerez 248

Purê de batata e pastinaca com *sour cream* 251

Bolinho de batata e pastinaca 251

Cookie de chocolate com farinha de amêndoa
e cereja 252

Sorvete de menta festivo 252

A SEMANA ADIANTE 255
taco de porco, peixe, arroz, feijão, sopa, repolho,
pimenta, gengibre, grapefruit, sorvete de limão

Salada de repolho e rabanete 258

Peixe no papelote 259

Salpicão de peixe 260

Lámen com peixe, gengibre, coentro, pimenta
e limão 260

Taco de carne de porco de panela 263

Feijão encorpado 264

Massa com *fagioli* 264

Arroz verde 266

Sorvete de limão 268

Grapefruit grelhada com limão 268

Xarope de gengibre 268

MACARRÃO DE SEXTA À NOITE DO TAD 270
Rotelle à arrabiata 270

Macarrão com vodca 271

Macarrão com atum do Zuni 271

Agradecimentos 273

Índice remissivo 274

INTRODUÇÃO

Você está voltando pra casa depois de um dia de trabalho e, de repente, se dá conta de que nem pensou no jantar. Tem só alface murcha e restos de frango na geladeira, e está tarde pra passar no mercado. Pra piorar, você ainda tem que ajudar as crianças com a lição de casa e lavar a roupa. O desânimo vem. Você se encontra nessa situação mais vezes do que gostaria.

Todos já passamos por isso.

Por causa do nosso trabalho, as pessoas sempre perguntam: "Você deve cozinhar o tempo todo, né?".

"Na verdade, não", respondemos. "Cozinhamos mais no fim de semana."

Como mães e sócias em um negócio em expansão, temos muito pouco tempo para cozinhar durante a semana. Se queremos comer bem, precisamos planejar as compras e o preparo no fim de semana, tendo sempre em mente que o jantar em família não deve ser monótono.

Levamos anos trabalhando separadamente para descobrir como fazer isso. Cometemos erros. Pedimos pizza. Mas, com o tempo, os pequenos triunfos e a sabedoria adquirida com a experiência, fomos nos aperfeiçoando. Quando começamos a trabalhar neste livro, as ideias e as dicas começaram a surgir em ritmo acelerado, de forma que tudo se organizou rapidamente. Tínhamos descoberto algo e podíamos ajudar outras pessoas.

Foi assim que começamos:

AMANDA: Depois que os gêmeos nasceram, eu ia no sábado à feira e comprava o que tinha de bom. Aos domingos, cozinhava tudo, prometendo pensar em maneiras de combinar as coisas de um jeito gostoso durante a semana. O problema era que… Bom, na verdade os problemas eram muitos. Cozinheiros com pressa tendem a pegar o caminho mais fácil — então eu assava tudo. Nunca usava o peixe e a beterraba assados de um jeito criativo numa terça à noite. Meses depois, percebi que não apenas estava entediada mas também presa a uma rotina deprimente. O que me salvou foram as receitas — voltei a seguir os passos de outras pessoas.

Elas quebram o galho para dias corridos ou sem inspiração. É só seguir as instruções que você chega lá. Ao permitir que eu adentrasse a mente criativa de outras pessoas, as receitas revigoraram meu amor pela comida. Voltei a aprender, e os resultados foram surpreendentes e deliciosos. O único problema é que elas funcionam bem por uma noite, mas não a semana inteira.

Comecei a tentar combinar receitas para montar um cardápio semanal. Envolvi meu marido, Tad, nesse processo. Cozinhar juntos se tornou uma desculpa para conversar.

MERRILL: A ideia de planejar o cardápio antecipadamente é algo novo pra mim. Não faz muito tempo, eu ainda ia ao mercado na volta do trabalho e pegava um frango, macarrão ou o que me apetecesse para jantar com meu marido. *Steak au poivre* numa quarta-feira? Ótimo. Com purê e legumes *sauté*. Às dez da noite.

Então Clara chegou, seguida por Henry três anos depois, e tudo mudou. Não dava mais para jantar a qualquer hora. Cardápios improvisados viraram coisa do passado (ou pelo menos do fim de semana), e de repente a quantidade de comida necessária para manter todo mundo alimentado em casa se tornou intimidadora.

Embora eu nunca tivesse me afastado de receitas como fonte de inspiração, comecei a preferir as mais flexíveis, que podiam se adaptar a diferentes épocas do ano, ingredientes, métodos de preparo e rendimentos. Comecei a cozinhar nos fins de semana pensando em eficiência, sempre à procura de combinações e trocas bem-sucedidas.

AMANDA: Compusemos nosso menu semanal com os estilos (e vícios!) de cada uma. Merrill tinha uma porção de anotações soltas aqui e ali, e usava sobras do jantar no almoço, como frango assado e feijão. Eu ficava secretamente louca pela comida dela e roubava algumas ideias.

MERRILL: Amanda optava por cardápios semanais escritos meticulosamente à mão e planejados aos domingos (ela é virginiana), o que levava a inspiradas saladas de quinoa, trigo e couve-de-bruxelas com molho de anchova.

AMANDA: Nos nossos almoços ou no caminho para reuniões, falávamos sobre o que tínhamos feito e trocávamos dicas e receitas — como a ideia de Merrill de assar a paleta suína durante a noite (p. 165). Logo, estávamos influenciando uma à outra.

Percebemos que havia um ponto de vista comum e coerente quanto ao planejamento do jantar, consequência de nossa vida complexa. Finalmente — dã! —, nos demos conta de que esse era o livro que tínhamos que escrever juntas. Porque era um assunto extremamente importante para nós e porque tantas outras pessoas tinham que lidar com o mesmo desafio.

Aprendemos com nossos fracassos que o maior obstáculo para comer bem não é a preparação, mas a organização. Foi por isso que dividimos nosso livro por estação do ano e cardápio semanal e enchemos de táticas e instruções. Esse novo jeito de jantar vai mudar o transcorrer das suas semanas e melhorar sua vida. Aquela ansiedade quanto ao que você vai fazer pro jantar depois do trabalho acabou. Quando chegar em casa, você já vai saber o que precisa ser feito, e assim terá mais tempo para passar com as pessoas que ama. Vai sentar para comer um jantar que é variado e equilibrado. Vai economizar, gastando menos no mercado e evitando desperdício de comida. Vai virar um cozinheiro mais rápido e melhor trabalhando dessa forma.

Estaremos com você por todo o caminho — junte-se a nós!

Amanda e Merrill

COMO USAR ESTE LIVRO

À primeira vista, este livro pode parecer desafiador. Realmente é uma nova maneira de jantar, e isso pode significar alterar seus hábitos de compra e na cozinha. Para cozinhar para a semana, você vai precisar decidir seu cardápio e planejar uma compra grande de modo a estar preparado para entrar na cozinha de uma vez só.

Nosso planejamento pode tirar um pouco da sua espontaneidade, mas achamos que os benefícios valem a pena. Você vai começar cada semana se sentindo organizado e no controle. Vai ter um plano detalhado para cinco jantares (e muitos almoços) que qualquer um pode fazer, de modo que a programação não seja prejudicada.

O mais importante é que você vai começar a semana sabendo que vai comer bem. Vai haver pouca preparação de última hora na maior parte das noites — e muito mais tempo para passar com os amigos e a família.

Alguns pontos importantes para ter em mente antes de começar seu primeiro cardápio:

• No começo, o tempo de preparo real pode ser maior do que o indicado. Afinal, trata-se de receitas novas e a proposta multitarefas pode não vir muito naturalmente para você. Nossos cardápios foram testados e cronometrados pela nossa equipe, então conhecemos bem o trabalho. Não se preocupe se demorar mais — assim que pegar o jeito da coisa, vai ficar mais fácil.

• O tempo de preparo representa tempo ativo trabalhando na cozinha. Pode ser que você termine de fazer o que precisa, mas uma carne ou um bolo precisem de mais uma hora no forno.

• Ele indica o tempo que uma pessoa levaria para fazer a receita. Se alguém ajudar, o tempo vai ser muito mais curto.

• Não contabilizamos o tempo de lavar a louça ou limpar a cozinha, porque cada pessoa faz isso à sua maneira. É bom ir limpando conforme trabalha, entre as receitas ou os passos. Você vai ficar mais contente se terminar um cardápio sem uma montanha de louça com que lidar.

- Disponibilizamos um plano semanal pra cozinhar adiantado de uma vez só, mas você é livre para dividir o trabalho em mais de um dia, da maneira que funcionar melhor para você. Por exemplo, faça a sobremesa no sábado de manhã e o ensopado à noite, então use o domingo para as receitas mais simples. Nós, por exemplo, não damos conta de cozinhar em um único surto semanal — às vezes nosso fim de semana na cozinha se estende até segunda, ou acabamos pedindo uma pizza na noite em que vamos cozinhar. Não nos sentimos culpadas por isso, portanto, não se sinta também!

- Pense nos cardápios do livro como o Mundo dos Cardápios Perfeitos. Eles são feitos para quando você está realmente focado em cozinhar e vai ficar em casa todas as noites da semana. São um ideal que também gostaríamos de atingir, mas nem sempre conseguimos. Por isso sugerimos atalhos para cada um — ideias de receitas que você pode guardar para outra semana, quando tiver mais tempo.

- Se você só vai ficar em casa uma ou duas noites na semana, faça apenas uma parte do cardápio.

- Você vai notar que o trabalho no fim de semana vai resultar em comida em diferentes estágios de preparo. Algumas semanas, você terá diversos pratos prontos para esquentar e servir. Outras, você terá alguns elementos avulsos que serão combinados com algum tempo na cozinha durante a semana.

- Nossos cardápios são pensados para alimentar uma família de quatro e ocasionalmente podem ser aumentados ou reduzidos para atender suas necessidades (seja alterando as quantidades de uma receita ou cortando um ou dois pratos).

- Organizamos o livro por estações do ano (do ponto de vista da Costa Leste americana), de modo que pudéssemos tirar vantagem dos melhores ingredientes de cada estação. É assim que cozinhamos — deixamos a feira nos guiar, e esse é o primeiro lugar a que recorremos para pensar em um novo cardápio. Sinta-se à vontade para fazer ajustes de acordo com a sua localização.

- Se você está preocupado que os pratos possam estragar antes que tenha a oportunidade de comer, não se preocupe: pensamos nisso quando elaboramos nossos cardápios. Cada plano rende uma boa quantidade de comida; portanto, se você não tiver muitas bocas para alimentar, pode se preparar para a próxima semana congelando porções.

- Nós marcamos as receitas ótimas para congelar e mostramos o tempo de armazenamento, além de dicas para tudo o que conseguimos pensar.

- Não recomendamos nenhum equipamento ou utensílio esotérico, mas alguns menus requerem várias panelas grandes. Se você não quiser investir mais em material de cozinha, empreste de alguém ou se organize para cozinhar em dois dias, assim você pode lavar e usar o mesmo equipamento.

- Potes — sim, você vai precisar de muitos. Como muitas receitas e componentes são guardados até a refeição em que serão usados, seus potes e vidros de armazenamento serão muito requisitados.

- À medida que escrevíamos o livro, nós percebemos que havia algumas receitas básicas que precisavam de destaque em seções especiais para ser consultadas com facilidade se optar por criar seus próprios menus. Por isso criamos as seções de molhos de salada (p. 152), massas para a sexta à noite (p. 270) e pratos que você pode congelar com antecedência para o inverno (p. 107).

- As minirreceitas são receitas básicas ou simples que podem ajudar a compor outras mais elaboradas que você já preparou para um menu — como aquela que um amigo lhe passou. As mínis são menos detalhadas, e nós pensamos que talvez você gostasse de dar um tempo das receitas convencionais de vez em quando. Você vai encontrar minirreceitas e dicas ao longo do livro que não estão incluídas nos menus de jantar. Pense nelas como bônus — e mais inspiração para criar os seus próprios cardápios!

- Nós incluímos listas de compra para você não perder tempo — assim o trabalho de pensar em todos os ingredientes de um menu já está feito para você. Esperamos que seja útil! Se você quiser usar um plano mais simples, não se esqueça de adaptar sua lista de compras.

SABEDORIA DE COZINHA

Aprendemos muita coisa preparando diferentes cardápios ao longo dos anos, incluindo truques para conservar comida de forma eficiente, economizar tempo e manter os ingredientes frescos pelo máximo de tempo possível. Aqui vão algumas pérolas de sabedoria culinária nas quais confiamos.

Guardar ingredientes frescos

Use um pouco do tempo na cozinha no fim de semana para lavar todas as ervas e as verduras da semana. Seque bem e guarde na geladeira entre duas folhas de papel-toalha em sacos tipo zip. Amanda tira todo o ar e fecha o saco, enquanto Merrill os deixa abertos. Testamos os dois métodos na cozinha do Food52 para ver qual mantinha os alimentos conservados por mais tempo e, depois de cinco dias, chegamos à conclusão de que houve um empate: os dois foram bem! A escolha é sua.

Para não desperdiçar, lave os sacos mais grossos e reutilize sacos limpos do mercado para guardar verduras e legumes crus. Você também pode manter as folhas lavadas na centrífuga (coloque algumas folhas de papel-toalha para absorver o excesso de água) se tiver espaço na geladeira — o que dificilmente acontece na nossa cozinha!

Mantenha limão e alho em sacos de linho fino (ou sacos plásticos com papel-toalha) na gaveta de legumes e verduras. Cebola, batata e frutas (maçã, pêssego, melão etc., exceto frutas vermelhas) aguentam bem fora da geladeira. Espalhe-as em travessas grandes, para que não fiquem empilhadas.

Deixe banana (pendurada, se possível) e abacate longe de outras frutas. Isso vai impedir que escureçam.

Pão de casca delicada (como o francês) fica melhor no dia em que você compra. Mas, se nem sempre você tem pão fresco, congelar até o momento do uso é uma ótima alternativa. Embrulhe o pão (você pode cortar em pedaços se for muito grande) em filme, então em papel-alumínio e leve ao freezer. Antes de usar, deixe em temperatura ambiente por cerca de uma hora, então ponha (desembrulhado) no forno a 175°C por cerca de cinco minutos para deixar a casca crocante.

Guardar comida pronta

Se você branquear ou cozinhar legumes como ervilha-torta, aspargo ou vagem com antecedência, conserve-os separadamente na geladeira em potes ou sacos plásticos com papel-toalha. Utilize em poucos dias ou eles vão ficar moles.

Conforme for usando a comida durante a semana, transfira o que sobrar para potes menores. Ao final da semana, sua geladeira deve ter esvaziado razoavelmente, facilitando a limpeza. Aproveite para jogar tudo o que não estiver bom (fica mais fácil de ver a alface queimada em uma gaveta organizada).

Sempre que possível, deixe pratos como ensopados, assados, macarrão e arroz na panela em que foram feitos. Dessa forma, o aquecimento fica mais simples e você usa menos utensílios.

Você vai notar que a maior parte dos nossos molhos para salada são agitados em potes de vidro com tampa de rosca. É a maneira mais simples de misturar os ingredientes, e aí o molho já fica num lugar fácil de guardar e usar.

Reaquecer

Se você usa o forno para esquentar a comida, a temperatura baixa (cerca de 150°C) funciona para a maioria dos alimentos. Se pretende aquecer biscoitos ou tortas, melhor ajustar a temperatura para 175°C a 190°C.

Refogados, ensopados e arroz vão ao forno de 150°C, por 15-30 minutos, até aquecer bem. Também costumam ficar bons no micro-ondas: ponha a comida em um recipiente adequado, cubra com papel-toalha e regule a temperatura o suficiente para aquecer (o excesso de calor no micro-ondas equivale a um jantar borrachudo).

Reaqueça pratos mais firmes como legumes assados e carnes no forno, cobertos levemente com papel-alumínio, para que não ressequem. Se a carne já estiver fatiada (como a de porco das pp. 165 e 263), cubra as fatias com molho primeiro. Nunca reaqueça carne que deve se manter rosada (como a bisteca da p. 120). Você vai ficar bem mais feliz se deixar a carne em temperatura ambiente por meia hora antes do jantar e servi-la com acompanhamentos quentes.

Sempre cubra o peixe para reaquecer, no forno baixo ou no micro-ondas. (Uma exceção é o salmão assado da p. 32, que você pré-assa no fim de semana e finaliza antes de servir.)

Retire sobremesas (como pudins) e queijos da geladeira para que estejam em temperatura ambiente na hora de servir. Deixe o sorvete amolecer por alguns minutos para que seja mais fácil de manusear.

É sempre importante experimentar o tempero, principalmente quando você está reaquecendo ou retrabalhando sobras. Um ensopado que parecia perfeitamente temperado quando saiu do fogo pode precisar de mais um pouquinho de sal depois de um dia na geladeira. Prove o que vai servir assim que tiver esquentado e faça ajustes.

Congelar

Embora algumas comidas durem mais quando bem embaladas, a regra geral é limitar o período de congelamento a seis meses ou menos. De outra maneira, você corre o risco de desidratação ou oxidação.

Ponha etiquetas (incluindo a data de congelamento) em tudo o que você leva ao freezer. Você pode achar que vai lembrar em qual pote pôs o caldo de galinha, mas provavelmente não vai. E caldo de galinha congelado parece muito com clara de ovo congelada.

Para congelar coisas pequenas que você gostaria que não grudassem — como grão-de-bico cozido, nhoque ou frutas vermelhas —, espalhe-as em assadeiras em uma camada única e congele até endurecer, então transfira para um saco ou pote. Assim, você pode utilizar apenas a quantidade que precisa.

Congele molho pesto em forminhas de gelo, depois retire os cubos e conserve em um saco. Congele molho de tomate, sopa e ensopado em porções para dois. Assim, você pode tirar a quantidade certa dependendo do número de pessoas.

Sempre que espremer um limão, faça as raspas primeiro. Guarde em um saco ou pote hermético no congelador para quando precisar. Use raspas congeladas do mesmo modo que as frescas — elas descongelam quase instantaneamente.

Tentamos não utilizar muito coentro ou salsinha frescos sem uma recomendação de como aproveitar o maço todo. Sempre que sobrarem ervas, utilize-as para fazer um pesto (p. 123) ou molho verde (p. 198) e congele de acordo com a indicação.

Se não houver quantidade suficiente ou sobrar apenas um pedaço de cebola, de cenoura ou aparas secas de quaisquer legumes, guarde-os no congelador. Da próxima vez que fizer um caldo, use tudo; ele vai agradecer.

Limpeza

Sempre se certifique de que a lava-louça está limpa e vazia antes de começar a cozinhar, para que possa ir colocando as coisas lá sem interrupção.

Se tiver duas cubas na pia, mantenha uma cheia de água quente com sabão e utilize a outra para enxaguar. Não coloque a louça suja direto na água ou ela ficará cheia de gordura muito rapidamente e os pratos não ficarão limpos.

Espalhe papel-toalha no balcão para secar verduras e ervas.

Ingredientes para ter à mão

Como verá nos nossos cardápios, aproveitamos curingas da despensa, da geladeira ou do congelador para finalizar uma refeição. Eles precisam de pouca ou nenhuma preparação e permitem alguma liberdade quando todas as refeições foram planejadas no começo da semana. Podem ajudar a aumentar um cardápio ou substituir alguma coisa se o planejamento da noite não serve para você. Aqui vão algumas opções:

- Ovos
- Abacate
- Iogurte grego
- Ricota
- Queijo
- Homus
- Grão-de-bico em lata
- Embutidos
- Bacon

- Salsicha
- Peixe em conserva (atum, sardinha, aliche)
- Azeitona
- Picles
- Pão
- Torrada
- Macarrão

- Parmesão
- Arroz
- Frutas frescas
- Frutas secas
- Castanhas, nozes, amêndoas
- Chocolate de boa qualidade
- Sorvete
- Biscoitos

A primavera da Merrill

MENU #1

AS RECEITAS

Salada de ervilha-torta, folhas e aspargo com creme de limão-siciliano em conserva e *merguez* 14

Aspargo assado do Jonathan 15

Salada verde com ervilha-torta, aspargo assado, ricota e amêndoa torrada 15

Merguez de cordeiro 16

Orecchiette com *merguez* e *hana-nirá* 19

Sanduíche de *merguez* com folhas baby, queijo de cabra e azeitona verde 19

Manteiga de *hana-nirá* 20

Ovos verdes 20

Torrada de ricota 20

Cookie crocante de aveia 23

COMO COMBINAR

JANTAR 1

Orecchiette com *merguez* e *hana-nirá*
Cookie crocante de aveia com sorvete de chocolate

NO DIA Cozinhe o macarrão — e já está quase pronto! Sirva o sorvete com os cookies.

JANTAR 2

Torrada de ricota com *hana-nirá sauté*
Presunto cru
Aspargo assado do Jonathan
Chocolate

NO DIA Asse os aspargos e guarde metade na geladeira para a semana. Faça as torradas e disponha em uma tábua com o presunto cru. Sirva o chocolate de sobremesa.

JANTAR 3

Salada de ervilha-torta, folhas e aspargo com creme de limão-siciliano em conserva e *merguez*
Ricota com mel, chocolate, cereja seca e pistache

NO DIA Trinta minutos antes do jantar, faça o molho da salada. Frite 590 g de bolinhos de *merguez*, mantendo o que você não for servir no jantar na geladeira para o almoço. Monte a salada. Sirva tigelas pequenas de ricota com as coberturas à parte como sobremesa.

JANTAR 4

Ovos verdes
Torrada de ricota com raspas de limão e mel
Folhas baby cruas e ervilha-torta branqueada com molho de limão-siciliano
Sorvete de chocolate com amendoim e cookie crocante de aveia quebrado

NO DIA Faça as torradas e os ovos, elegendo um ajudante para que tudo fique pronto ao mesmo tempo. Use o molho que sobrou nas folhas baby e na ervilha-torta. Separe as coberturas para o sorvete logo antes da sobremesa.

JANTAR 5

Bolinhos de *merguez* de cordeiro
Torrada com manteiga de *hana-nirá*
Aspargo assado do Jonathan com creme de limão-siciliano em conserva
Cookie crocante de aveia

NO DIA Frite o restante de bolinhos de *merguez* (450 g). Espalhe a manteiga de *hana-nirá* em fatias grossas de torrada. Misture o creme de limão-siciliano em conserva restante com um pouco de leite e jogue sobre os aspargos.

ALMOÇO

Sanduíche de *merguez* com folhas baby, queijo de cabra e azeitona verde
Salada verde com ervilha-torta, aspargo assado, ricota e amêndoa torrada
Torrada com presunto cru, manjericão e manteiga de *hana-nirá*

PLANEJAMENTO

PARA FAZER NO FIM DE SEMANA

Salada de ervilha-torta, folhas e aspargo com creme de limão-siciliano em conserva e *merguez*

Merguez de cordeiro

Manteiga de *hana-nirá*

Cookie crocante de aveia

O SEGREDO DO SUCESSO

Neste fim de semana, você vai cozinhar por cerca de 3 horas. Sugiro fazer a *merguez* um dia antes do resto, para não atrapalhar as outras tarefas.

- No sábado (se possível), faça a mistura da *merguez* (p. 16). Faça bolinhos com 1 kg de linguiça, mantendo 340 g separados. Guarde na geladeira em potes diferentes.

- No domingo, deixe a manteiga sem sal em temperatura ambiente. Sim, meio quilo de manteiga é bastante coisa, mas é por uma boa causa.

- Faça o creme de limão-siciliano em conserva para a salada (p. 14) e coloque na geladeira.

- Limpe e apare o *hana-nirá*.

- Faça a manteiga de *hana-nirá* (p. 20) e congele metade para usar com carne ou batata assada em outras semanas. Guarde o restante do *hana-nirá* na geladeira em um saco plástico com duas folhas de papel-toalha para usar durante a semana. Armazene o restante da manteiga de *hana-nirá* na geladeira.

- Preaqueça o forno a 175°C e faça os cookies crocantes de aveia (p. 23).

- Enquanto assam e esfriam, lave, seque e apare as ervilhas-tortas, as folhas baby e os aspargos. Branqueie as ervilhas-tortas e os aspargos para a salada. Guarde em recipientes separados na geladeira.

- Sirva-se uma taça de vinho e relaxe. A semana está pronta!

Calma Se você está se sentindo sem inspiração para fazer sua própria *merguez*, não se torture — compre uma linguiça já pronta e temperada. (Você pode parti-la em pedaços e usá-la conforme as instruções.) Assim, você vai passar apenas 2 horas na cozinha.

LISTA DE COMPRAS

HORTIFRÚTI

Alho, 7 dentes

Aspargo, 4 maços

Ervilha-torta, 900 g

Folhas baby mistas, 12 xícaras (240 g)

Gengibre ralado, 1 colher (sopa)

Hana-nirá (alho-japonês), 5 maços

Limão-siciliano, 4

ERVAS

Cebolinha picada, 1 colher (sopa)

Manjericão, ½ xícara (10 g)

ESPECIARIAS

Açafrão em pó, 2 colheres (chá)

Canela em pó, 1 colher (sopa) mais ¼ de colher (chá)

Cominho em grãos, 1 colher (sopa)

Pimenta-caiena, ½ colher (sopa)

Semente de anis ou erva-doce, 1 colher (sopa)

Semente de coentro em grãos, 1 colher (sopa)

DESPENSA

Açúcar, 1 xícara (200 g)

Açúcar mascavo, ¼ de xícara (50 g)

Amêndoa, para o almoço

Amendoim salgado, para a sobremesa

Aveia em flocos, 2½ xícaras (225 g)

Azeite extravirgem, 1 xícara (240 ml)

Azeitona verde, para o almoço

Bicarbonato de sódio, ½ colher (chá)

Chocolate, cereja seca, pistache, para a sobremesa

Extrato de baunilha, 1 colher (chá)

Extrato de tomate, 3 colheres (sopa)

Farinha, 1 xícara (125 g)

Fermento em pó, ¾ de colher (chá)

Harissa, 6 colheres (sopa) (90 g)

Limão-siciliano em conserva, ¼ de xícara (30 g), bem picadinho

Mel, 1 colher (sopa), mais um pouco para regar

Óleo vegetal, para fritar

Orecchiette ou outro macarrão curto, 450 g

Sal em flocos, flor de sal ou *maldon*

LATICÍNIOS E OVOS

Creme de leite fresco, 1 xícara (240 ml)

Leite

Manteiga sem sal, 2¾ xícaras mais 2 colheres (sopa) (650 g)

Ovo, 11

Parmesão, para servir

Queijo de cabra macio, 450 g

Ricota fresca, 450 g, mais um pouco para a sobremesa

CARNES E FRUTOS DO MAR

Paleta de cordeiro, 1,4 kg, moída

Presunto cru

CONGELADOR

Sorvete de chocolate

PADARIA

Filão rústico, 1

Pão francês, 2

Salada de ervilha-torta, folhas e aspargo com creme de limão-siciliano em conserva e *merguez*

Comi esta salada pela primeira vez há mais de dez anos no Resto, em Nova York, com fatias crocantes de peito de cordeiro apimentado. A textura das folhas e das ervilhas-tortas e o azedinho do limão-siciliano balanceavam bem a gordura da carne. Peito de cordeiro não é exatamente o tipo de prato que se faz à noite (nem sei de muitos açougues de bairro que vendem o corte), mas os bolinhos inspirados na linguiça *merguez* que faremos aqui são um substituto à altura. O original pede folhas de ervilha, mas você pode substituir por outras folhas verdes baby.

Faça do creme de limão-siciliano em conserva seu aliado Sirva com aspargos, fatias de tomate, peixe grelhado ou vagem. É uma ótima entrada. Você só precisa fazer o creme de limão-siciliano, colocar um pouco em cada prato e dispor legumes da estação por cima.

SERVE 4

CREME DE LIMÃO-SICILIANO EM CONSERVA

340 g de queijo de cabra macio em temperatura ambiente

1 xícara de creme de leite fresco (240 ml)

¼ de xícara de limão-siciliano em conserva bem picadinho (30 g)

Sal e pimenta-do-reino moída na hora

MOLHO DE LIMÃO-SICILIANO

¾ de xícara de azeite extravirgem (175 ml)

6 colheres (sopa) de sumo de limão-siciliano (90 ml)

1 colher (chá) de mel

Sal e pimenta-do-reino moída na hora

SALADA

450 g de ervilha-torta com as pontas aparadas

1 maço de aspargos

6 xícaras de folhas de ervilha (120 g) ou folhas verdes baby

450 g de linguiça *merguez* (p. 16), para servir

⅓ de xícara de manjericão (13 g)

1 colher (sopa) de cebolinha picada

1 Para fazer o creme de limão-siciliano, coloque o queijo de cabra na batedeira com a raquete acoplada. Bata na velocidade média até que fique leve e liso, por cerca de 2 minutos. Adicione o creme de leite e o limão-siciliano em conserva e misture bem. Tempere com sal e pimenta a gosto. Guarde em um pote com tampa na geladeira por até 1 semana.

2 Para fazer o molho de limão-siciliano, junte o azeite, o sumo de limão, o mel, o sal e a pimenta em um pote de vidro com tampa de rosca. Feche e agite até emulsificar. Prove e acerte o tempero. Guarde em um pote com tampa na geladeira por até 10 dias. Mantenha em temperatura ambiente por 15 minutos antes de agitar bem para emulsificar e servir.

3 Leve uma panela grande de água com sal para ferver e deixe uma tigela com água gelada pronta. Ferva a ervilha-torta por 30 segundos. Retire da água quente com uma escumadeira e jogue na água gelada por outros 30 segundos. Espalhe sobre um pano de prato para secar.

4 Deixe a água ferver. Cozinhe o aspargo por 3-5 minutos, até que fique macio, mas não se desfaça. Jogue na água gelada e depois seque no pano de prato. Guarde a ervilha-torta e o aspargo cozido em pote ou saco tipo zip com papel-toalha na geladeira por até 3 dias.

5 **No dia:** Corte a ervilha-torta em pedaços de 2,5 cm e os aspargos em pedaços de 5 cm. Misture a ervilha e o aspargo com as folhas em uma tigela grande. Frite os bolinhos de *merguez* (p. 16) e mantenha-os quentes.

6 Misture a salada com ¼ de xícara (60 ml) do molho. Tempere com sal e pimenta e misture. Pique bem o manjericão e acrescente a cebolinha antes de servir.

7 Coloque cerca de 2 colheres (sopa) do creme de limão-siciliano no centro de cada prato e acrescente um pouco de salada sobre ele. Sirva com os bolinhos de *merguez*.

Aspargo assado do Jonathan

A primeira coisa que meu marido cozinhou pra mim foram esses aspargos, e eu sempre o encorajo a fazê-los quando é época. Eis a receita.

Preaqueça o forno a 230°C. Espalhe **3 maços de aspargos** (já lavados e aparados) na assadeira em uma camada única. Regue com **azeite extravirgem** e tempere com sal em flocos e pimenta-do-reino a gosto. Deixe assar por 6-8 minutos, mexendo a assadeira na metade do tempo. Os aspargos devem ficar macios mas ainda verdes, com as pontinhas queimadas. Esprema ½ **limão-siciliano** por cima antes de servir. Duram de 3 a 4 dias na geladeira e podem ser servidos em temperatura ambiente.

Se preferir, você pode grelhá-los. Nesse caso, o tempo de preparo é menor, então é preciso ficar de olho neles. Use uma grelha e uma espátula apropriadas, para não perder a maior parte dos legumes grudados na superfície.

Almoço: Salada verde com ervilha-torta, aspargo assado, ricota e amêndoa torrada

Para um almoço fora de casa, junte **aspargos assados, ervilha-torta branqueada, algumas colheradas de ricota fresca e 1 punhado de amêndoa torrada** em um pote. Leve o **molho de limão-siciliano** (ao lado) separadamente. Acrescente-o à salada antes de comer.

Merguez de cordeiro

Cathy Barrow, que postou esta receita no site, aponta que o ingrediente mais importante aqui é a *harissa*. Procure uma marca de que você gosta. A linguiça *merguez* fica bem picante, então menos é mais. Fica ótima com a massa com *hana-nirá* (p. 19) ou com uma salada de folhas baby e ervilha-torta (p. 14). Experimente colocá-la em um pão sírio com homus e legumes ou comer com ovos cozidos e molho.

O tempero picante rende o dobro do que você precisa, mas dura 6 meses. Experimente adicionar um pouco às almôndegas da p. 136 ou esfregar na pele de um frango antes de assar.

Opinião da Amanda "Lembro como ficamos animados quando deparamos com essa receita no site. Pensamos: 'Nossos leitores fazem até a própria linguiça!'. Costumo servir com feijão (p. 264) ou purê de batata (p. 251). Também fica ótimo com arroz verde (p. 266)."

Linguiça avançada Se você estiver confiante, compre a tripa e faça os gomos de linguiça. Dá para congelar, e você pode impressionar os amigos colocando 90 cm de linguiça *merguez* caseira na churrasqueira!

Substitua por outras carnes (suína, bovina, frango ou uma combinação delas) se não gosta ou tiver dificuldade em encontrar cordeiro. Para melhores resultados, compre carne moída com pelo menos 15% de gordura.

RENDE 1,4 KG, SUFICIENTE PARA SERVIR 4 PESSOAS EM 3 JANTARES, ALÉM DOS ALMOÇOS

TEMPERO PICANTE

1 colher (sopa) de semente de coentro em grãos

1 colher (sopa) de semente de cominho

1 colher (sopa) de semente de anis (ou substitua por semente de erva-doce, se precisar)

1 colher (sopa) de canela em pó

2 colheres (chá) de açafrão em pó

½ colher (chá) de pimenta-caiena

BOLINHOS

1,4 kg de paleta de cordeiro moída (se possível, peça ao açougueiro para moer para você)

6 colheres (sopa) de *harissa* (90 g)

3 colheres (sopa) do tempero picante (ver à esquerda)

3 colheres (sopa) de extrato de tomate

6 dentes de alho picados

1 colher (sopa) de gengibre fresco ralado

½ colher (chá) de sal

3-6 colheres (sopa) de água gelada

Óleo vegetal, para fritar

1 Para fazer o tempero picante, toste o coentro, o cominho e o anis em uma frigideira em fogo baixo por cerca de 1 minuto, até começar a soltar o aroma. Deixe esfriar e acrescente a canela, o açafrão e a pimenta-caiena. Use um moedor ou um pilão para deixar bem fininho. Separe 3 colheres (sopa) e transfira o que sobrar para um pote hermético. Dura 6 meses.

2 Para fazer os bolinhos, misture todos os ingredientes exceto a água na batedeira com a raquete acoplada. Bata em velocidade baixa por cerca de 30 segundos, até misturar. Acrescente a água, 1 colher (sopa) por vez, até que a carne fique compacta, o que deve levar de 30 segundos a 1 minuto.

3 Faça um bolinho e frite em uma camada fina de óleo vegetal em fogo médio-baixo. Prove e acerte o tempero. Coloque 340 g de carne em um pote para usar com o *orecchiette* (p. 19) e guarde na geladeira.

4 Prepare uma tigela de água gelada. Mergulhe as mãos nela para impedir que fiquem grudentas enquanto molda o que restou da carne em bolinhos com 7,5 cm de diâmetro e 1,3 cm de espessura. Deve render cerca de 24. Guarde em um recipiente hermético entre folhas de papel-manteiga. Pode ficar na geladeira por 5 dias ou até 3 meses no congelador. Descongele os bolinhos na geladeira antes de fritar.

5 **No dia:** Leve um pouco de óleo vegetal ao fogo médio em uma frigideira grande. Frite os bolinhos por cerca de 2-3 minutos de cada lado, até que fiquem dourados. Sirva com salada (p. 14) ou com aspargos assados (p. 15).

Orecchiette com *merguez* e *hana-nirá*

Esta massa cabe na equação básica à qual vira e mexe eu recorro para os jantares da semana: linguiça + verduras + cebola ou algo do tipo + massa = bom. Leva 20 minutos para fazer, já que o mais difícil é a *merguez*, que está pronta. Você pode facilmente substituir por qualquer outra linguiça (picante ou não) e verduras, como brócolis, couve ou espinafre. Refogue com um pouco de alho ou cebola imediatamente depois de dourar.

SERVE 4, COM SOBRAS

Sal

1 colher (sopa) de azeite extravirgem

340 g de *merguez* (p. 16) ou qualquer outra linguiça

170 g de *hana-nirá* (alho japonês) limpo e aparado

450 g de *orecchiette* ou outro macarrão curto

Parmesão ralado, para servir (opcional)

1 Ferva uma panela de água com bastante sal. Leve uma frigideira grande com o azeite ao fogo médio e doure a *merguez*, partindo-a com uma colher de madeira conforme cozinha.

2 Enquanto isso, corte o *hana-nirá* grosseiramente. Jogue na frigideira e cozinhe por mais um minuto, até que murche. Apague o fogo e reserve. (Esse preparo pode ficar até uma hora parado, então aqueça um pouco antes de acrescentar ao macarrão.)

3 Cozinhe o *orecchiette* até ficar al dente. Reserve 1 xícara (240 ml) da água do cozimento e escorra o restante. Misture o macarrão com a linguiça e o *hana-nirá* e cozinhe rapidamente em fogo médio, mexendo o tempo todo e usando um pouco da água do cozimento para criar um molho fino. (O macarrão não pode ficar seco ou grudento, tampouco pode estar boiando em uma piscina.) Sirva imediatamente, com queijo ralado, se quiser.

Almoço: Sanduíche de *merguez* com folhas baby, queijo de cabra e azeitona verde

Fatie grosseiramente **algumas azeitonas** e espalhe em um **pão francês** com queijo de cabra. Acrescente alguns bolinhos de *merguez* (p. 16) e **1 punhado de folhas baby**. Embrulhe em papel-alumínio.

Manteiga de *hana-nirá*

Nos Estados Unidos e Canadá, a cada primavera, chefs e cozinheiros caseiros encontram nas feiras locais uma planta altamente sazonal: *ramps*, da família do alho mas com sabor mais leve (veja a foto ao lado). O desafio para temperos tão sazonais é preservá-los fora de época. Uma boa opção é preparar picles e pesto (p. 123). Mas acho que uma simples manteiga de *ramps* é a melhor ideia: é ótima para finalizar a carne ou o peixe e como cobertura de batata assada, além de tornar qualquer sanduíche divino. Para a edição brasileira, sugerimos utilizar *hana-nirá*, também conhecido como alho japonês. Além de possuir um sabor mais leve que o alho, pode ser encontrado em hortifrútis e feiras locais.

Deixe **2 xícaras de manteiga sem sal (450 g)** amolecer em temperatura ambiente. Apare e lave **225 g de *hana-nirá*.** Leve uma panela de água com sal para ferver e mantenha uma tigela de água gelada pronta. Branqueie o *hana-nirá* por 30 segundos, então passe na água gelada e ponha em um pano de prato para secar. Pique bem e, com a ajuda de um pilão, transforme em uma pasta grossa. Adicione sal, pimenta e a manteiga e misture vigorosamente (ou use um processador de alimentos). Molde a manteiga em dois rolos e embrulhe em filme. Coloque um na geladeira para usar nesta semana e o outro no congelador para um dia sombrio daqui a meses, quando precisar de algo para dar uma animada na comida. Pode ficar na geladeira por 2 semanas e no congelador por 8 meses. (Rende 2 xícaras/450 g.)

Nada de desperdício de manteiga temperada na casa da Amanda "Mesmo que sobre só um pouquinho da manteiga de *hana-nirá*, dá para passar em uma torrada e cobrir com cogumelos assados. Ou presunto cru. Ou abacate amassado. É só escolher."

Ovos verdes

Ovos mexidos ficam uma delícia com manteiga temperada. Para 4 pessoas, use as raspas de **1 limão-siciliano** e **1 punhado de parmesão ralado**. Bata **10 ovos** com sal e pimenta. Coloque uma colherada de **manteiga de *hana-nirá*** (ver ao lado) em uma frigideira antiaderente em fogo baixo, até que sinta os cheiros dos temperos. Acrescente os ovos batidos e mexa constantemente, até que estejam levemente cozidos. Adicione as raspas de limão e o parmesão e sirva.

Torrada de ricota

Este é um conceito básico que admite inúmeras variações. Regue **fatias de 6 mm de pão francês com azeite extravirgem** e leve ao forno em 230°C até dourar, virando uma vez. (Fique de olho nas torradas para que não queimem, como acontece com as minhas.) Esfregue levemente **um dente de alho** (é só dar uma passada mesmo) e acrescente a melhor **ricota fresca** que puder encontrar. Você pode parar aqui ou continuar.

Se continuar, pode incluir ***hana-nirá*** aparado e limpo, picado grosseiramente. Leve um pouco de **azeite extravirgem** ao fogo médio em uma frigideira. Refogue o *hana-nirá* com um pouco de sal, mexendo de vez em quando, por 3-5 minutos, até que comece a soltar o aroma. Coloque um montinho de *hana-nirá* quente sobre as torradas de ricota, regue com um pouco mais de azeite e adicione sal e pimenta.

Também gosto de regar as torradas com **algumas gotas de azeite extravirgem e mel** e jogar um pouco de **raspas de limão-siciliano bem finas**, pimenta-do-reino e sal. Também dá para acrescentar uma fatia fininha de *bresaola* ou uma colherada de **geleia de pimenta**. O céu é o limite!

Cookie crocante de aveia

Quando eu era pequena, sempre havia cookies caseiros em casa. Minha mãe tirava da manga uma variedade aparentemente interminável de receitas. Uma das minhas favoritas era um cookies de aveia bem crocante, leve e amanteigado, com um toque de canela. Recentemente, perguntei para ela se ainda tinha a receita, mas ela perdeu (desde que minha irmã e eu saímos de casa, parece que ela já não faz tantos cookies). Consegui uma receita próxima o bastante na America's Test Kitchen. São poucos ingredientes, basicamente flocos de aveia misturados com manteiga e açúcar. Para imitar minha mãe, acrescentei canela e deixei os cookies no forno por um pouco mais de tempo, para que ficassem o mais crocantes possível.

Poupando para o futuro A maior parte dos cookies congela muito bem. Conheço gente que faz com muitas semanas de antecedência e mantém no congelador para distribuir no Natal. Se você acha que não vai conseguir terminar com a fornada em menos de uma semana, guarde o que sobrar em uma camada dupla de papel-alumínio dentro de um saco tipo zip (não se esqueça de etiquetar e incluir a data!). Dura até 3 meses, e é só descongelar em temperatura ambiente.

RENDE CERCA DE 36 COOKIES

1 xícara de farinha (125 g)

½ colher (chá) de sal

¾ de colher (chá) de fermento em pó

½ colher (chá) de bicarbonato de sódio

¼ de colher (chá) de canela em pó

14 colheres (sopa) de manteiga sem sal em temperatura ambiente (200 g)

1 xícara de açúcar (200 g)

¼ de xícara de açúcar mascavo (50 g)

1 ovo

1 colher (chá) de extrato de baunilha

2 ½ xícaras de aveia em flocos (225 g)

1 Preaqueça o forno a 175°C. Cubra duas assadeiras com papel-manteiga.

2 Em uma tigela, misture a farinha, o sal, o fermento, o bicarbonato de sódio e a canela.

3 Na batedeira com a raquete acoplada, bata a manteiga, o açúcar e o açúcar mascavo por 3-5 minutos, até que a mistura fique leve e fofa. Limpe a lateral da tigela e acrescente o ovo até incorporar, por cerca de 30 segundos. Limpe a lateral de novo e faça o mesmo com a baunilha.

4 Em velocidade baixa, adicione os ingredientes secos e bata até misturar. Desfaça as pelotas de aveia ou farinha na mão, se necessário.

5 Use uma colher de sopa para fazer bolinhas e distribua a 5 cm de distância uma da outra na assadeira. Asse por 15 minutos, até que os cookies estejam crocantes e levemente dourados, virando uma vez para assar por igual. Deixe esfriar completamente na assadeira para que fiquem bem crocantes. Duram 1 semana em pote hermético em temperatura ambiente.

MENU #2

AS RECEITAS

Bolacha multiúso 28

Bolacha com fritada,
maionese de ervas
e pimenta 28

Fritada com ervilha,
folhas verdes e ricota 31

O melhor vinagrete
de vinho tinto 31

Salmão assado com
maionese de ervas 32

Batata assada 32

Bolinho de compota
de ruibarbo 35

Torrada de chocolate 35

Merguez de cordeiro 16

Manteiga de *hana-nirá* 20

Macarrão ao limão-siciliano
com aspargo 49

Linguiça assada 213

Verduras ao alho 235

COMO COMBINAR

JANTAR 1

Fritada com ervilha, folhas verdes e ricota
Salada com o melhor vinagrete de vinho tinto
Pão com manteiga com sal
Bolinho de compota de ruibarbo

NO DIA Separe a compota de ruibarbo,
o vinagrete e a manteiga com sal. Esquente
a fritada. Fatie o pão e tempere a salada.
Monte os bolinhos na hora.

JANTAR 2

Salmão assado com maionese de ervas
Escarola ao alho
Sorvete de baunilha com compota de ruibarbo

NO DIA Faça o salmão, guardando metade
(antes de grelhar) na geladeira para utilizar de novo
mais perto do fim da semana. Enquanto isso,
faça a escarola, acrescentando uma espremida
de limão-siciliano. Use a compota de ruibarbo
como cobertura para o sorvete da sobremesa.

JANTAR 3

Fritada com ervilha, folhas verdes e ricota
Linguiça assada ou bolinho de *merguez*
descongelado
Cookie pronto

NO DIA Asse a linguiça ou frite o bolinho de *merguez*.
Esquente a fritada.

JANTAR 4

Salmão assado com maionese de ervas
Batata assada com mantëiga de *hana-nirá*
descongelada ou manteiga com sal
Salada com o melhor vinagrete de vinho tinto
Ricota com mel e compota de ruibarbo

NO DIA Pela manhã, tire a manteiga de *hana-nirá*
do congelador. Asse as batatas. Grelhe a outra metade
de salmão. Tempere a salada. Cubra com a ricota.

JANTAR 5

Macarrão ao limão-siciliano com aspargo
Torrada de chocolate

NO DIA Faça o macarrão e a torrada para
a sobremesa.

ALMOÇO

Bolacha com fritada, maionese de ervas
e pimenta
Escarola ao alho com salmão
Macarrão ao limão-siciliano com aspargo (em temperatura
ambiente) com presunto cru fatiado fininho

PLANEJAMENTO

PARA FAZER NO FIM DE SEMANA

Bolacha multiúso

Fritada com ervilha, folhas verdes e ricota

O melhor vinagrete de vinho tinto

Salmão assado com maionese de ervas

Bolinho de compota de ruibarbo

PREPARAR, APONTAR, FOGO!

Neste fim de semana, você vai passar cerca de 2½ horas na cozinha. Tente ocupá-lo com outras preparações enquanto alguns pratos assam, assim você não perde tempo.

- Preaqueça o forno a 220°C. Faça uma fornada de bolacha multiúso (p. 28).

- Leve a compota de ruibarbo (p. 35) ao fogo. Guarde o resto do rosé para tomar com o jantar durante a semana!

- Prepare todos os legumes: lave e seque as folhas, apare e lave os aspargos. Guarde o que não for cozinhar hoje na geladeira.

- Faça a fritada (p. 31). Enquanto cozinha, preaqueça o forno e comece a fazer a maionese de ervas (p. 32) para o salmão.

- Leve a fritada para o forno.

- Termine a maionese de ervas. Faça o vinagrete de vinho tinto (p. 31). Bata o creme de leite fresco para os bolinhos de compota de ruibarbo. Coloque tudo na geladeira, incluindo a compota já fria.

- Quando a massa tiver esfriado, congele metade para o próximo mês.

- Comemore e vá dar um passeio.

Procurando um atalho? Esqueça o bolinho de compota de ruibarbo. Pule a bolacha e a compota e vai ganhar cerca de 1 hora de seu tempo.

LISTA DE COMPRAS

HORTIFRÚTI

Alho, 3 dentes

Aspargo, 900 g

Batata-doce, 4

Cebola, 1 média

Ervilha, ¾ de xícara (110 g)

Escarola, 570 g

Folhas de rúcula, agrião ou
mostarda, 6 xícaras (120 g)

Folhas verdes para salada,
para 2 jantares

Laranja, 1 grande

Limão-siciliano, 4

Ruibarbo, 16 talos grandes

ERVAS

Cebolinha, 1 maço

Manjerona, 1 ramo grande

ESPECIARIAS

Noz-moscada, 1

DESPENSA

Açúcar demerara, ¾ de xícara
(150 g)

Açúcar refinado, 1 colher (sopa)
mais 2 colheres (chá)

Azeite extravirgem, 1½ xícara
mais 6 colheres (sopa) (445 ml),
mais um pouco para regar

Chocolate amargo de qualidade,
1 barra

Espaguete, 450 g

Farinha, 4 xícaras (500 g)

Fermento em pó, 2 colheres (chá)

Maionese, ⅔ de xícara (160 ml)

Mel, para a sobremesa

Pimenta em conserva,
para o almoço

Sal em flocos

Vinagre de vinho tinto de boa
qualidade, 3 colheres (sopa)

Vinagre de xerez, 1 colher (sopa)

LATICÍNIOS E OVOS

Creme de leite fresco, 3-4 xícaras
(710-950 ml) mais 3 colheres
(sopa)

Manteiga com sal, 2 colheres
(sopa), mais um pouco para servir

Ovo, 18

Parmesão, para servir

Queijo fontina ralado, 115 g

Ricota fresca, 3 xícaras (735 g)

CARNES E FRUTOS DO MAR

Linguiça ou bolinhos de *merguez*
(p. 16)

Presunto cru, para o almoço

Salmão com pele (1,4 kg)

BEBIDAS

Vinho rosé, ¼ de xícara (60 ml)

CONGELADOR

Sorvete de creme,
para a sobremesa

PADARIA

Cookie, para a sobremesa

Filão rústico, 1

Baguete, 1

Bolacha multiúso

Em geral, ou você é padeiro ou é cozinheiro. Poucas pessoas são as duas coisas. É o caso de Amanda, mas não o meu. Não estou dizendo que sou completamente incompetente com uma assadeira, mas esse não é meu forte; se eu tiver que abrir uma massa ou ativar um fermento, começo a suar um pouco. Então, quando digo que essa bolacha, que funciona para doces e salgados, é deliciosa e impossível de errar, espero que acredite em mim. Marion Cunningham, que escreveu *The Fannie Farmer Cookbook*, aprendeu esta receita em uma das aulas de verão de James Beard em Seaside, Oregon, e a compartilhou com o mundo. O creme de leite fresco impede que a massa fique seca. E mais boas notícias para os reles mortais: mesmo depois de sovar bastante, a massa continua superfofa. A receita abaixo é para uma fornada dupla, para render bastante para a semana e ainda sobrar para congelar.

Variações sobre o mesmo tema Esta massa aceita muito bem outros sabores: experimente acrescentar cheddar e cebolinha ou presunto e gruyère. Já adicionei endro fresco à massa e montei com ela minissanduíches de salmão defumado e cream cheese para uma festa.

Como Amanda gosta "Experimente comer estes biscoitos no café da manhã. Gosto de servi-los quentinhos, com manteiga com sal e mel. Esquente o mel pra ficar mais alerta. Também é uma ótima oportunidade de usar Nutella." Multiúso, mesmo!

RENDE 16 BISCOITOS GRANDES

4 xícaras de farinha (500 g)

2 colheres (sopa) de fermento em pó

2 colheres (chá) de açúcar

½ colher (chá) de sal

2-3 xícaras de creme de leite fresco (475 a 710 ml)

2 colheres (sopa) de manteiga com sal, mais um pouco para servir

1 Preaqueça o forno a 220°C. Misture a farinha, o fermento, o açúcar e o sal em uma tigela grande.

2 Adicione lentamente o creme de leite fresco aos ingredientes secos, mexendo constantemente até dar liga, mesmo que não tenha chegado às 3 xícaras. Amasse por um minuto com delicadeza em uma superfície enfarinhada. Divida a massa na metade e faça um disco de 1,3 cm de espessura. Use uma faca para cortar cada disco em 8 triângulos.

3 Posicione cada parte a 5 cm uma da outra em duas assadeiras sem untar. Derreta a manteiga e pincele as bolachas. Asse por 12-15 minutos, até dourar levemente. Sirva quente com bastante manteiga com sal ou deixe esfriar completamente. Use para fazer bolinho de compota de ruibarbo (p. 35) ou congele.

4 Armazene as bolachas que pretende comer em um recipiente hermético por 48 horas; aqueça-as por cinco minutos a 150°C, e vai ser como se tivesse acabado de assar. Embrulhe as que sobrarem em uma camada dupla de papel-alumínio, ponha em um saco tipo zip e congele por até 6 semanas. Deixe as bolachas congeladas em temperatura ambiente por algumas horas e aqueça por cerca de 10 minutos no forno a 190°C.

Almoço: Bolacha com fritada, maionese de ervas e pimenta

Corte uma **bolacha multiúso** ao meio e toste. Passe um pouco de **maionese de ervas** (p. 32) e acrescente **pimenta em conserva**. Recheie com **sobras de fritada** (p. 31) e embrulhe em papel-alumínio.

Fritada com ervilha, folhas verdes e ricota

Esta receita é rápida e versátil — perfeita pra quem quer impressionar sem ter muito trabalho. Gosto de utilizar fontina, mas qualquer queijo razoavelmente macio que você tiver vai funcionar. Dá para usar as proporções como ponto de partida para diferentes combinações de ingredientes: experimente brócolis, *pancetta*, cheddar, alho-poró, aspargo e pecorino, por exemplo.

O certo e errado das fritadas Fritadas não guardam mágoa, mas algumas regras precisam ser seguidas. Antes de acrescentar os ovos, é preciso refogar a cebola e os legumes ou tubérculos mais firmes (como batata, cenoura, aspargo e vagem), assim como a carne crua (como *pancetta* e bacon). Uma boa regra é usar porções iguais de recheio e de ovo e queijo. Você pode até pôr um pouco mais de ovos, mas não aumente a quantidade de recheios para ela não quebrar.

SERVE 4 EM 2 JANTARES, COM SOBRAS

2 colheres (sopa) de azeite extravirgem	18 ovos
1 cebola média em cubos	115 g de queijo fontina ralado
¾ de xícara de ervilha fresca (110 g)	Folhas de 1 ramo grande de manjerona picadas
Sal e pimenta-do-reino moída na hora	10 cebolinhas
6 xícaras de folhas picantes (como rúcula, espinafre ou mostarda) picadas grosseiramente (120 g)	1½ xícara de ricota fresca (375 g)

1 Em uma frigideira antiaderente ou de ferro fundido que vai ao forno, aqueça o azeite em fogo médio. Acrescente a cebola e cozinhe por cerca de 3 minutos, até que comece a amolecer. Coloque a ervilha e 1 pitada generosa de sal e deixe por mais 1-2 minutos, até que fiquem de um verde brilhante.

2 Junte as folhas na frigideira e refogue rapidamente até que comecem a murchar. Talvez você tenha que fazer isso em levas, se sua frigideira não for grande o bastante: acrescente metade e, assim que tiverem murchado um pouco, ponha o resto. Tire a frigideira do fogo.

3 Em uma tigela grande, misture os ovos, o queijo, a manjerona, a cebolinha, o sal e a pimenta. Volte a frigideira ao fogo médio e despeje a mistura. Mexa um pouco e deixe fritar sem mexer por cerca de 10 minutos, até que os ovos estejam cozidos, mas um pouco úmidos.

4 Preaqueça o forno a 180°C. Adicione a ricota uniformemente por cima da fritada. Leve a frigideira ao forno e deixe cozinhar até que os ovos estejam firmes e a ricota comece a escurecer, cerca de 5 minutos. Deixe a fritada esfriar na frigideira. Cubra bem com filme ou corte em fatias e deixe na geladeira por até 5 dias.

5 **No dia:** Sirva a fritada quente, fria ou em temperatura ambiente. Para esquentar, coloque na assadeira e leve ao forno a 190°C por cerca de 10 minutos. Você pode usar o micro-ondas, mas com cuidado. Os ovos endurecem rapidamente.

O melhor vinagrete de vinho tinto

Eu já flertei com muitas fórmulas de vinagretes diferentes, usando vinagres variados, mel numa noite e xarope de Maple na outra, às vezes usando bastante mostarda de Dijon ou sumo de limão. Ao final, virava uma garrafa grande de azeite esperando chegar ao nirvana. Então descobri a seguinte fórmula:

Coloque **3 colheres (sopa) de um bom vinagre de vinho tinto, 1 colher (sopa) de vinagre de xerez, 1 xícara de azeite extravirgem (240 ml), 1 colher (chá) de sal e ¼ de colher (chá) de pimenta-do-reino moída na hora** em um vidro com tampa de rosca. Feche bem e agite vigorosamente para emulsificar. Prove e acerte o tempero. Você terá cerca de 1¼ xícara de vinagrete (300 ml), que dura na geladeira por até 2 semanas. Deixe em temperatura ambiente e agite de novo antes de usar.

Salmão assado com maionese de ervas

Este método para assar peixe é simples e à prova de erros. Depois de pincelar os filés com maionese de ervas para impedir que ressequem, eles assam delicadamente, sendo removidos antes de estar completamente cozidos. Gostamos de terminar o preparo no broiler, o que dá à camada superior do peixe um aspecto de churrasco. Você pode finalizar com um maçarico ou simplesmente terminar de assar na hora de comer.

SERVE 4 EM 2 JANTARES, COM SOBRAS

MAIONESE DE ERVAS

1 colher (sopa) de raspas de limão-siciliano bem finas

2 colheres (sopa) de sumo de limão-siciliano espremido na hora

⅔ de xícara de maionese (160 ml)

3 colheres (sopa) de ervas frescas picadas (como manjerona, cebolinha, salsinha ou endro)

Sal e pimenta-do-reino moída na hora

SALMÃO

1,4 kg em filés, com a pele

1 Para fazer a maionese de ervas, misture as raspas e o sumo de limão em uma tigela pequena. Acrescente a maionese e as ervas e tempere com sal e pimenta. Mantenha em um pote hermético na geladeira por até 10 dias.

2 Preaqueça o forno a 160°C (temperatura baixa). Polvilhe sal e pimenta na parte sem pele dos filés e pincele cerca de ⅓ de xícara da maionese de ervas (80 ml). Disponha os peixes com a pele para cima em uma assadeira rasa e grande (use duas se necessário). Asse-os na grade de cima do forno por 15-20 minutos, até que comecem a ficar opacos nas laterais (o tempo de cozimento varia dependendo da espessura do filé). Coloque 900 g em um pote e guarde na geladeira por até 3 dias.

3 **No dia:** Vire delicadamente o salmão deixando a pele para baixo e passe outra camada de maionese. Leve ao forno na temperatura máxima (com a pele para cima) por cerca de 5 minutos, até que ele comece a chiar. (Não deixe muito mais, ou vai passar do ponto.) Se preferir, leve os filés ao broiler até que escureçam. Sirva imediatamente.

Como assar uma batata

Do mesmo modo que os ovos, uma batata assada pode salvar o dia. Preaqueça o forno a 230°C. Passe **azeite extravirgem** em **4 batatas ou batatas-doces**, tempere com sal e faça furos com um garfo. Ponha em uma assadeira forrada com papel-alumínio por cerca de 45-60 minutos, até que as batatas cedam facilmente a uma faca. Corte ao meio e recheie com **manteiga de *hana-nirá*** (p. 20) congelada, **manteiga com sal**, *sour cream* ou o use o recheio que preferir.

Bolinho de compota de ruibarbo

Este bolinho foi criado a partir de uma receita de compota de morango e ruibarbo que a mãe da minha amiga Avi sempre faz na Páscoa judaica. A versão dela é firme e sem frescura: morango, ruibarbo, açúcar e água. Eu tirei o morango e adicionei um pouco mais de açúcar, casca de laranja e um toque de vinho rosé (por que não?). A compota é azedinha e refrescante, com açúcar na quantidade certa para impedir sua boca de franzir. Fica bom com iogurte grego ou ricota, e melhor ainda com sorvete de baunilha. Para fazer o bolinho, despejo a compota sobre minhas bolachas favoritas (p. 28) com creme de leite fresco batido.

Se você não encontrar ruibarbo Esta receita pode ser feita com frutas vermelhas congeladas. Nesse caso, diminua a quantidade de açúcar e o tempo de cozimento pela metade.

RENDE 4 BOLINHOS, COM SOBRAS DE COMPOTA

COMPOTA

12 xícaras de ruibarbo (1,5 kg, cerca de 16 talos grandes) cortado em pedaços de 2,5 cm

¾ de xícara de açúcar demerara (150 g)

¼ de xícara de vinho rosé (60 ml)

Casca de ½ laranja grande

1 pitada de sal

BOLINHO

1 xícara (240 ml) mais 3 colheres (sopa) de creme de leite fresco

1 colher (sopa) de açúcar

4 Bolachas multiúso (p. 28)

1 Para fazer a compota, junte o ruibarbo, o açúcar demerara, o vinho rosé, a casca de laranja e o sal em uma panela e adicione ¼ de xícara de água (60 ml). Leve para ferver em fogo médio, mexendo até dissolver o açúcar. Deixe cozinhar por 30-45 minutos, mexendo de vez em quando. (O ruibarbo tem que cozinhar por completo e amolecer sem perder sua estrutura, de modo que a compota engrosse.) Deixe esfriar, depois remova e descarte a casca de laranja. Guarde a compota em um pote hermético. Deixe na geladeira por até 1 semana.

2 Bata o creme de leite fresco e o açúcar até que comece a formar picos. Transfira para um pote e mantenha na geladeira por até 3 dias.

3 **No dia:** Corte as bolachas ao meio e recheie com a compota e o creme. Sirva imediatamente.

Torrada de chocolate

Diretamente de *Cooking for Mr. Latte* (obrigada, Amanda!), esta é uma sobremesa ou um lanche excelente para quando estiver com pressa. Para fazer as torradas, preaqueça o forno a 175°C. Corte **uma baguete** em fatias de 6 mm e espalhe numa assadeira. Cubra cada uma com **um quadradinho fino de chocolate amargo de boa qualidade**. Asse por alguns minutos até que o chocolate amoleça — mas mantenha sua forma. Borrife um pouco de **azeite extravirgem** e salpique bastante sal em flocos. Sirva quente, como sobremesa ou no lanche da tarde. (Você também pode fazer para o café da manhã, sem medo de ser julgado.)

A primavera da Amanda

MENU #3

AS RECEITAS

Molho de alho assado
da Roberta 42

Salada de frango com
abacate e limão-siciliano 42

Nuggets caseiros 45

Sanduíche de *nugget*
com picles e molho
especial 45

Brandade 46

Panqueca de brandade 46

Macarrão ao limão-siciliano
com aspargo 49

Torrada com queijo
de minas e aspargo 49

Salada de aspargo
e abacate com parmesão 49

Batata assada do Tad 50

Legumes sortidos 50

Galette de ruibarbo 53

Ruibarbo assado com
mexerica e cardamomo 53

Aspargos assados
do Jonathan 15

COMO COMBINAR

JANTAR 1

Nuggets caseiros
Batata assada do Tad
Aspargos assados do Jonathan com molho
de alho assado da Roberta
Galette de ruibarbo

NO DIA Esquente os *nuggets* e a batata.
Espalhe o molho sobre os aspargos.

JANTAR 2

Brandade
Salada com molho de alho assado da Roberta
Galette de ruibarbo

NO DIA Esquente a brandade. Faça a salada
e acrescente o molho.

JANTAR 3

Macarrão ao limão-siciliano com aspargo
Affogato

NO DIA Cozinhe o macarrão. Faça o *affogato*,
colocando café expresso no sorvete de creme.

JANTAR 4

Salada de frango com abacate e limão-siciliano
Ruibarbo assado com mexerica, cardamomo
e sorvete de creme

NO DIA Monte a salada e tempere. Deixe a sobremesa
em temperatura ambiente antes de servir (ou esquente
no micro-ondas, se preferir).

JANTAR 5

Panqueca de brandade
Legumes sortidos
Chocolate com leite para as crianças e com
bourbon para os adultos

NO DIA Faça as panquecas com o que sobrou
da brandade. Esquente os legumes.

ALMOÇO

Torrada com queijo de minas e aspargos
Sanduíche de *nuggets* com picles e molho especial
Salada de aspargos e abacate com parmesão

PLANEJAMENTO

PARA FAZER NO FIM DE SEMANA

Molho de alho assado
da Roberta

Nuggets caseiros

Brandade

Legumes sortidos

Batata assada do Tad

Meia receita de aspargo
assado do Jonathan (p. 15)

Galette de ruibarbo

Ruibarbo assado com
mexerica e cardamomo

COMO FAZER TUDO NO FIM DE SEMANA

Planeje passar de 3-3½ horas na cozinha, focado
nos prazeres da faca e na aromaterapia.

- Na sexta à noite ou no sábado de manhã, faça
  a massa da *galette* (p. 53) e guarde na geladeira.
  Deixe o bacalhau de molho para a brandade (p. 46).

- Quando estiver pronto para cozinhar, preaqueça
  o forno a 230°C. Corte o frango (p. 45), empane e asse.
  Deixe que esfrie e guarde na geladeira.

- Asse 680 g de aspargos. É rápido, então fique de olho.
  Quando estiverem prontos, tire do forno e reduza
  a temperatura para 190°C. Ponha a batata para assar
  (p. 50). Aproveite para também assar o alho do molho
  da Roberta (p. 42). Seu forno é um rei multitarefas.
  Prepare a brandade (p. 46) até o passo 6 e guarde
  na geladeira.

- Comece a *galette*. Prepare o recheio (e já separe
  o ruibarbo para a versão assada com mexerica
  e cardamomo), abra a massa e monte. Guarde
  na geladeira até que os outros pratos saiam do forno.
  Asse a *galette*.

- Faça o ruibarbo assado com mexerica e cardamomo
  (p. 53) e leve ao forno com a *galette*.

- Prepare os legumes sortidos (p. 50). Faça o molho
  da salada no processador de alimentos. E pronto!

**Se o tempo é curto, conheça seu novo melhor amigo:
a grelha**. Ela pode ajudar você a diminuir o tempo
de preparo dos alimentos. Faça os acompanhamentos
e o molho da Roberta no fim de semana, em vez
do *nugget* e da brandade. Durante a semana, grelhe o
frango e o peixe. Guarde as sobremesas de ruibarbo
para uma semana mais fácil. Isso deve reduzir
seu tempo de preparo no fim de semana a uma hora.

LISTA DE COMPRAS

HORTIFRÚTI

Abacate, 2

Alho, 1 cabeça mais 14 dentes

Aspargo, 1,8 kg

Batata, 2 kg

Cebola, 2

Coração de alcachofra, 1

Folhas verdes (como rúcula, mostarda, couve), 6 a 8 xícaras (120-160 g)

Limão, 1

Limão-siciliano, 6

Mexerica, 3

Ruibarbo, 16 talos

ERVAS

Manjericão, cebolinha ou estragão, para decorar

Orégano, 3 colheres (chá) (5 ou 6 ramos picados finamente)

Sálvia, 1 maço

Tomilho, 1 maço

ESPECIARIAS

Canela em pó, 2 pitadas

Louro, 1 folha

Noz-moscada, 1

Pimenta-da-jamaica em grãos, 3

Pimenta-caiena, 1 pitada

Pimenta-do-reino em grãos, 10

DESPENSA

Açúcar, 1¾ xícara (350 g)

Aliche em lata, 5 filés

Azeite extravirgem, 2½ xícaras (590 ml)

Chocolate de qualidade, para a sobremesa

Espaguete, 450 g

Farinha, 3¼ xícaras (405 g)

Farinha de rosca (prefira o tipo panko, se encontrar), 5 xícaras (300 g)

Fermento em pó, ⅛ de colher (chá)

Ketchup, para o almoço

Maionese, para o almoço

Molho de pimenta, para o almoço

Mostarda de Dijon, 2 colheres (sopa), mais um pouco para o almoço

Óleo vegetal, ¾ de xícara (175 ml)

Picles, para o almoço

Sal

Sal em flocos

Torrada, para o almoço

Vinagre de maçã, 1½ colher (chá)

Vinagre de vinho branco, 1½ colher (sopa)

Vinagre de xerez, 2 colheres (sopa)

LATICÍNIOS E OVOS

Cream cheese, 85 g

Creme de leite fresco, ½ xícara mais 2 colheres (sopa) (150 ml)

Leite, 1½ xícara (355 ml) mais um pouco

Manteiga sem sal, 1½ xícara mais ½ colher (sopa) (350 g)

Ovo, 8

Parmesão ralado, 1 xícara (100 g), mais um pouco para servir

Queijo de minas, para o almoço

Ricota fresca, ½ xícara (125 g)

CARNES E FRUTOS DO MAR

Bacalhau sem pele e sem espinha, 700 g

Bacon, 4 fatias

Sobrecoxa ou peito de frango sem pele e sem osso, 1,4 kg

BEBIDAS

Bourbon

Café, para a sobremesa

CONGELADOR

Ervilha, 1½ xícara (210 g)

Sorvete de creme, para a sobremesa

PADARIA

Bisnagas, para o almoço

Croûtons, para o almoço

Molho de alho assado da Roberta

Meus filhos comem de colher este molho cremoso e pungente adaptado com reverência do *Roberta's Cookbook*. Eles acrescentam em tudo, inclusive na carne. Para fazer, é preciso assar uma cabeça de alho até que fique doce e macia, para depois bater com alho fresco, um pouco de vinagre, gema, aliche e limão-siciliano. O resultado é um molho denso e maravilhoso — tanto que já o usei como maionese em sanduíches.

A versão simplificada da Merrill "Algumas pessoas na minha casa (que não serão nomeadas) têm problemas com peixe. Mesmo se você decidir tirar o aliche, como eu às vezes faço, este molho ainda vai mudar a sua vida. Também já tirei as gemas sem grandes problemas."

RENDE 1½ XÍCARA (355 ML)

1 cabeça de alho com 1 dente separado e descascado

¾ de xícara mais 1 colher (sopa) de azeite extravirgem, (190 ml), mais um pouco para o alho

2 colheres (sopa) de mostarda de Dijon

2 colheres (sopa) de vinagre de xerez

1½ colher (sopa) de vinagre de vinho branco

2 gemas

5 filés de aliche em lata

Sumo de ½ limão-siciliano, mais um pouco se necessário

Sal e pimenta-do-reino moída na hora

1 Preaqueça o forno a 190°C. Corte fora 6 mm da cabeça do alho e posicione o restante, com a parte cortada para cima, sobre um quadrado grande de papel-alumínio. Salpique um pouco de água e de azeite. Puxe as pontas do papel-alumínio e cubra o alho para fazer um pacotinho solto. Asse por 45 minutos. Retire o alho do forno e deixe esfriar ainda embalado. Tire 4 ou 5 dentes do alho assado e reserve para a brandade (se você não for fazê-la, também fica muito bom em uma torrada com manteiga com sal).

2 Leve o alho assado, o alho cru, a mostarda, os vinagres, as gemas, a anchova e o sumo de limão-siciliano a um liquidificador ou processador e bata por 30 segundos, até que esteja bem misturado.

3 Com o aparelho ligado, acrescente o azeite em um fio contínuo até que incorpore e o molho fique liso. Prove e adicione sal, pimenta e mais sumo de limão-siciliano se quiser. Dura 1 semana na geladeira.

Salada de frango com abacate e limão-siciliano

Misture folhas de **alface** (rúcula e couve também funcionam) em um prato raso e grande. Espalhe pedacinhos de *nugget* (p. 45), **fatias de abacate, batatas assadas** (p. 50) e **bacon** sobre as folhas. Cubra a salada com **cortes supreme de limão-siciliano**. Regue com o **molho da Roberta** (acima).

Nuggets caseiros

Revelação: esta receita dos melhores *nuggets* caseiros do mundo é da Merrill. Ela é feita com sobrecoxa de frango (muito mais saborosa que o peito), temperada com parmesão e orégano e depois envolta em farinha de rosca tipo panko, o que agrada todo mundo. Faço com tanta frequência que coloco em diferentes pratos no cardápio. Merrill nem percebeu até que o livro estivesse quase acabado, mas foi simpática e deixou passar. Já sei quem vai ter que ir buscar café o ano inteiro…

Os *nuggets* da infância de Merrill "Cresci comendo esse frango e o pedindo em todo aniversário. (Descobri cedo que, como pizza, também fica gostoso frio, mesmo que não esteja crocante.) O que sobrar pode ser usado em saladas ou sanduíches (ver as receitas da Amanda abaixo e na página anterior). Você pode esquentar, cortar em pedacinhos e jogar sobre *focaccia* com rúcula e pimenta em conserva."

RENDE APROXIMADAMENTE 36 *NUGGETS*

1½ xícara de farinha (190 g)	6 ovos
Sal e pimenta-do-reino moída na hora	1,4 kg de sobrecoxa (ou peito) de frango sem pele e sem osso, cortado em tiras de 3 cm
3 xícaras de farinha de rosca ou tipo panko (215 g)	
	Óleo vegetal
1 xícara de parmesão ralado (100 g)	4 colheres (sopa) de manteiga sem sal, aproximadamente
3 colheres (chá) de orégano picado fino	

1 Preaqueça o forno a 230°C. Coloque a farinha de trigo em uma tigela média e tempere generosamente com sal e pimenta. Mexa com um garfo.

2 Ponha a farinha de rosca em outra tigela média, acrescente o parmesão e o orégano e tempere generosamente com sal e pimenta. Mexa bem.

3 Quebre os ovos em uma terceira tigela e bata-os com o garfo. Você vai precisar de duas assadeiras grandes para o frango. Passe uma porção de tiras de frango na farinha temperada, cubra bem e tire o excesso. Mergulhe todos de uma vez só na mistura de ovo, cobrindo-os bem, e em seguida passe na farinha de rosca, pressionando um pouco para aderir melhor. Quando terminar cada porção, disponha as tiras nas assadeiras. Empanar várias tiras por vez pode fazer mais sujeira, mas é muito mais rápido; experimente!

4 Unte generosamente as duas assadeiras com óleo vegetal; acrescente 2 colheres (sopa) de manteiga a cada uma e leve ao forno para aquecer. Quando a manteiga não estiver mais espumando e começar a escurecer, coloque as tiras de frango com cuidado. Asse por 10 minutos, até a casquinha ficar dourada e crocante. Vire o frango e cozinhe por mais 10 minutos, até que os dois lados estejam iguais e a carne, completamente assada. Vá acrescentando mais óleo e manteiga conforme precisar.

5 Deixe esfriar e depois guarde em um pote com tampa na geladeira.

6 **No dia:** Esquente no forno a 150°C.

Almoço: Sanduíche de *nugget* com picles e molho especial

Faça o molho misturando **maionese** com **um pouco de mostarda de Dijon, ketchup** e **molho de pimenta**. Passe numa **bisnaga** e recheie com pedaços pequenos de *nugget*, **folhas verdes e picles**.

Brandade

Se você nunca fez brandade — um gratinado de batata, bacalhau e alho —, quero que experimente. Trabalhar com bacalhau é incrivelmente fácil, e acho divertido cozinhar um peixe que não precisa ser mantido na geladeira. Desde que você tenha uma prateleira de temperos bem diversa, este é um prato refinado e econômico. Algumas versões são menos consistentes, quase como um molho. Esta (adaptada da receita de David Tanis no *The New York Times*) é um ensopado mais amigável — amanteigado e cheiroso —, perfeito para o jantar.

SERVE 4 PESSOAS EM 2 JANTARES

700 g de bacalhau salgado sem pele e sem osso

1½ xícara de leite (355 ml)

2 ramos de tomilho

1 folha de louro

10 grãos de pimenta-do-reino

3 grãos de pimenta-da-jamaica

1 cravo-da-índia

700 g de batata descascada cortada em cubos de 2,5 cm

8 dentes de alho sem casca

Sobras do alho assado usado no molho da Roberta (p. 42)

3 colheres (sopa) de azeite extravirgem

1 colher (chá) de raspas finas de limão-siciliano

1 pitada de pimenta-caiena

1 pitada generosa de noz-moscada ralada

½ xícara mais 2 colheres (sopa) de creme de leite fresco (150 ml)

Sal e pimenta-do-reino moída na hora

4 colheres (sopa) de manteiga sem sal gelada (60 g)

¼ de xícara de farinha de rosca ou tipo panko (45 g)

1 Lave o bacalhau e tire todo o excesso de sal. Mergulhe-o em 2 litros de água fria por 8 horas pelo menos. Troque a água a cada poucas horas (tudo bem passar a noite sem trocar).

2 Em uma panela, aqueça o leite e 1½ xícara de água (355 ml) em fogo médio-alto. Adicione o bacalhau, o tomilho, o louro, a pimenta-do-reino, a pimenta-da-jamaica e o cravo-da-índia.

Acerte a chama para manter um ponto de quase fervura. Cozinhe por cerca de 15 minutos, até que o bacalhau solte lâminas com facilidade. Remova-o e deixe em temperatura ambiente.

3 Enquanto isso, em outra panela, cubra a batata com água e leve ao fogo. Acrescente o alho e 1 pitada generosa de sal. Deixe ferver por cerca de 15 minutos, até que a batata esteja mole. Escorra e separe o líquido do cozimento.

4 Ponha a batata e o alho assado em uma tigela grande. Com os dedos, desfie o bacalhau. Com um espremedor, amasse grosseiramente a batata e o bacalhau. Acrescente o azeite, as raspas de limão-siciliano, a pimenta-caiena e a noz-moscada. Use uma colher de pau e acrescente ½ xícara do creme de leite fresco (120 ml), mexendo bem. Inclua ½ xícara da água (120 ml) do cozimento (coada) para tornar a mistura mais leve, de modo que fique com a textura de um purê macio. Prove e acerte o tempero; provavelmente vai precisar de mais sal e pimenta.

5 Use 1 colher (sopa) da manteiga para untar uma travessa baixa. Transfira a mistura e nivele o topo com uma espátula. Cubra com as 2 colheres (sopa) de creme de leite fresco que sobraram e polvilhe com a farinha de rosca. Ponha as 3 colheres (sopa) restantes de manteiga no topo. Cubra e guarde na geladeira.

6 **No dia:** Deixe a brandade em temperatura ambiente enquanto preaquece o forno a 200°C. Asse por cerca de 20 minutos, até que fique dourada e borbulhando.

Panqueca de brandade

Faça pequenas panquecas com as **sobras da brandade** e empane com **farinha de rosca**. Frite em **azeite extravirgem** em uma frigideira antiaderente por cerca de 3 minutos de cada lado, até que fique dourada e quente. (Ver o prato finalizado, p. 51.)

Macarrão ao limão-siciliano com aspargo

Eu gosto deste macarrão ao limão tanto quanto de aspargos, então pensei em combinar esses dois sabores em um prato bem simples. Não é preciso branquear os legumes — a menos que venham direto da horta e estejam sujos. Só refogue com azeite, alho e raspas de limão-siciliano enquanto o espaguete cozinha. Intensifique o sabor do limão-siciliano acrescentando o sumo no espaguete. Rale um pouco de parmesão por cima e acrescente ricota. Seu jantar vibrante e verdinho está pronto.

Dica da Merrill "Quando não é época de aspargos, gosto de fazer macarrão com brócolis ou couve-de-bruxelas cortada em quatro."

SERVE 4

Sal e pimenta-do-reino moída na hora	Raspas finas e sumo de 2 limões-sicilianos
900 g de aspargos aparados	450 g de espaguete
6 colheres (sopa) de azeite extravirgem (90 ml)	4 colheres (sopa) de manteiga sem sal (60 g)
2 dentes de alho amassados	Parmesão ralado, para servir
	½ xícara de ricota fresca (125 g)

1 Leve uma panela de água com bastante sal para ferver. Corte os aspargos na junção do talo com a ponta. Divida os talos em pedaços de 1,3 cm.

2 Esquente o azeite em uma frigideira grande em fogo médio. Acrescente o alho e cozinhe por 1 minuto, até que as beiradas amoleçam. Adicione os aspargos e tempere com sal. Deixe cozinhar por 6-8 minutos, virando e mexendo até que estejam crocantes e macios. Acrescente as raspas de limão e retire do fogo pouco depois.

3 Quando a água estiver fervendo, junte o espaguete e cozinhe até ficar al dente. Separe cerca de ⅓ de xícara da água (80 ml) do cozimento. Escorra o espaguete e acrescente os aspargos com a manteiga. Leve ao fogo médio e use uma pinça de cozinha para mexer e ajudar a derreter a manteiga. Acrescente metade do sumo de limão-siciliano e misture. Prove e acerte o tempero, colocando mais sumo e sal se necessário. Se o espaguete estiver seco, adicione um pouco mais de água do cozimento.

4 Divida em quatro pratos. Tempere com pimenta e jogue parmesão ralado por cima, além de uma colherada de ricota. Devore.

Almoço: Torrada com queijo de minas e aspargo

Corte os **aspargos assados** (p. 15) em pedaços de 2,5 cm. Se for montar uma marmita, leve também uma cunha de **limão-siciliano**, **queijo de minas** e **torradas**, mas deixe tudo separado até a hora de comer, para que não fique mole!

Almoço: Salada de aspargo e abacate com parmesão

Corte os **aspargos assados** (p. 15) em fatias finas. Acrescente **abacate** cortado e *croûtons* (quinoa cozida ou cevada funcionam também). Tempere com **azeite extravirgem** e sumo de limão. Finalize com **lascas de parmesão**.

Batata assada do Tad

Esta é a especialidade do meu marido. A primeira versão desta receita levava apenas batata, mas, com o passar do tempo, ele acrescentou a cebola picadinha, que realça a doçura.

Tad assa a batata e a cebola em duas panelas de ferro fundido com dentes de alho levemente espremidos e as ervas que houver na geladeira. Ele as cobre com azeite, acrescenta sal em flocos e pimenta-do-reino, e leva as panelas ao forno quente. O segredo no entanto, não é a técnica, mas usar batatas velhas, que ficaram na despensa ou na geladeira por um ou dois meses, quando já começaram a escurecer. (Veja-as finalizadas na p. 44.)

Regras da Merrill para assar "Descobri que a maioria dos tubérculos assa perfeitamente entre 175°C e 220°C. Eles demoram um pouco mais no fogo baixo e perdem um pouco mais da umidade devido ao tempo extra que passam no forno (o que significa que vão ficar mais crocantes). Também douram mais rápido no forno quente, então cubra-os com papel-alumínio se estiverem ficando escuros demais. Essa capacidade de adaptação torna os tubérculos grandes parceiros de forno de pratos que precisam de temperaturas mais específicas, como biscoitos, economizando tempo valioso na cozinha."

SERVE 4 COMO ACOMPANHAMENTO, COM SOBRAS PARA A SALADA DE FRANGO

1,4 kg de batatas cortadas em cubos de 2 cm

2 cebolas médias picadas grosseiramente

Azeite extravirgem

12 ramos de ervas (qualquer combinação de sálvia, tomilho e alecrim)

4 dentes de alho sem a casca levemente amassados

Sal e pimenta-do-reino moída na hora

---

1 Preaqueça o forno a 190°C. Espalhe as batatas e as cebolas em duas panelas de ferro fundido que possam ir ao forno, em uma única camada. Despeje o azeite como numa marinada. Acrescente as ervas e o alho e tempere generosamente com sal e pimenta. Vire as batatas algumas vezes para que peguem as ervas e o tempero.

2 Leve para assar. Em 25 minutos, as batatas devem ficar douradas nas pontas. Depois disso, vá virando-as a cada 10 minutos, até que estejam caramelizadas e macias, o que deve levar mais 35-45 minutos.

3 **No dia:** Esquente as batatas em uma assadeira de ferro fundido a 150°C por 15 minutos.

Legumes sortidos

Em uma frigideira grande, junte **260 g de coração de alcachofra** com **¼ de xícara de azeite extravirgem (60 ml)** e leve ao fogo médio por 5-10 minutos. Acrescente **225 g de aspargos aparados em fatias finas** e **1½ xícara de ervilhas congeladas (210 g)**. Deixe que fervam em fogo médio-alto. Tempere com sal e pimenta. Cozinhe por 5 minutos, até que os aspargos estejam macios. Finalize com **cebolinha**, **manjericão** ou **estragão**.

No dia: Esquente em uma frigideira em fogo médio, mexendo com frequência. Sirva com a panqueca de brandade (p. 46).

Galette de ruibarbo

Já usei esta massa e escrevi sobre ela inúmeras vezes. Feita com cream cheese, ela é macia e deliciosa. A receita original é do livro *The Pie and Pastry Bible*, de Rose Levy Beranbaum. Cortei alguns passos para que ficasse mais fácil de fazer e uso como um ninho para um recheio bem colorido de ruibarbo.

Regras da massa Se você já tem uma massa de torta pronta, pode usá-la. Se tiver outra receita, também — pode inclusive dobrar as quantidades e congelar metade, para fazer mais *galettes* rapidamente nas semanas seguintes.

Variação com pera da Merrill "No outono, gosto de fazer essa massa com pera. Se estiverem maduras e você conseguir cortar fatias bem fininhas, elas amolecem com pouco tempo de cozimento. Para fazer 4-5 xícaras (560-700 g) de fatias de pera, descasque e corte em fatias finas (com menos de 6 mm) 3-4 peras. Use-as no lugar do ruibarbo, reduza o açúcar a ¼ de xícara (50 g) e acrescente algumas pitadas de noz-moscada. Asse conforme as instruções da versão de ruibarbo. Não se esqueça de servir com uma jarrinha de creme de leite fresco. A *galette* deve ser esquentada por 5-10 minutos no forno a 150°C antes de servir."

RENDE 1 *GALETTE* DE 30 CM

MASSA

1 ⅓ xícara de farinha (165 g)

⅛ de colher (chá) de sal

⅛ de colher (chá) de fermento em pó

85 g de cream cheese gelado

½ xícara de manteiga sem sal gelada cortada em cubos (110 g)

1½ colher (sopa) de água gelada

1½ colher (chá) de vinagre de maçã

RECHEIO

5 xícaras de ruibarbo fatiado (610 g, cerca de 12 talos)

1¼ xícara de açúcar (250 g)

5 colheres (sopa) de farinha (35 g)

2 pitadas de canela em pó

1½ colher (sopa) de manteiga sem sal

1 Para fazer a massa, junte a farinha, o sal e o fermento em um processador de alimentos e misture bem. Acrescente o cream cheese e bata por cerca de 20 segundos ou até que a mistura fique parecendo uma farinha grossa. Adicione a manteiga e pulse até que não haja pedacinhos maiores que uma ervilha.

2 Acrescente a água gelada e o vinagre. Pulse até que a mistura grude quando pressionada entre os dedos. Coloque a massa em uma superfície de trabalho, amasse e forme um disco.

3 Cubra-a com filme e deixe na geladeira de preferência a noite toda, mas pelo menos por 45 minutos.

4 Preaqueça o forno a 190°C. Para fazer o recheio, misture o ruibarbo, o açúcar, a farinha e a canela em pó em uma tigela grande.

5 Abra a massa em um círculo de 33 cm com 3 mm de espessura e transfira para uma assadeira. Espalhe o recheio sobre ela, deixando de 5-7,5 cm de borda. Dobre-a por cima do recheio para formar uma crosta. Pincele manteiga e asse por cerca de 30 minutos, até que o recheio esteja borbulhando e a massa, dourada.

Ruibarbo assado com mexerica e cardamomo

Esprema **2 mexericas** e divida 8 gomos de uma **terceira**. Corte 4 talos de **ruibarbo** em pedaços de 7,5 cm e misture com os gomos de mexerica, **¼ de xícara de açúcar (50 g)** e **1 pitada generosa de cardamomo**. Espalhe em uma assadeira grande e acrescente **1 colher (sopa) de manteiga**. Leve ao forno a 190°C por cerca de 45 minutos, até que o ruibarbo comece a escurecer nas beiradas e amoleça. Regue com o sumo de mexerica reservado. Sirva quente ou em temperatura ambiente com **sorvete de creme**.

MENU #4

AS RECEITAS

Aspargos mexidos 58

Salada de grãos com aspargo, nabo, queijo feta e molho de limão-siciliano em conserva 61

Legumes com ricota e folhas de alho 61

Filé de frango com *charmoula* e limão-siciliano em conserva 62

Fraldinha e *charmoula* na vianinha 62

Quesadilla ao pesto de folhas de alho 65

Schlumpf 66

Sorvete de chocolate com *croûtons* de brioche, amêndoa e sal 66

Wraps de carne 86

Cebola em conserva 86

Sorvete de limão 268

Sorvete de torta de limão 268

COMO COMBINAR

JANTAR 1

Aspargos mexidos
Torrada
Sorvete de chocolate com *croûtons* de brioche, amêndoa e sal

NO DIA Refogue os aspargos, guardando metade para a salada de grãos. Na mesma panela, inclua os ovos e termine a receita. Depois do jantar, sirva o sorvete.

JANTAR 2

Filé de frango com *charmoula* e limão-siciliano em conserva
Legumes com sal ou ricota e folhas de alho
Pão
Schlumpf

NO DIA Misture a ricota e sirva com nabo, rabanete e cenoura em fatias. Grelhe o frango e sirva com a *charmoula* e o pão. Coloque o *schlumpf* no forno.

JANTAR 3

Wraps de carne com cebola em conserva
Sorvete de limão

NO DIA Separe o coentro, a cebola em conserva, o abacate fatiado e o molho de pimenta. Grelhe a fraldinha e toste as tortilhas.

JANTAR 4

Salada de grãos com aspargo, nabo, queijo feta e molho de limão-siciliano em conserva
Schlumpf

NO DIA Em uma tigela, misture os ingredientes da salada e tempere. Coloque o *schlumpf* no forno.

JANTAR 5

Quesadilla ao pesto de folhas de alho
Rabanete com sal
Sorvete de torta de limão

NO DIA Faça o sorvete de torta de limão e bata o creme de leite fresco. Monte as *quesadillas*.

ALMOÇO

Fraldinha e *charmoula* na vianinha
Salada de grãos com *charmoula*

PLANEJAMENTO

PARA FAZER NO FIM DE SEMANA

Salada de grãos com aspargo, nabo, queijo feta e molho de limão-siciliano em conserva

Filé de frango com *charmoula* e limão-siciliano em conserva

Pesto de folhas de alho (p. 123)

Cebola em conserva (p. 86)

Legumes com ricota e folhas de alho

Schlumpf

Sorvete de chocolate com croûtons de brioche, amêndoas e sal

Sorvete de limão (p. 268)

E VAMOS LÁ!

Esta semana você vai passar apenas 90 minutos na cozinha.

• Faça a base do sorvete de limão (p. 268) e leve ao congelador, mexendo conforme endurece.

• Lave os nabos, os rabanetes, as cenouras e o coentro. Guarde entre folhas de papel-toalha em um pote ou saco.

• Use o processador de alimentos para fazer a *charmoula* (p. 62) e, em seguida, o pesto de folhas de alho (p. 123). Use metade da *charmoula* no frango. Guarde os filés e a *charmoula* restante (em recipientes separados) na geladeira, assim como o pesto de folhas de alho. Sinta o poder de ter completado dois dos principais componentes do seu cardápio em menos de 30 minutos.

• Preaqueça o forno a 175°C. Faça o *schlumpf*. Repita essa palavra algumas vezes enquanto isso, sem rir, então ponha no forno. Sinta o *schlumpf*. SEJA O *SCHLUMPF*!

• Leve uma panela grande de água com sal para ferver. Cozinhe os grãos para a salada (p. 61). Escorra e guarde em um pote na geladeira.

• Enquanto isso, faça os *croûtons* para o sorvete de chocolate (p. 66).

• Faça a cebola em conserva (p. 86) e guarde em um recipiente na geladeira.

• Saia de casa e aproveite o dia!

Procurando uma versão mais rápida? Pule a sobremesa — faça o sorvete de torta de limão (p. 268) com sorvete comprado e substitua o *schlumpf* por cookies. Em vez de pesto de folhas de alho, faça o dobro de *charmoula* e use metade nas *quesadillas*. O restante é fácil e deve levar cerca de 1 hora.

LISTA DE COMPRAS

HORTIFRÚTI

Abacate, 1

Alho, 1 dente

Aspargo, 450 g

Cebola-roxa, 2

Cenoura baby, 200 g

Folhas de alho, ½ xícara, picadas (50 g); você pode substituir por *hana-nirá* ou cebolinha

Limão, 7

Limão-siciliano, 4

Nabo baby, 2 maços

Rabanete, 1 maço

Rúcula, 8 xícaras (160 g)

Ruibarbo, 8 xícaras (960 g), ou frutas vermelhas frescas ou congeladas, 8 xícaras (1,2 kg)

ERVAS

Cebolinha, 2 talos com bulbo

Coentro, 2 maços

Salsinha, 1 xícara (20 g)

ESPECIARIAS

Canela em pó, ⅜ de colher (chá)

Cominho em pó, ¾ de colher (chá)

Pimenta aleppo ou pimenta calabresa em flocos

Pimenta defumada tipo ancho ou chipotle em pó, ¼ de colher (chá)

DESPENSA

Açúcar, 1¾ xícara mais 2 colheres (sopa) (375 g)

Açúcar mascavo, 1 xícara (220 g)

Amêndoa, 1 punhado, picada

Amêndoa salgada torrada, 3 colheres (sopa)

Arroz jasmim, 1 xícara (185 g)

Azeite extravirgem, 2¼ xícaras (530 ml)

Coco ralado não adoçado, ¾ de xícara (60 g)

Extrato de baunilha, ¼ de colher (chá)

Farinha, 2¼ xícaras (280 g)

Limão-siciliano em conserva picado, 4 colheres (sopa)

Mel, 2 colheres (sopa)

Molho de pimenta

Mostarda de Dijon, 1 colher (sopa)

Quinoa, ½ xícara (85 g)

Sal em flocos

Torrada, 3

Trigo em grãos, 1 xícara (180 g)

Vinagre de maçã, 1½ xícara (355 ml)

Vinagre de vinho tinto, 2 colheres (sopa)

LATICÍNIOS E OVOS

Cheddar ralado, 4 xícaras (440 g)

Creme de leite fresco, 3½ xícaras (830 ml), mais um pouco para o chantili

Maionese, para o almoço

Manteiga com sal, 1 xícara mais 2 colheres (sopa) (250 g)

Ovo, 10

Queijo feta em pedaços, ½ xícara (75 g)

Queijo pecorino ralado, ⅓ de xícara (35 g)

Ricota fresca, ¾ de xícara (190 g)

CARNES E FRUTOS DO MAR

Filé de frango, 6

Fraldinha, 700-900 g

CONGELADOR

Sorvete de chocolate, para a sobremesa

PADARIA

Brioche, 1 (congele o que sobrar)

Filão, para o jantar

Tortilha

Vianinha, para o almoço

Aspargos mexidos

Nesta versão, os ovos ficam menos uniformes e os sabores, mais puros — sem nada de leite, creme de leite ou queijo no caminho. Compre os melhores aspargos e ovos que encontrar e verá que mesmo o jantar mais simples e rápido pode ser excepcional.

Um milhão de variações Guarde esta técnica para semanas em que você tem um cardápio menos organizado. Experimente com folhas de alho, *pancetta*, camarão, linguiça ou cogumelos.

SERVE 4

10 ovos

2 colheres (sopa) de azeite extravirgem

450 g de aspargos aparados em fatias de 3 mm

1 pitada de pimenta aleppo ou pimenta calabresa em flocos

Sal e pimenta-do-reino moída na hora

1 Quebre os ovos em uma tigela grande, mas não mexa. Aqueça o azeite em uma frigideira antiaderente em fogo médio-alto. Quando começar a borbulhar, acrescente os aspargos e misture bem. Adicione a pimenta aleppo e tempere com sal e pimenta-do-reino. Salteie por cerca de 2 minutos, até que fique crocante, então passe metade dos aspargos para um pote. Deixe essa porção esfriar e guarde na geladeira para a salada de grãos (p. 61).

2 Mantenha o restante dos aspargos na frigideira. Leve ao fogo alto e acrescente os ovos. Trabalhando rapidamente, use a espátula para mexer os ovos na frigideira. Tempere com sal. Haverá pelotas, coalhos e vestígios de gema e clara — e é exatamente isso que deve acontecer. Os ovos estarão prontos em cerca de 2 minutos, quando parecerem macios e reluzentes, nem crus nem completamente cozidos. Sirva de imediato.

Salada de grãos com aspargo, nabo, queijo feta e molho de limão-siciliano em conserva

Eu entrei na onda dos grãos no ano passado, e uma das coisas que aprendi é que não há necessidade de cozinhá-los separadamente. Fico entediada com um grão só, então gosto de saladas que misturam trigo, arroz, cevada e o que mais tiver em casa (até quinoa, que tecnicamente é uma semente). O truque para cozinhar os grãos juntos é descobrir de quanto tempo cada um precisa e ir acrescentando-os aos poucos na água fervente. O cozimento vai terminar ao mesmo tempo e você vai ter uma única panela para lavar.

SERVE 4 PESSOAS NO JANTAR, MAIS ALMOÇOS

MOLHO DE LIMÃO-SICILIANO EM CONSERVA

¼ de xícara de azeite extravirgem (60 ml)

2 colheres (sopa) de *charmoula* (ver filé de frango, p. 62)

1 colher (sopa) de limão-siciliano em conserva picado

1 colher (sopa) de mostarda de Dijon

Sumo de 1 limão-siciliano

1 pitada de açúcar

Pimenta-do-reino moída na hora

SALADA

Sal

1 xícara de grãos de trigo (180 g)

1 xícara de arroz jasmim (185 g)

½ xícara de quinoa lavada (85 g)

225 g de aspargos cortados em fatias finas e salteados (ver aspargos mexidos, p. 58)

8 nabos baby cortados em cunhas pequenas

Sobras de frango ou carne cortados em pedaços pequenos (1-2 xícaras)

½ xícara de queijo feta em pedaços (75 g)

1 Para fazer o molho, junte todos os ingredientes com bastante pimenta-do-reino em um vidro com tampa de rosca. Feche e agite como se não houvesse amanhã! Prove e acerte o tempero. Guarde na geladeira por até 1 semana.

2 Leve uma panela grande de água com sal à fervura. Acrescente o trigo e cozinhe em fogo baixo por 30 minutos. Despeje o arroz e, 5 minutos depois, a quinoa. Cozinhe os grãos por mais 5 minutos, até que estejam tenros, mas não moles. Escorra e deixe esfriar. Guarde na geladeira.

3 **No dia:** Em uma tigela grande, misture os grãos cozidos, os aspargos, o nabo e o frango ou a carne. Dê uma boa agitada no molho para revigorar a emulsificação e despeje metade sobre os grãos. Prove a salada e acrescente mais se achar necessário. Finalize com o queijo feta.

Legumes com ricota e folhas de alho

Aqueles que veem o copo meio vazio talvez considerem esta uma receita preguiçosa para os dias quentes. Os mais otimistas encaram como uma homenagem aos legumes da estação. Eu sou do segundo tipo. Nabos, rabanetes, pepinos, folhas baby, feijões, pimentas e cenouras ficam tão doces e macios nessa época do ano que adoro comê-los apenas com sal em flocos, seja antes do prato principal ou com ele. Eu lavo e aparo os **nabos** e os **rabanetes**, mas mantenho as folhas se estiverem bonitas. Se for usar leguminosas, dê uma branqueada nelas. As **cenouras**, eu lavo (sem raspar a casca), aparo e fatio, dependendo do tamanho. Bons legumes não precisam de outro acompanhamento além de sal, mas, se quiser, pode usar **pimenta** e deixar um prato de **azeite extravirgem** ao lado.

Se estiver animado, pode servir com ricota e folhas de alho: em uma travessa baixa, misture **¾ de xícara de ricota (190 g)** com **1 colher (sopa) de azeite extravirgem** e **3 colheres (sopa) de pesto de folhas de alho** (p. 123) ou *charmoula* (p. 62). Tempere a gosto.

Filé de frango com *charmoula* e limão-siciliano em conserva

Charmoula é um molho verde do norte da África que leva limão-siciliano em conserva, cominho, pimenta e alho. Você vai querer usá-lo em tudo. Nas noites de verão, quando não tenho um cardápio planejado e estou sem ideias, faço algum tipo de molho verde como este ou o da p. 198. Então, só preciso de um peixe (como o da Merrill na p. 259) ou de um bom corte de carne (como a bisteca da p. 120).

Deparei pela primeira vez com esse prato no Food52, na receita enviada por Lisanne Weinberg Lubitz. A versão dela inclui o modo de curtir e cozinhar o limão-siciliano com paus de canela e folhas de louro. É incrível, mas complicada demais para a semana, então dei uma repaginada pulando essa parte.

Se você não quiser usar filés, pode se deliciar com sobrecoxa desossada!

SERVE 4, COM SOBRAS

CHARMOULA

1 xícara de folhas de salsinha (20 g)

1 xícara de coentro (20 g)

2 cebolinhas aparadas e picadas

1 dente de alho sem casca

¼ de colher (chá) de cominho em pó

⅛ de colher (chá) de canela em pó

¾ de colher (chá) de sal

1 pitada generosa de pimenta aleppo ou pimenta calabresa em flocos amassada

Raspas finas de 1 limão-siciliano

¾ de xícara de azeite extravirgem (175 ml)

2 colheres (sopa) de vinagre de vinho tinto

FRANGO

6 filés de frango

3 colheres (sopa) de limão-siciliano em conserva picado

Sal e pimenta-do-reino moída na hora

1 Para fazer a *charmoula*, misture a salsinha, o coentro, a cebolinha, o alho, o cominho, a canela, o sal, a pimenta e as raspas de limão no processador de alimentos. Com o aparelho ligado, acrescente o azeite lentamente em um fio, parando uma ou duas vezes para limpar as laterais. Vá pulsando enquanto acrescenta o vinagre. A *charmoula* deve ficar líquida o bastante para que escorra da colher; caso contrário, acrescente mais azeite. Prove e acerte o tempero. Guarde ⅓ em um pote para a salada de grãos e outros pratos. Deixe o que sobrar separado enquanto prepara o frango.

2 Bata os filés entre folhas de papel-manteiga até que fiquem com 8 mm de espessura. Misture metade da *charmoula* reservada com o limão-siciliano em conserva e regue o frango. Cubra e leve à geladeira. Reserve o restante da *charmoula* para servir.

3 **No dia:** Aqueça uma frigideira ou grelha em fogo médio-alto. Doure os filés, virando uma vez depois de 3 minutos, quando estiverem cozidos nas beiradas. Grelhe por mais 3 minutos e retire do fogo. Cubra com algumas colheradas da *charmoula* reservada e tempere com sal e pimenta.

Troca de ingredientes *Charmoula* e cordeiro são bons companheiros; experimente usar paleta se quiser substituir o frango.

Adiante-se Você pode grelhar o frango no fim de semana. Ele pode ser esquentado em uma assadeira coberta no forno ligado na temperatura mínima ou servido em temperatura ambiente. Finalize com a *charmoula*.

Almoço: Fraldinha e *charmoula* na vianinha

Passe **maionese** e *charmoula* nas duas metades de uma vianinha aberta. Coloque algumas fatias de **fraldinha** (p. 86). Cubra com a **cebola em conserva** (p. 86) e pronto.

Quesadilla ao pesto de folhas de alho

Esta receita não requer tempo ou esforço. Você provavelmente já comeu *quesadilla* na vida, mas nunca deve ter pensado em juntar pesto de folha de alho e queijo na tortilha. Se estiver com preguiça de fazer o pesto — entendo totalmente —, pode usar o que sobrou da *charmoula* (p. 62). Limpe a geladeira e faça o jantar ao mesmo tempo!

Um jantar mais farto Se você acha que este prato é leve demais, faça uma salada com abacate para acompanhar.

SERVE 4

16 tortilhas

4 xícaras de queijo cheddar ralado (440 g)

8 colheres (sopa) de pesto de folhas de alho (p. 123) ou *charmoula* (p. 62) (125 g)

1 Preaqueça o forno na temperatura mínima. Coloque 2 tortilhas numa frigideira de ferro fundido untada ou antiaderente bem grande no fogo médio. Deixe-as esquentar por cerca de 1 minuto, vire e mantenha por mais 1 minuto.

2 Acrescente ¼ de xícara de queijo (30 g) em cada tortilha e, em seguida, ½ colher (sopa) do pesto. Quando o queijo começar a derreter, dobre as tortilhas na metade, tampe a frigideira e deixe as tortilhas tostar. Transfira-as para uma assadeira e mantenha-as aquecidas no forno enquanto faz as outras.

Schlumpf

Eu sempre odiei *crumbles*, cucas e afins. Então, depois de muito tempo de vida e de Food52, conheci o *schlumpf* e tudo mudou. Eu não precisava mais sofrer com uma maçaroca de frutas que queimavam minha língua ou me sentir traída por uma massa pesada que esmagava as pobres coitadas. Agora podia desfrutar de uma cama sublime de geleia velada por uma fina massa crocante. O *schlumpf* pode não ser gracioso no nome, mas na execução...

Descobri o *schlumpf* com Marian Bull, a amada e excêntrica ex-editora do Food52, que compartilhou sua receita de família no site. Logo essa sobremesa se tornou uma favorita da comunidade e passou a ser recorrente em meus verões, não apenas porque quem come ama mas porque leva cerca de 10 minutos para ser feita.

Com o tempo, experimentei diferentes recheios (ruibarbo e *blueberry* são os meus favoritos) e coberturas, como canela e coco. Dei uma pirada temporária e coloquei até quinoa. Você me perdoa, não é, Marian?

SERVE 4 PARA 2 SOBREMESAS MAIS LANCHINHOS PARA A TARDE

COBERTURA
2 xícaras de farinha (250 g)

1 xícara mais 2 colheres (sopa) de manteiga com sal gelada cortada em cubos (255 g)

1 xícara de açúcar mascavo (220 g)

¾ de xícara de coco ralado não adoçado (60 g)

RECHEIO
8 xícaras de ruibarbo fatiado fino (960 g, cerca de 20 talos) ou 8 xícaras de *blueberry* fresco ou congelado (1,2 kg)

¼ de xícara de farinha (30 g)

¼ de xícara de açúcar (50 g)

¼ de colher (chá) de canela em pó

¼ de colher (chá) de extrato de baunilha

Chantili ou creme de leite fresco batido, para servir

1 Preaqueça o forno a 175°C. Para a cobertura, junte a farinha, a manteiga e o açúcar mascavo numa tigela. Com os dedos, amasse grosseiramente até que a mistura fique quebradiça e empelotada. Guarde a tigela na geladeira enquanto prepara o restante.

2 Junte todos os ingredientes do recheio e espalhe em uma assadeira. Acrescente a cobertura e depois o coco. Asse por cerca de 30 minutos, até que o recheio borbulhe e a crosta esteja dourada. Espere esfriar, cubra com filme e deixe na assadeira até servir.

3 **No dia:** Sirva em temperatura ambiente em taças com chantili.

A validade do *schlumpf* Confissão: este prato fica melhor no dia em que é feito, quando a cobertura está crocante e o recheio parece um pudim reconfortante. Isso é especialmente importante no clima úmido, que causa estragos na cobertura. Como minha sugestão é que você faça no fim de semana e sirva depois de alguns dias, é importante saber os riscos! Mas eu já fiz várias vezes e garanto que continua muito bom no terceiro dia no verão úmido da Costa Leste.

Sorvete de chocolate com *croûtons* de brioche, amêndoa e sal

Preaqueça o forno a 175°C. Corte **4 fatias grossas de brioche** em cubinhos. Coloque em uma assadeira com **1 punhado de amêndoas picadas**. Regue com **1-2 colheres (sopa) de mel** e polvilhe **sal marinho em flocos**. Asse por 7 minutos, até dourar. Deixe esfriar, guarde em um pote e sirva com **sorvete de chocolate**. Armazene por até 1 semana. Reserve o que sobrar de brioche para fazer rabanada no fim de semana.

O verão da Amanda

MENU #5

AS RECEITAS

Limonada com manjericão 75

Tomate-cereja estourado 76

Salada de arroz jasmim com tomate-cereja estourado, atum, azeitona e alcaparra 76

Sanduíche de tomate-cereja estourado 76

Salada de pêssego picante 79

Presunto cru enrolado no pêssego picante 79

Salada tailandesa de carne 80

Salada de carne e abacate com arroz frito e castanha-de-caju 82

Sanduíche tailandês com carne, abacate, coentro e cebola em conserva 82

Sanduíche de carne com cebola em conserva, tomate-cereja estourado e folhas verdes picantes 82

Arroz jasmim por tentativa e erro 83

Arroz de forno simples da Merrill 83

Wraps de peixe 85

Cebola em conserva 86

Penne com tomate-cereja estourado e milho 88

Raspadinha de *blueberry* 91

COMO COMBINAR

JANTAR 1

Limonada com manjericão
Tomate-cereja estourado
Salada tailandesa de carne
Arroz jasmim por tentativa e erro
Raspadinha de *blueberry*

NO DIA Deixe metade da salada e do tomate em temperatura ambiente. Esquente o arroz. Na hora da sobremesa, sirva a raspadinha em taças.

JANTAR 2

Wraps de peixe
Salada de pêssego picante
Sorvete de chocolate com canela e pimenta em pó

NO DIA Asse o peixe, toste as tortilhas, fatie o abacate e separe os recheios dos *wraps*. Tire a salada de pêssego da geladeira. Sirva o sorvete em taças e finalize com a canela e a pimenta de Espelette, se possível.

JANTAR 3

Penne com tomate-cereja estourado e milho
Sorvete de morango pronto

NO DIA Faça o macarrão com os tomates que assou no fim de semana.

JANTAR 4

Salada de carne e abacate com arroz frito e castanha-de-caju
Raspadinha de *blueberry*

NO DIA Frite o arroz e monte a salada. Sirva a raspadinha em taças.

JANTAR 5

Salada de arroz jasmim com tomate-cereja estourado, atum, azeitona e alcaparra
Melão-cantalupo com sal, pimenta e limão

NO DIA Tire a salada da geladeira 20 minutos antes de servir. Fatie o melão e sirva temperado com pimenta de Espelette ou qualquer pimenta em pó que desejar, sal e limão.

ALMOÇO

Presunto cru enrolado no pêssego picante
Sanduíche tailandês com carne, abacate, coentro e cebola em conserva
Sanduíche de carne com cebola em conserva, tomate-cereja estourado e folhas verdes picantes
Sanduíche de tomate-cereja estourado

PLANEJAMENTO

PARA FAZER NO FIM DE SEMANA

Salada de pêssego picante

Salada tailandesa de carne

Arroz jasmim por tentativa
e erro

Salada de arroz jasmim com
tomate-cereja estourado,
atum, azeitona e alcaparra

Cebola em conserva

Tomate-cereja estourado

Limonada com manjericão

Raspadinha de *blueberry*

COZINHA RÁPIDA DE VERÃO

Neste fim de semana, você vai passar de 1½-2 horas
na cozinha.

- Preaqueça o forno a 220°C. Apesar de parecer loucura
aquecer o forno no calor do verão, você vai me perdoar
depois.

- Prepare o tomate-cereja (p. 76) para ir ao forno
e asse até que estourem e dourem. Deixe esfriar
e guarde em um pote na geladeira.

- Faça o xarope de *blueberry* para a raspadinha (p. 91),
assim como a mistura para a limonada (p. 75). Prepare
a cebola em conserva (p. 86). Monte a salada de
pêssego (p. 79) e guarde em um pote na geladeira.

- Lave o coentro para os *wraps*, seque e mantenha em
um saco tipo zip, entre duas folhas de papel-toalha.

- Espalhe o xarope de *blueberry* em uma assadeira
e comece o processo de congelamento e raspagem.
Esprema os limões e guarde a limonada em uma
jarra na geladeira.

- Comece o arroz jasmim (p. 83).

- Deixe o arroz esfriar. Guarde metade em um pote
na geladeira. Reserve a outra metade para fazer
a salada de arroz jasmim com tomate-cereja
estourado, atum, azeitona e alcaparra (p. 76), quando
os tomates estiverem assados. Depois, deixe a salada
em um pote separado na geladeira.

- Esquente a churrasqueira ou uma grelha (o que
preferir). Faça a carne para a salada tailandesa (p. 80)
e prepare o restante da salada enquanto ela descansa.
Misture tudo e guarde em um pote na geladeira.

- Pronto! Se ainda precisar raspar a travessa de *blueberry*,
faça conforme puder. Nada de ruim vai acontecer
se não o fizer direito!

Semana cheia? Deixe a limonada, a salada de pêssego,
a cebola em conserva e a raspadinha de *blueberry* de fora.
Compre ricota e pão e sirva torradas de ricota (p. 20)
com o tomate-cereja estourado em vez de macarrão.
Sirva *blueberries* frescas com sorvete ou chantili. Você
vai economizar uns bons 45 minutos assim.

LISTA DE COMPRAS

HORTIFRÚTI

Abacate, 4 maduros e firmes

Alho, 11 dentes

Blueberry, 9 xícaras (1,4 kg)

Cebola, 3

Cebola-roxa, 2 grandes

Limão, 22

Limão-siciliano, 4

Melão-cantalupo, 1 maduro

Milho, 6 espigas

Pêssego, 6 quase maduros

Pimenta dedo-de-moça, 1-2

Rabanete, 8 pequenos

Rúcula ou agrião, 7 xícaras (140 g)

Tomate-cereja (vermelho, amarelo ou misturado), 12 xícaras (1,7 kg), os menores e mais doces que você encontrar

ERVAS

Cebolinha, 2 talos com bulbo mais 3 colheres (sopa) picada

Folhas de coentro, 1 maço mais 2 punhados

Manjericão, 1 maço

Salsinha, 1 punhado

ESPECIARIAS

Canela em pó, 1 pitada

Cominho em pó, ½ colher (chá)

Pimenta ancho ou chipotle em pó, ¼ de colher (chá)

Pimenta de Espelette ou outra pimenta em pó, ¼ de colher (chá), mais um pouco para polvilhar

DESPENSA

Açúcar, 1¾ xícara (350 g)

Açúcar demerara, ¾ de xícara (150 g)

Alcaparra picada, 1 colher (sopa)

Arroz jasmim

Atum em óleo, 200 g

Azeite extravirgem, 2 xícaras (475 ml)

Azeitona sem caroço, 1 punhado

Batatinha, para o almoço

Castanha-de-caju torrada, ½ xícara (65 g)

Maionese, para o almoço

Molho de peixe, 8½ colheres (sopa) (125 ml)

Molho de pimenta

Óleo vegetal, ½ xícara, para fritar

Penne, 450 g

Sal em flocos

Sal grosso

Suco de manga, para o almoço

Tortilha de milho, 12 pequenas

Vinagre de maçã, 1½ xícara (355 ml)

LATICÍNIOS E OVOS

Parmesão, para servir

CARNES E FRUTOS DO MAR

Fraldinha, 450 g

Merluza, 1,1 kg ou outro peixe branco, 450 g

Presunto cru, para o almoço

CONGELADOR

Sorvete de chocolate, para a sobremesa

Sorvete de morango, para a sobremesa

PADARIA

Pão francês, para o almoço

Pão italiano, 1, para o almoço

Pão de fôrma, 1 pacote, para o almoço

Tortilhas, 12 pequenas

Limonada com manjericão

Esta bebida é tonificante, refrescante e tem gostinho de ervas — tudo o que eu quero no verão. Acrescente gim ou vodca se for servir em festas. Eu uso o açúcar demerara, que adoça com um toque caramelizado. Se não tiver, pode usar o açúcar refinado, mas reduza a quantidade para ½ xícara (100 g).

SERVE 8 A 10

¾ de xícara de açúcar demerara (150 g)

13 limões, 1 cortado em rodelas

12 folhas grandes de manjericão fresco

O método da Merrill de triturar gelo "Coloque um saco tipo zip firmemente dentro de outro e preencha cerca de ⅔ do saco de dentro com cubos de gelo. Feche os dois, tirando todo o ar que puder. Use um martelo de carne para esmagar o gelo. Nota: faça isso numa superfície que aguente o tranco!"

1 Espalhe o açúcar em uma travessa. Trabalhando com um limão por vez, pegue 1 punhado de açúcar e esfregue com firmeza em toda a superfície da fruta. O açúcar arranha a casca do limão e extrai um pouco do sabor. Ferva 2 xícaras de água (475 ml) e adicione à travessa o bastante para cobrir o açúcar em 6 mm. Acrescente as folhas de manjericão e mexa.

2 Corte 12 dos limões e esprema em uma jarra, usando uma peneira para separar as sementes. Jogue aos poucos um tanto do xarope de açúcar pela peneira e junte ao suco. Mexa. Continue fazendo isso até que a limonada esteja saborosa. Guarde na geladeira por até 5 dias. Se sobrar xarope, guarde para fazer mais limonada em outro dia — dura por 1 semana, pelo menos.

3 **No dia:** Sirva com gelo triturado e uma rodela de limão. Se quiser variar, acrescente água com gás.

Tomate-cereja estourado

Na minha casa, este tomatinho assado é a solução para qualquer problema culinário no verão. Precisa de mais sabor? Acrescente o tomate. Precisa de um legume? Acrescente o tomate. Quer um lanchinho? Queijo e este tomate delicioso são o bastante.

Nesta semana, eles acompanham uma salada com carne (p. 80), dão um toque adocicado a uma salada de atum e arroz (à direita) e são o pilar de um macarrão com tomate e milho (p. 88). Mas não consegui parar — também são um ingrediente vital do romesco (p. 107) no meu próximo cardápio. Mantenha-os na geladeira como faria com um molho ou com picles. Você vai precisar deles em algum momento — e eles virão ao seu resgate.

O jantar improvisado da Merrill "Estes tomates assados pequeninos são o doce da natureza. Aqui vai um jeito de fazer um jantar rápido no verão: aqueça um pouco de cuscuz marroquino em fogo baixo com um respingo de água, azeitona grega picada, vagem cozida (p. 137) cortada em pedacinhos de 2,5 cm, 1 punhado de tomatinhos estourados e um pouco de azeite. Acrescente manjericão picado e uma pitada de raspas finas de limão. Finalize com ovos fritos."

Tomate, tomate, tomate Anna Gass, que há muito tempo vem testando receitas para o Food52, combina os tomatinhos com aioli e usa na pizza marguerita.

RENDE 4 A 6 XÍCARAS (DE 760 G A 1,1 KG)

12 xícaras dos menores e mais doces tomates-cereja (1,7 kg, vermelhos ou amarelos) que você conseguir encontrar

6 dentes de alho levemente amassados

Azeite extravirgem, para assar

Sal grosso

1 Preaqueça o forno a 220°C. Distribua os tomates em duas assadeiras em uma única camada (se não der, use mais uma assadeira). Acrescente o alho e regue com uma generosa camada de azeite, formando uma fina camada no fundo. Tempere com bastante sal. Asse por 20-30 minutos, até que os tomates estourem, soltando seu líquido. Tire do forno, descarte o alho e deixe esfriar. Não esqueça de reservar a parte líquida! Mantenha em um pote na geladeira por até 10 dias.

Salada de arroz jasmim com tomate-cereja estourado, atum, azeitona e alcaparra

Em uma tigela grande, misture **4 xícaras de arroz jasmim (630 g) cozido** (p. 83), **1½ xícara de tomate-cereja estourado (285 g)** com o líquido, **200 g de atum em óleo** (escorra antes), **1 punhado de azeitonas picadas**, **1 colher (sopa) de alcaparras picadas** e **1 punhado de manjericão e salsinha picados**. Acrescente **azeite extravirgem** o bastante para umedecer o arroz e misture tudo com cuidado. Prove e acerte o tempero, acrescentando sal, pimenta-do-reino, **pimenta dedo-de-moça**, **sumo de limão-siciliano** e azeite a gosto.

Almoço: Sanduíche de tomate-cereja estourado

Passe **maionese** em **2 fatias de pão de fôrma** e cubra com o **tomate-cereja estourado**. Finalize com um pouco de pimenta-do-reino moída na hora. Agora aproveite!

Salada de pêssego picante

Este prato está entre uma salada e uma sobremesa. Eu uso pêssegos que acabaram de amadurecer — mas que não estejam mole —, e tempero com pimenta de Espelette, sumo de limão, sal grosso e uma pitadinha de açúcar. O calor e a salinidade realçam levemente a doçura da fruta, que também é muito refrescante. Gosto mais dessa salada depois de pratos aromáticos como os *wraps* (pp. 85-6) ou a salada tailandesa de carne (p. 80).

Pêssego, ameixa, pera, manga... Você pode fazer a receita com qualquer uma dessas frutas. Tempere como preferir e desfrute deste prato picante o ano todo.

SERVE 4, MAIS SOBRAS

6 pêssegos recém-amadurecidos

¼ de colher (chá) de pimenta de Espelette em pó ou pimenta calabresa em flocos

1 colher (chá) de açúcar

1 limão cortado ao meio

Sal marinho em flocos

1 Corte os pêssegos ao meio, tire o caroço e divida cada pedaço em 4 cunhas. Em uma tigela grande, coloque a pimenta de Espelette, o açúcar e o sumo de ½ limão sobre as frutas. Tempere com sal. Guarde coberto na geladeira por até 2 dias.

2 **No dia:** Disponha a salada em uma travessa grande e deixe em temperatura ambiente. Corte a outra metade do limão em cunhas e deixe na mesa para quem quiser usar.

Almoço: Presunto cru enrolado no pêssego picante

Merrill me conquistou com esse almoço simples de verão. Ela enrola tiras finas de presunto cru em volta do pêssego e come com pão italiano. Uma excepcional vizinha de mesa no trabalho, ela dividia o prato comigo, e logo esse passou a ser um almoço comum para nós duas. Sempre que sobrar salada, simplesmente enrole fatias finas de presunto cru e leve para o trabalho no dia seguinte. Sirva com pão italiano.

Salada tailandesa de carne

Esta receita de Merav Shikler, membro da comunidade do Food52, mudou minha opinião sobre salada com carne. Em vez de marinar e depois cozinhar a carne, é só grelhar sem acrescentar nenhum tempero. A carne, assada na churrasqueira ou grelha, sem nada, cozinha bem. Só depois de pronta recebe o molho de peixe, o sumo de limão, a cebola e a pimenta dedo-de-moça, garantindo um sabor vívido e marcante.

RENDE 2 JANTARES, MAIS ALMOÇOS

1,1 kg de fraldinha

5 dentes de alho sem casca

1-2 pimentas dedo-de-moça

½ xícara de sumo de limão espremido na hora (120 ml)

½ xícara de molho de peixe (120 ml)

2 colheres (sopa) de açúcar

3 cebolas em fatias finas

3 colheres (sopa) de cebolinha fresca picada

1 punhado grande de coentro fresco grosseiramente picado

4 xícaras de arroz jasmim cozido (p. 83) (630 g)

1 Aqueça a churrasqueira ou leve ao fogo alto uma frigideira. Doure a carne por cerca de 3 minutos de cada lado, ou até que fique escura. Vire e deixe grelhar por mais 3 minutos, até ficar levemente malpassada. A temperatura interna da carne deve chegar a 55°C. Reserve enquanto prepara o restante da salada.

2 Com um pilão, amasse o alho e a pimenta até criar uma pasta. Coloque-a em uma tigela grande e acrescente o sumo de limão, o molho de peixe e o açúcar. Mexa bem. Adicione as cebolas, a cebolinha e o coentro.

3 Corte a carne no sentido contrário à fibra em fatias iguais e acrescente à salada. Mexa tudo e deixe marinar por 30 minutos pelo menos, para que os sabores se combinem. Guarde a salada coberta na geladeira por até 4 dias. Metade vai ser usada no prato e metade pode ser utilizada na salada de carne e abacate (p. 82) e em almoços.

4 **No dia:** Deixe metade da salada em temperatura ambiente. Sirva com arroz jasmim (p. 83) aquecido no micro-ondas.

Salada de carne e abacate
com arroz frito e castanha-de-caju

Esta é uma boa semana para comprar ingredientes em quantidades maiores e tirar o máximo proveito deles. Na salada tailandesa de carne (p. 80), você preparou o dobro do que realmente precisava.
E, já que o abacate está na sua lista por causa dos *wraps*, por que não comprar um pouquinho a mais? Esta salada combina carne marinada com abacate e agrião e acrescenta uma cobertura crocante e fragrante com cebolinha, arroz frito e castanha-de-caju picada. Você também pode substituir o agrião por um pé de alface lisa. Separe as folhas e deixe na mesa para fazer charutinhos.

SERVE 4

Óleo vegetal, para fritar

1 xícara de arroz jasmim cozido (ao lado) (160 g)

1 xícara de agrião e/ou rúcula (misture os dois na proporção que quiser) (120 g)

340 g de sobras de carne em fatias finas

2 abacates maduros e firmes em fatias finas

8 rabanetes pequenos cortados em cunhas

2 cebolinhas com bulbo em fatias finas

½ xícara de castanha-de-caju torrada, salgada e picada (65 g)

¼ de xícara de azeite extravirgem (60 ml)

Sumo de 1 limão

½ colher (chá) de molho de peixe

1 pitada de pimenta calabresa em flocos

Sal

1 Aqueça 4 cm de óleo vegetal em uma panela pequena em fogo médio-alto até que comece a borbulhar. Jogue um grão de arroz cozido na panela; se chiar, o óleo está pronto. Acrescente todo o arroz cozido e frite por 1-2 minutos, mexendo delicadamente para separar os grãos, até que fiquem crocantes e escureçam um pouco.

2 Disponha o agrião e/ou a rúcula em um prato. Coloque a carne e o abacate e adicione o rabanete, a cebolinha e as castanhas por cima.

3 Bata o azeite, o sumo de limão, o molho de peixe e a pimenta em uma tigela. Prove e acrescente sal e limão se achar necessário.

4 Coloque o molho na salada, cobrindo levemente o arroz frito no topo.

Almoço: Sanduíche tailandês com carne, abacate, coentro e cebola em conserva

Abra um **pão francês** e passe **maionese** dos dois lados. Coloque **sobras de carne**, **pedaços de abacate**, **folhas de coentro fresco e cebola em conserva** (p. 86). Não esqueça de levar **batatinhas** e um **suco de manga**.

Almoço: Sanduíche de carne com cebola em conserva, tomate-cereja estourado e folhas verdes picantes

Cubra uma fatia de **pão italiano** com **tomate-cereja estourado** (p. 76), incluindo a parte líquida, e finalize com as **sobras de carne**, a **cebola em conserva** (p. 86) e as **folhas picantes,** como agrião ou mostarda.

Arroz jasmim por tentativa e erro

Há uma maneira infalível de fazer arroz jasmim: compre uma panela de arroz.

Brincadeira! Mas realmente é a maneira mais fácil se você, como eu, não é bom nisso. Ainda assim não sou de me encolher diante da ameaça do arroz papa. Não recorro a medidas, porque na prática elas não funcionam para mim. Cozinhar bem o arroz depende do tipo de panela que você tem, da boca do seu fogão e, principalmente, da sabedoria que vem com a experiência. Prepare-se para errar bastante até pegar o jeito da coisa.

Coloque o arroz no escorredor, lave em água fria por 1 minuto e passe para uma panela de fundo grosso. Adicione água o bastante para cobri-lo em 2,5 cm. Acrescente 1 pitada generosa de sal. Ponha a tampa da panela e espere ferver em fogo médio-alto. Abaixe a chama para uma fervura branda e cozinhe por mais 15 minutos. Abra a panela e mexa o arroz com um garfo.

Gosto de fazer uma quantidade que dê para as duas saladas com carne e para a salada de arroz, então começo com 5 xícaras do grão cru (925 g), que deve dar 8 xícaras de arroz cozido (1,3 kg). Quando for comer, é só esquentar no micro-ondas.

Arroz de forno simples da Merrill

Diferentemente da Amanda, eu recorro a medidas precisas como um bote salva-vidas quando vou fazer arroz. (Se você também é assim, continue lendo.) O método de Pierre Franey foi o único que testei que funciona perfeitamente todas as vezes. É um arroz tipo *pilaf*, com cebola, alho e manteiga, que por si só é um grande acompanhamento. Se você quer algo mais puro para combinar com outros sabores, opte pela versão da Amanda.

Preaqueça o forno a 200°C. Derreta **1 colher (sopa) de manteiga** em uma panela de fundo triplo que possa ir ao forno em fogo médio-baixo. Acrescente **¼ de xícara de cebola (40 g)** e **1 dente de alho picadinhos**, e cozinhe por 3 minutos, até ficarem translúcidos. Adicione **1 xícara de arroz (185 g)**, cozinhe por 1 minuto e junte **1½ xícara de caldo de galinha** ou água (355 ml) e ¼ de colher (chá) de sal. Tampe a panela e leve ao forno por exatos 17 minutos. Tire do forno e deixe o arroz coberto por 3-5 minutos. Abra e solte com um garfo. Acrescente **1 colher (sopa) de manteiga** e ponha sal a gosto.

Wraps de peixe

Comecei atrasada a onda dos *wraps*. Demorei para perceber que posso fazer o que quiser nesta vida. Então agora faço *wraps* de peixe deliciosos todo mês.

Assar o peixe é o segredo para essa versão zen do prato. Dessa forma, você controla o tempo de preparo e mantém a umidade do peixe. A crocância da fritura é compensada pela cebola-roxa em conserva. Ela fica em uma tigela separada, assim como o abacate, que as crianças podem cortar. Ramos de coentro, cunhas de limão — eu deixo um pouco na mesa — e molho de pimenta completam o recheio.

Se a conserva de cebola-roxa for preparada no fim de semana, os *wraps* de peixe ficam prontos em 15 minutos. Enquanto o peixe assa com o cominho e a pimenta ancho, eu passo as tortilhas em uma frigideira antiaderente. As crianças cortam o abacate e meu marido serve a limonada e abre a cerveja.

Sobrou? Faça o salpicão da Merrill (p. 260) com o peixe que restar.

SERVE 4

450 g de merluza ou qualquer outro peixe branco

Sal

½ colher (chá) de cominho em pó

¼ de colher (chá) de pimenta ancho ou chipotle em pó

1 colher (sopa) de azeite extravirgem

Cebola em conserva (p. 86), para servir

1 abacate

2 limões cortados em 6 cunhas cada

1 maço de coentro

12 tortilhas pequenas

Molho de pimenta, para servir

1 Preaqueça o forno a 175°C. Tempere o peixe com sal, cominho e pimenta. Coloque em uma assadeira e borrife azeite.

2 Corte o abacate no sentido do comprimento em fatias de 3 mm e coloque numa tigela (gosto de espremer um pouco de limão em cima para não escurecer). Deixe o coentro e as cunhas de limão sobre a mesa.

3 Quando o forno estiver quente, coloque o peixe e deixe por 10 minutos.

4 Esquente uma frigideira grande em fogo médio-alto. Toste as tortilhas por 1 ou 2 minutos de cada lado, até ficarem quentinhas (se couber mais de uma na frigideira, ótimo!). Cuidado para que não ressequem. Vá fazendo uma pilha e cubra com um pano de prato para manter quente.

5 Quando o peixe estiver pronto, sirva com as tortilhas quentes e todos os recheios. Deixe que cada um monte o *wrap* dos seus sonhos.

Variação: *Wraps* de carne

Para fazer a mesma receita com carne no lugar de peixe, eu uso **fraldinha** (costela também serve). Se quer que sobre para o almoço, compre cerca de 700-900 g. Tempere a carne como faria com o peixe (eu coloco um pouco de tudo) e deixe em temperatura ambiente antes de preparar. Grelhe, por tempo suficiente para que ela escureça, vire e deixe até ficar levemente malpassada. Depois de pronta, a carne deve descansar por 5-10 minutos (momento em que dá para tostar as tortilhas); e em seguida corte-a no sentido contrário à fibra.

Sobras de carne Em algumas semanas, faço uma grande quantidade de carne para os *wraps* e uso as sobras para a salada tailandesa de carne (p. 80) ou sirvo fria com molho (uma mistura de maionese, mostarda de Dijon, molho de pimenta e molho inglês), fatias de tomate e milho cozido no vapor.

Cebola em conserva

Normalmente faço uma boa quantidade e uso as sobras no almoço ou em qualquer outra oportunidade que encontrar. Esta receita rende o bastante para os *wraps* e várias porções de saladas e sanduíches para ajudar durante a semana.

Se você não tem micro-ondas, ferva a água, o vinagre, o sal e o açúcar, depois despeje sobre as cebolas.

RENDE 3 A 4 XÍCARAS (540-720 G)

2 cebolas-roxas grandes	2 colheres (sopa) de açúcar
½ colher (sopa) de sal	1½ xícara de vinagre de maçã (355 ml)

Corte as cebolas em fatias bem finas e coloque-as em um recipiente que possa ir ao micro-ondas. Acrescente o sal e o açúcar. Misture o vinagre de maçã e ¾ de xícara de água (175 ml), e despeje sobre as cebolas, de modo que fiquem submersas.

Leve ao micro-ondas por 1 minuto, mexa e repita por mais 1 minuto. Continue fazendo isso e mexendo até que o líquido esteja quente e as cebolas comecem a amolecer — em geral leva 3-4 minutos no total, mas depende do micro-ondas. Espere esfriar, transfira para um pote e deixe na geladeira durante a noite. Dura até 2 semanas.

Viciados em cebola em conserva Nossos filhos amam essa cebola em conserva (salgada e doce ao mesmo tempo) desde que tinham quatro anos, quando a receita foi postada no Food52 por Abbie Argersinger, um dos membros mais antigos da comunidade e hoje nossa amiga. Agora, com nove anos, eles comem a cebola sozinha como lanche. Às vezes meu filho desaparece no jantar e volta com um prato cheio.

Comecei a fazer com mais frequência e percebi que é muito útil tê-la sempre à mão. Ela salva sanduíches, dá um tom crocante ao hambúrguer e proporciona energia em saladas. Então, se você estava se perguntando por que tantas receitas deste livro incluem a cebola em conserva, agora já sabe!

Mantenho a conserva em um pote na geladeira. Uma receita dura até 2 semanas — tempo o bastante para consumir tudo.

Penne com tomate-cereja estourado e milho

Todo mês de agosto, vamos para Wainscott, Nova York, por algumas semanas, onde divido meu tempo entre barracas de agricultores e lojas de antiguidade. Faço esta receita sempre que estamos lá — triplicando as quantidades para a família de Tad, que é bem grande. É possível diminuir as quantidades também, de acordo com sua necessidade.

Dica da Merrill para o milho "Aqui vai um ótimo truque que Amanda e eu aprendemos com nossa diretora criativa, Kristen Miglore, para soltar os grãos da espiga com facilidade (e sem fazer nenhuma sujeira). Deite uma espiga de milho sem casca na tábua de cortar, com a extremidade mais pontuda do lado oposto ao seu. Usando uma faca bem afiada, corte uma tira de grãos de uma ponta a outra. Vire a espiga de modo que fique apoiada nesse ponto que acabou de debulhar (isso vai estabilizá-la) e tire outra tira de milho. Continue rodando a espiga até que tenha removido todos os grãos, sem que saiam voando!"

Um macarrão de verão ainda mais simples Pule a parte de assar o tomate. Faça o macarrão da Merrill com alho, tomate, manjericão e brie da p. 138. Costumo usar mozarela em cubos, *burrata* ou ricota em vez de brie. Se não é chegado em queijo, opte por atum em lata ou atum escaldado (p. 100). Também gosto de brincar com os formatos de macarrão. O *conchiglie* e o *penne* estão entre os melhores.

SERVE 4 (PODE SER DOBRADO, TRIPLICADO, SETUPLICADO)

Sal

2 xícaras generosas (380 g) de tomates-cereja estourados (p. 76)

6 espigas de milho

450 g de *penne*

1 punhado de folhas de manjericão fresco

Parmesão ralado, para servir

1 Leve uma panela com água e bastante sal para ferver. Enquanto isso, aqueça os tomates-cereja em uma frigideira em fogo médio e passe para uma travessa grande. Debulhe o milho e junte ao tomate.

2 Cozinhe o *penne* por 8 minutos, até ficar al dente, reservando ⅓ de xícara da água do cozimento (80 ml). Escorra o macarrão e acrescente o tomate e o milho. Misture bem — o calor deve amolecer o milho e a polpa do tomate deve cobrir o macarrão como um molho de salada. Se parecer seco, regue com um pouco de azeite e água do cozimento. Misture com o manjericão. Sirva em uma travessa e leve o parmesão ralado à mesa.

Raspadinha de *blueberry*

Quando não faço o *schlumpf* (p. 66), opto por sobremesas com *blueberries* o mais naturais possível (com apenas creme de leite fresco, por exemplo). Esta é outra receita que valoriza a fruta — uma raspadinha simples que extrai seu sabor refrescante e a torna ainda mais vibrante com um toque de sumo de limão-siciliano. Se quiser alterar um pouco o sabor, pode acrescentar lúcia-lima ao xarope quente, mas eu prefiro sem.

SERVE 4 EM 2 NOITES

1½ xícara de açúcar (300 g), mais a gosto

9 xícaras de *blueberries* frescos (1,4 kg)

Sumo de 3 limões-sicilianos, mais a gosto

1 Misture 4 xícaras de água (950 ml) e o açúcar em uma panela grande. Leve para ferver, reduza a chama e deixe borbulhando por cerca de 15 minutos, até que o xarope engrosse um pouco. Acrescente os *blueberries* e mexa por alguns minutos, até que a casca amoleça e comece a rachar. Amasse com um espremedor de batatas, se necessário. Junte o sumo de limão-siciliano e deixe esfriar. Prove e acrescente mais limão ou açúcar se desejar.

2 Despeje a mistura em uma travessa de lasanha (ou similar) — ela não deve ficar com mais de 2,5 cm de profundidade. Congele descoberto por 1 hora e use um garfo de churrasco para raspar os pedacinhos de gelo que podem ter se formado. Devolva a travessa ao congelador e raspe a parte congelada a cada 30 minutos, até obter raspas de *blueberry*. Cubra a travessa com filme e mantenha no congelador por até 1 semana.

3 **No dia:** Antes de comer, raspe o gelo mais uma vez. Sirva em tacinhas.

MENU #6

AS RECEITAS

Salada de lula grelhada com limão, alcaparra e cuscuz 96

Torrada com maionese de páprica defumada 96

Salada de cuscuz com abobrinha, pistache e queijo feta 99

Tomate à *noisette* 99

Salada de cuscuz com abobrinha, pistache e atum escaldado 99

Atum escaldado 100

Sanduíche de salada de atum com molho romesco 100

Pimentão no azeite 103

Salada de atum com pimentão e maionese de páprica defumada 103

Macarrão de verão 104

Costeleta de porco ao molho romesco 107

Ovos ao molho romesco 107

Torta de ameixa 109

Batata cozida 152

COMO COMBINAR

JANTAR 1

Salada de lula grelhada com limão, alcaparra e cuscuz

Torrada com maionese de páprica defumada

Torta de ameixa

NO DIA Esqueente o cuscuz que reservou para a salada. Grelhe a lula e o pão (juntos). Finalize a salada e passe a maionese de páprica na torrada. Faça o chantili para a torta de ameixa (opcional).

JANTAR 2

Costeleta de porco ao molho romesco

Salada de cuscuz com abobrinha, pistache e queijo feta

Pêssego com manjericão

NO DIA Tempere as costeletas de manhã. Quando for comer, tire a salada da geladeira e grelhe a carne. Corte o pêssego em fatias bem finas e disponha em pratos. Regue com azeite, sal, açúcar mascavo e manjericão fresco e esprema limão-siciliano por cima.

JANTAR 3

Macarrão de verão

Torta de ameixa

NO DIA Faça o macarrão.

JANTAR 4

Atum escaldado

Pimentão no azeite

Molho romesco

Batata cozida

Sorvete de coco com ameixa

NO DIA Em uma frigideira grande com tampa, esquente o atum partido em pedaços grandes (no azeite do cozimento), as batatas fatiadas e o pimentão. Sirva com o molho romesco à parte. Na hora da sobremesa, corte as ameixas e sirva com sorvete de coco.

JANTAR 5

Tomate à *noisette*

Salada de atum com pimentão e maionese de páprica defumada

Pão italiano com manteiga com sal

Iogurte grego com pêssego e mel

NO DIA Monte a salada de atum. Antes de sentar para comer, faça o tomate. Para a sobremesa, coloque uma colherada grande de iogurte em cada taça, cubra com pêssego fatiado e mel.

ALMOÇO

Salada de cuscuz com abobrinha, pistache e queijo feta

Sanduíche de salada de atum com molho romesco

Ovos ao molho romesco

PLANEJAMENTO

PARA FAZER NO FIM DE SEMANA

Salada de lula grelhada com limão, alcaparra e cuscuz

Torrada com maionese de páprica defumada

Salada de cuscuz com abobrinha, pistache e queijo feta

Atum escaldado

Batata cozida (p. 152)

Pimentão no azeite

Meia receita de tomate-cereja estourado (p. 76)

Molho romesco

Torta de ameixa

LIGUE SEU PODCAST FAVORITO E AFIE SUAS FACAS

Prepare-se para passar 2½-3 horas meditando na cozinha.

- Um dia antes de cozinhar, faça a massa da torta, espalhe na assadeira, cubra e guarde na geladeira.

- Preaqueça o forno a 220°C. Faça a torta de ameixa (p. 109) e ponha no forno. Prepare meia receita de tomate-cereja estourado (p. 76) para o molho romesco (p. 107). Amasse 5 dentes de alho a mais — você vai precisar deles para outras receitas.

- Enquanto a torta e os tomates assam, cozinhe a batata (p. 152), escalde o atum (p. 100) e faça o pimentão no azeite (p. 103). Parece muita coisa, mas todos são feitos na boca do fogão e não exigem muito trabalho. É um desafio divertido, prometo.

- Quando a torta estiver pronta, tire do forno e deixe esfriar. Faça o mesmo com os tomates quando for a vez deles. Deixe de molho a pimenta ancho do romesco.

- Cozinhe o cuscuz para as saladas de lula (p. 96) e de abobrinha, pistache e queijo feta (p. 99). Misture com

o molho seguindo as instruções da p. 96 e divida em duas partes. Coloque metade para a salada de lula em um pote na geladeira. Com a outra metade, termine de fazer a salada da p. 99 e guarde na geladeira.

- Reserve o atum e o azeite do cozimento em um pote na geladeira. Faça o mesmo com a batata cozida e com metade dos pimentões.

- Com o restante dos pimentões, faça o romesco (p. 107) no processador de alimentos. Guarde na geladeira.

- Faça a maionese de páprica defumada (p. 96).

- E pronto! Normalmente tomo um banho, abro uma cerveja e dou uma olhada nos e-mails. Bem animada!

Uma rota mais curta Não faça o molho romesco — tempere as costeletas com a páprica defumada. Em vez da torta de ameixa, sirva a fruta com creme de leite fresco, mel e folhas de hortelã picadas. Ainda assim você vai ter cumprido muita coisa. Isso deve economizar 45 minutos do tempo de preparação.

LISTA DE COMPRAS

HORTIFRÚTI

Abobrinha, 2 pequenas

Alface baby, 1 xícara (30 g)

Alho, 1 cabeça

Ameixa-amarela ou preta, desde que firme, 12-15 pequenas, mais um pouco para o almoço e a sobremesa

Batata-bolinha, 450 g

Legumes crocantes (como rabanete, nabo etc.), para o almoço

Limão-siciliano, 6

Milho, 2 espigas

Pêssego, 8-10

Pimentão, vermelho ou amarelo, 3 médios

Tomate-caqui ou débora, 2-3, maduro

Tomate-cereja, vermelho ou amarelo, 6 xícaras (840 g) dos menores e mais doces que encontrar

ERVAS

Manjericão, 2 colheres (sopa), grosseiramente picado, mais 8 folhas para a sobremesa

Salsinha, ¾ de xícara (15 g)

Tomilho, 12 ramos

ESPECIARIAS

Páprica doce defumada, 1 colher (chá)

Pimenta ancho, 1 seca

Pimenta calabresa em flocos, 3 pitadas

Zaatar, ½ colher (chá)

DESPENSA

Açúcar demerara, 2 colheres (chá)

Açúcar refinado, ¾ de xícara mais 1 colher (chá) (155 g)

Alcaparra, 2½ colheres (sopa)

Amêndoa, ¼ de xícara (35 g)

Azeite extravirgem, 4 xícaras (1 litro), mais um pouco

Cuscuz israelense, 2½ xícaras (425 g)

Extrato de amêndoa, ½ colher (chá)

Farinha, 1½ xícara mais 2 colheres (sopa) (205 g)

Maionese, 1½ xícara (355 ml)

Mel, para a sobremesa

Óleo vegetal ou de canola, ¼ de xícara (60 ml)

Orecchiette ou *conchiglie*, 450 g

Pistache, ½ xícara (60 g), tostado e picado

Quinoa, ¼ de xícara (40 g)

Sal em flocos

Vinagre de xerez envelhecido, 1-2 colheres (sopa)

LATICÍNIOS E OVOS

Creme de leite fresco, para o chantili

Iogurte grego, para a sobremesa

Leite, 2 colheres (sopa)

Manteiga com sal, para o pão

Manteiga sem sal, ½ xícara (110 g)

Ovo, para o almoço

Parmesão, para servir

Queijo feta, ½ xícara (75 g)

CARNES E FRUTOS DO MAR

Atum, 900 g

Bacon, 6 fatias

Costeleta de porco com osso, 4 grandes

Lula, 340 g

CONGELADOR

Sorvete de coco

PADARIA

Bisnaga, para o almoço

Pão francês, para o almoço

Pão italiano, 1

Salada de lula grelhada com limão, alcaparra e cuscuz

Todo cozinheiro tem pelo menos um prato que sempre pede em restaurantes, mas nunca faz em casa. Vou chamar de "receitas-barreira". No espírito de tentar superar as minhas — que normalmente envolvem moluscos ou uma grelha —, recriei a salada de lula que peço toda vez que vamos ao Motorino, em Manhattan. Eu grelho a lula para que fique com um gostinho de churrasqueira e depois misturo com salsinha, alcaparra, pimenta calabresa e um toque de limão-siciliano.

Costumo fazer esta salada com batata, mas para o cardápio desta semana optei por cuscuz (grelho o pão ao mesmo tempo que a salada). De qualquer maneira, leva 15 minutos. Quando fiz o prato, fiquei me sentindo meio idiota por não ter tentado antes. Cuidado, mariscos: vocês são os próximos!

SERVE 4, COM CUSCUZ O BASTANTE PARA OUTRA SALADA (P. 99)

2½ xícaras de cuscuz israelense (425 g)

5 colheres (sopa) de azeite extravirgem, mais a gosto

½ cebola-roxa pequena em fatias finas

¾ de xícara de salsinha (15 g)

Raspas finas de 1 limão-siciliano

Sumo de 1-2 limões-sicilianos

2½ colheres (sopa) de alcaparras grosseiramente picadas

⅛ de colher (chá) de pimenta calabresa, mais a gosto

Sal e pimenta-do-reino moída na hora

340 g de lula lavada e seca

1 Faça o cuscuz de acordo com as instruções da caixa. Enquanto ainda estiver quente, misture com ¼ de xícara de azeite (60 ml), a cebola, a salsinha, as raspas e o sumo de limão-siciliano, as alcaparras e a pimenta calabresa. Tempere com sal e pimenta. Deixe esfriar. Divida em dois potes, reservando um para a salada com abobrinha, pistache e queijo feta. Mantenha na geladeira por até 4 dias.

2 **No dia:** Aqueça a grelha em temperatura média-alta — se você tiver uma grelha dupla, este é o momento de usá-la. Regue a lula com 1 colher (sopa) de azeite e esquente o cuscuz no micro-ondas.

3 Grelhe a lula, que vai começar a soltar água. Com uma pinça de cozinha, pressione para deixar o vapor sair e a água escorrer. Deve levar 2-3 minutos. Transfira para um prato.

4 Corte o corpo da lula em anéis de 1,3 cm. Em uma tigela grande, misture os anéis e tentáculos ainda quentes com o cuscuz. Prove e acerte o tempero. Reserve por 10 minutos. Prove de novo e acerte o tempero uma última vez, adicionando sumo de limão-siciliano, sal e pimenta. Sirva!

Torrada com maionese de páprica defumada

Misture **1 xícara de maionese (240 ml)**, **1 dente de alho grande amassado e cortado**, **1 colher (chá) de páprica doce defumada** e uma generosa **quantia de sumo de limão-siciliano** (depois de provar, se quiser, pode adicionar mais páprica). Grelhe **8 fatias grossas de pão italiano** por cerca de 5 minutos. Passe **azeite extravirgem** nas torradas e polvilhe sal em flocos. Reserve ½ xícara de maionese (120 ml) para a salada de atum (p. 103).

Salada de cuscuz com abobrinha, pistache e queijo feta

Não gosto de saladas cujos ingredientes são cozidos separadamente, então as minhas tendem a envolver mais a tábua de cortar e a montagem. Muitos cozinheiros não percebem que, se você picar a abobrinha em pedaços bem pequenos, não é preciso cozinhar, principalmente se estiver firme e jovem: ela aguenta bem e não se perde na salada. Gosto de saladas que misturam o cuscuz com sabores marcantes, como limão-siciliano em conserva, queijo feta e zaatar.

SERVE 4, COM SOBRAS PARA O ALMOÇO

3 xícaras de cuscuz cozido e temperado (p. 96) (620 g)

2 abobrinhas pequenas aparadas e cortadas em pedacinhos de 3 mm

½ xícara de pistache torrado picado (60 g)

1 colher (sopa) de limão-siciliano em conserva picado

2 colheres (chá) de tomilho fresco picado

Sal e pimenta-do-reino moída grosseiramente

Sumo de ½ limão-siciliano (opcional)

Azeite extravirgem, conforme necessário

½ xícara de queijo feta em pedaços (75 g)

¼ de xícara de quinoa passada na frigideira (opcional) (40 g)

½ colher (chá) de zaatar

1 Junte o cuscuz, as abobrinhas, o pistache, o limão-siciliano em conserva e o tomilho em uma tigela grande. Tempere com sal e pimenta e acrescente o sumo de limão e azeite se necessário. Mantenha em um recipiente na geladeira por até 5 dias.

2 **No dia:** Coloque o cuscuz num prato e acrescente o feta, a quinoa e o zaatar.

Tomate à *noisette*

Não faça perguntas, apenas experimente este tomate com manteiga *noisette*, que tem um gosto estranhamente parecido com lagosta. Algo intrigante e delicioso.

Abra **2-3 tomates-caqui pequenos e maduros** e corte em fatias de 8 mm. Divida em 4 pratos, deixando-os sobrepostos.

Coloque **6 colheres (sopa) de manteiga sem sal (85 g)** em uma frigideira pequena de fundo grosso e mantenha em fogo médio-baixo até derreter completamente. Vai começar a borbulhar, mas deixe a manteiga no fogo para que a água evapore, até começar a soltar o aroma de nozes e dourar. Mexa a frigideira a cada 30 segundos. Quando a manteiga estiver num tom de avelã (o que deve levar de 5 a 7 minutos) e parar de chiar, tire do fogo. Use uma concha para cobrir os tomates com a manteiga dourada. Faça como se estivesse cobrindo um bolo com ganache — seja generoso!

Tempere os tomates com sal marinho em flocos e pimenta-do-reino moída grosseiramente. Leve os pratos rapidamente para a mesa para que todos possam provar enquanto a manteiga ainda está quente! Passe **pão italiano** para pegar a manteiga e o líquido que o tomate solta.

Dica da Merrill para a manteiga *noisette* "Amanda e eu levamos a manteiga *noisette* muito a sério. Tive a sorte de estar envolvida nos testes da framboesa com manteiga *noisette* dela, que usa a mesma técnica desta receita, mas sem sal e pimenta. Temos grandes planos de experimentar com outras frutas maduras macias: pêssego e ameixa são os próximos na lista."

Almoço: Salada de cuscuz com abobrinha, pistache e atum escaldado

Se sobrou **salada**, é um almoço excelente com **atum escaldado** por cima (p. 100).

O VERÃO DA AMANDA

Atum escaldado

Você vai pensar que sou preguiçosa — e eu sou mesmo. Gosto de azeite, legumes e saladas quentes. Então, quando não estou me sentindo particularmente criativa ou cheia de energia, junto tudo isso em um único prato. Cozinho os legumes, faço o peixe no azeite (um velho favorito), espremo um limão-siciliano e jogo um pouco de pimenta para dar uma animada. Sem pensar ou me esforçar muito, tenho um jantar reconfortante — e delicioso — na mesa.

Este atum com pimentão e batata no vapor é uma presença constante na minha cozinha. Outras combinações nas quais confio são atum com batata e vagem branqueada e atum com batata e abobrinha amarela assada. Quando não estou a fim de batata, faço cuscuz (p. 96).

O que fazer com todo o azeite? Coma com pão. Faça um molho de atum para costeleta de porco tipo *vitello tonnato*. Também costumo fazer um vinagrete de grapefruit com ele. Ainda dá para fazer maionese e montar um sanduíche com atum, azeitona e anchova.

Dica da Merrill para usar o atum escaldado "Fiquei muito animada quando descobri o método simples da Amanda de fazer um peixe escaldado perfeito, então com frequência uso as sobras em saladas como esta: desmanche o peixe em pedaços grandes, coloque-o sobre folhas e rabanete fatiado; esprema um limão em cima, regue com um pouco do azeite que usou para fazer o peixe e tempere com sal e pimenta-do-reino moída na hora. Acrescente 1 punhado de cebola em conserva (p. 86), misture com cuidado e sirva."

Pão com manteiga O mais simples e, posso acrescentar, satisfatório jeito de se dar um tempo da cozinha é servir pão com manteiga. Há pães artesanais e manteigas com sal excelentes. Opte pela conveniência e dê valor ao bom trabalho dos outros para disponibilizar produtos melhores para sua família.

SERVE 8 EM 2 JANTARES, MAIS SOBRAS

900 g de filé de atum com espessura de 2,5 cm (provavelmente 2-3 pedaços)	1 pitada de pimenta calabresa em flocos
6 ramos de tomilho	Sal
2 dentes de alho levemente amassados	Azeite, para escaldar
	1 limão-siciliano cortado em 4, para servir

1 Coloque o atum em uma frigideira grande o bastante para caber em uma única camada (você pode cortar o filé, se necessário). Acrescente o tomilho, o alho e a pimenta calabresa em flocos. Tempere o peixe com sal e regue com azeite generosamente, até cobrir os filés em cerca de 6 mm. Levante um canto de cada filé de atum e mexa a frigideira, de forma que o azeite entre debaixo do peixe.

2 Leve ao fogo baixo (médio-baixo, se seu fogão for tímido) e cozinhe com cuidado, escumando a superfície do azeite quente de tempos em tempos, sem nunca deixar ferver. Em cerca de 5-7 minutos, quando o atum estiver meio cozido, vire os filés e mantenha-os assim por mais 5 minutos. O peixe deve ficar levemente rosado no meio. Transfira para um prato para esfriar. Quando o azeite da panela estiver em temperatura ambiente, jogue sobre o atum e guarde na geladeira.

3 **No dia:** Esquente o atum (assim como o azeite usado no cozimento) em uma panela grande com tampa; desfie o peixe em pedaços grandes.

Almoço: Sanduíche de salada de atum com molho romesco

Costumo misturar o que sobra de atum escaldado com maionese e os legumes crocantes que tiver em casa — rabanete, nabo etc. (bem picadinhos). É só colocar num pão francês com mais maionese e molho romesco (p. 107).

Pimentão no azeite

Não tenho paciência de cozinhar o pimentão lentamente no vapor, então criei um método baseado na erva-doce refogada (p. 185). Como a cebola em conserva (p. 86), você vai encontrar estes pimentões na minha geladeira o verão e o outono inteiros. São um curinga para sanduíches e saladas. Às vezes, para o jantar, sirvo batata assada com pimentão e ovo frito. Ou então uso em uma espécie de *ratatouille* que acompanha carne ou frango.

Jantar de feira Esta é a época do ano em que eu gostaria de congelar o tempo para aproveitar a safra de tomate e pêssego. Por isso fiz uso deles o máximo possível nos cardápios.

Aqui também incluí algumas das minhas receitas mais valiosas para garantir a semana — o molho romesco (p. 107), que gosto de usar em qualquer coisa, de costeleta de porco (p. 107) a torradas; o macarrão com abobrinha ralada e milho (p. 104); o atum escaldado (p. 100), que gosto de fazer algumas vezes ao longo do ano; e uma torta de ameixa (p. 109) que é muito simples.

Mesmo quando estou comprometida com um cardápio, gosto de saber que sempre tenho a opção de servir tomates temperados junto com uma mozarela de búfala.

SERVE 4 COMO ACOMPANHAMENTO, MAIS SOBRAS
PARA O MOLHO ROMESCO E PARA A SALADA DE ATUM

½ xícara de azeite
extravirgem (120 ml)

1,4 kg de pimentões
vermelhos e amarelos com
semente em fatias finas

4 ramos de tomilho

2 dentes de alho amassados

Sal

1 Misture o azeite, os pimentões, o tomilho e o alho em uma panela grande. Tempere generosamente com sal. Leve ao fogo médio-alto, virando os pimentões para cobri-los com azeite, e tampe a panela. Deixe cozinhar, mexendo com frequência para não queimar. Eles devem cozinhar uniformemente, soltando vapor e água, sem escurecer. Acerte a temperatura conforme necessário para que o caldo borbulhe, mas não de maneira incontrolável. Deixe no fogo por 15-20 minutos, até que estejam bem macios e o azeite e o suco tenham se misturado. Acerte o tempero. Separe ½ xícara (100 g) para a salada de atum (abaixo) e 1 xícara (200 g) para o molho romesco (p. 107). Sirva o restante com o atum escaldado.

Salada de atum com pimentão e maionese de páprica defumada

Desfie metade do **atum escaldado** (p. 100) em pedaços pequenos. Pique a **½ xícara (100 g) de pimentão no azeite** que estava reservada. Acrescente 1 xícara de **alface baby** (30 g). Misture **½ xícara de maionese de páprica defumada** reservada (p. 96) com **sumo de limão-siciliano** e um pouquinho de água, para que fique parecendo um molho. Regue a salada com ½ xícara (120 ml) dessa mistura. Use mais se precisar. Experimente e acerte o tempero.

Macarrão de verão

Meu marido Tad e eu estamos sempre trabalhando em nossas receitas de macarrão — não há início nem fim. É um jantar semanal que nós — bom, principalmente ele — fazemos há anos e toda vez damos uma leve mudada, dependendo dos produtos da época, do que tem na geladeira e do que se passa em nossa cabeça ocupada pelo trabalho.

Geralmente começamos com bacon ou *pancetta*. Quando Tad está no comando, o tomate pelado em lata costuma fazer uma aparição; se é a minha vez, sempre ponho uma pitada de pimenta. Passamos de *penne* a *rigatoni* a *orecchiette* e a *conchiglie* — qualquer forma que as crianças possam espetar facilmente com o garfo. Algumas vezes, jogamos um ovo para ficar meio carbonara. Em outras, Tad usa queijo de cabra em homenagem à mãe dele (ela fazia um macarrão com aspargo excelente). Não seguimos nenhuma receita, porque a festa nunca termina e os ingredientes não ficam parados tempo o bastante para que possamos medir.

Alguns anos atrás, chegamos a uma variação de verão muito elegante, então pensamos em registrá-la. Andávamos cozinhando com abobrinha ralada, que fica ótima com o *orecchiette*. O perigo é empapar, por isso colocamos sal no legume, que chupa a água. Esprememos todo o líquido possível antes de misturar a abobrinha ao macarrão.

A base é o bacon, claro, com uma pitada de pimenta calabresa em flocos e alho amassado. Para realçar a doçura e a frescura do prato, incluímos milho e manjericão. É basicamente macarrão e legumes — alegre, bonito e tudo o que queremos numa noite abafada de verão (veja a receita finalizada na p. 68).

Para mais receitas de macarrão, todas do Tad, veja a p. 270.

SERVE 4

3 abobrinhas amarelas aparadas

Sal

6 fatias de bacon cortadas em pedaços de 6 mm

1 dente de alho amassado

1 pitada de pimenta calabresa em flocos

450 g de *orecchiette* ou *conchiglie*

2 espigas de milho debulhadas (ver a dica da Merrill, p. 88)

2 colheres (sopa) de manjericão grosseiramente picado

Pimenta-do-reino moída na hora

Azeite extravirgem, conforme necessário (opcional)

Parmesão ralado, para servir

1   Rale a abobrinha numa tigela. Adicione cerca de 1½ colher (chá) de sal e misture. Reserve por um período de 10-30 minutos.

2   Leve uma panela com água e bastante sal para ferver. Enquanto isso, espalhe o bacon em uma frigideira grande e acrescente o alho. Frite em fogo médio por 8-10 minutos, até que esteja crocante e a gordura tenha derretido. Desligue o fogo e adicione a pimenta calabresa.

3   Quando a água estiver fervendo, coloque o macarrão e cozinhe até ficar al dente. Desligue o fogo e escorra sem sacudir a massa; deve sobrar um pouquinho de água para ajudar a fazer o molho. Devolva o macarrão à panela.

4   Um punhado por vez, aperte a abobrinha salgada tanto quanto possível para retirar todo o líquido e junte ao macarrão. Adicione o milho e o bacon com uma escumadeira, descartando o alho. (Se houver menos de 2 colheres (sopa) de gordura na frigideira, costumo usá-la também.) Mexa a massa e acerte o tempero, acrescentando sal se necessário. Ponha o manjericão, a pimenta e mexa de novo. Às vezes também uso algumas colheres (sopa) de azeite. Sirva numa travessa com um pouco de parmesão ralado.

Costeleta de porco ao molho romesco

O romesco é um dos melhores molhos que existe, e esta receita, que aproveita os pimentões que você já fez esta semana, é uma versão rápida. Se quiser ir além, pode torrar as amêndoas, mas o molho vai sobreviver — e você também — sem isso.

Romesco, o molho valente Ele combina com quase tudo, então você pode utilizá-lo em inúmeras outras receitas deste livro. Aqui vão algumas, para começar: a brandade (p. 46), a bisteca (p. 120) e os camarões grelhados da Merrill (p. 123). Também serve para marinar. Anna Gass, uma das pessoas que testa nossas receitas, usa antes de grelhar o frango para fazer kebabs.

RENDE 2½ XÍCARAS (590 ML)

ROMESCO

1 pimenta ancho desidratada

1 xícara de tomate-cereja estourado (p. 76) (190 g)

1 xícara de pimentão no azeite (p. 103) (200 g)

¼ de xícara de amêndoas (35 g)

1 dente de alho amassado e picado

½-¾ de xícara de azeite extravirgem (120-175 ml)

Sal

1-2 colheres (sopa) de vinagre de xerez envelhecido

PORCO

4 costeletas de porco grandes

Sal e pimenta-do-reino moída na hora

1 Mergulhe a pimenta ancho em água muito quente por 20 minutos.

2 Remova as sementes da pimenta e descarte. Misture a pimenta ao tomate, ao pimentão, às amêndoas e ao alho em um processador de alimentos, pulsando algumas vezes. Com o processador ligado, acrescente o azeite em um fio contínuo, até atingir uma consistência cremosa e grossa de maionese. Cerca de ½ xícara de azeite (120 ml) deve ser o bastante, mas acrescente mais ¼ de xícara (60 ml) se necessário. Para realçar o sabor, tempere com sal e vinagre. Prove e guarde na geladeira por até 1 semana.

3 Na manhã do dia em que fizer as costeletas, coloque-as em um prato ou assadeira pequena e tempere com sal e pimenta. Guarde-as na geladeira, cobertas.

4 Aqueça bem a grelha antes de colocar as costeletas. Deixe 5 minutos de cada lado, até que fiquem rosadas no centro. A temperatura interna deve ser de 63°C para a carne levemente malpassada.

5 Você pode cobrir as costeletas com romesco ou servir à parte, como preferir. Ninguém vai julgá-lo por isso!

Almoço: Ovos ao molho romesco

Coloque **ovos cozidos** cortados ao meio em um pote e cubra com **romesco**. Leve uma **bisnaga** para aproveitar todo o molho.

Tem tempo sobrando? Esta é a melhor época do ano para preservar e congelar os prazeres do verão para os meses de inverno. Aqui vão algumas receitas que você pode fazer em grandes quantidades nesta época.

- Molho de tomate rápido (p. 137)
- *Charmoula* (p. 62)
- Molho verde (p. 198)
- Romesco (p. 107)
- Manteiga de *sriracha* e limão (p. 121)
- Pesto de folhas de alho (p. 123)
- Almôndega com tomate e abobrinha (p. 136)
- Carne de porco de panela (p. 263)
- Xarope de gengibre (p. 268)

Torta de ameixa

Todo cozinheiro precisa de uma boa receita de sobremesa que possa ser executada em qualquer lugar, especialmente quando você está longe da sua cozinha, sem seu mixer, seu rolo de massa e outros utensílios em que confia. Esta é a minha receita. Para fazer, você só precisa de uma faca, uma tigela e uma assadeira ou travessa que seja de torta, mas é perfeitamente possível fazer com qualquer uma. Certa vez não tinha tigela e misturei tudo direto na assadeira.

A massa da torta é feita com óleo, leite e extrato de amêndoa. Apenas jogo a fruta por cima, acrescento a mistura de açúcar, sal e farinha, e mando para o forno.

A receita original da minha mãe era com pêssego e levava óleo vegetal na massa. Eu uso metade desse óleo e metade de azeite. Ela descascava o pêssego com cuidado, coisa que não faço com as ameixas. A dela deve ser melhor, mas você vai ter que se contentar com a minha. Prometo, no entanto, que quem for comer não vai se importar.

RENDE 1 TORTA DE 28 CM; SERVE 4, 2 VEZES!

1½ xícara mais 2 colheres (sopa) de farinha (205 g), mais um pouco se necessário	2 colheres (sopa) de leite
	½ colher (chá) de extrato de amêndoa
½ de colher (chá) de sal	
¾ de xícara (150 g) mais 1 colher (chá) de açúcar	2 colheres (sopa) de manteiga sem sal gelada
¼ de xícara de óleo vegetal ou de canola (60 ml)	12-15 ameixas pequenas sem caroço cortadas em cunhas de 1,3 cm
¼ de xícara de azeite extravirgem (60 ml)	Chantili, para servir (opcional, mas será mesmo?)

1 Preaqueça o forno a 220°C. Em uma tigela grande, misture 1½ xícara da farinha (190 g), ½ colher (chá) de sal e 1 colher (chá) de açúcar. (Mexer faz com que o sal e o açúcar soltem a farinha, de modo que você não precisa peneirar antes.) Em uma tigela pequena, misture o óleo, o azeite, o leite e o extrato de amêndoa. Junte aos ingredientes secos. Misture cuidadosamente com um garfo, apenas o bastante para dar liga. Depois, trabalhe com as mãos, sem exagero.

2 Transfira a massa para uma assadeira de torta de 28 cm (você pode utilizar uma menor se necessário). Use as mãos para cobrir toda a superfície, pressionando até que chegue às beiradas. Faça isso com firmeza e confiança, não apenas com a ponta dos dedos. A massa deve ficar com 3 mm de espessura; corte e descarte o excesso. Leve à geladeira.

3 Em uma tigela separada, misture os ¾ de xícara de açúcar (150 g), 2 colheres (sopa) de farinha e ¼ de colher (chá) de sal. (Se as ameixas estiverem especialmente suculentas, acrescente 1 colher (sopa) de farinha.) Adicione a manteiga e, com os dedos, misture aos ingredientes secos até formar pelotas, com pedacinhos maiores e menores.

4 Começando nas beiradas, disponha as ameixas sobre a massa em círculos concêntricos, sobrepondo as cunhas. Preencha o centro no padrão que desejar. As ameixas devem ficar bem próximas umas das outras. Jogue a mistura empelotada de manteiga sobre a torta (vai parecer muito). Asse por 35-45 minutos, até que bolhas grandes comecem a se formar na fruta e a crosta esteja levemente dourada. Tire do forno e deixe esfriar. Guarde coberto em temperatura ambiente por até 4 dias.

5 **No dia:** Corte em fatias e sirva com porções generosas de chantili.

Pêssego e outras variações Você pode usar qualquer tipo de fruta com polpa estruturada no lugar da ameixa. O pêssego fica particularmente bom, assim como a pera (você vai precisar de cerca de 5 maduras). Cinco maçãs também são uma ótima opção. Faça fatias finas e não se preocupe em montar um desenho com elas, só cubra a massa. Elas vão perder a forma de qualquer maneira.

O verão da Merrill

MENU #7

AS RECEITAS

Spritzer de vinho rosé
e morango 116

Vaca-rosa 116

Smoothie de morango
com iogurte e mel 116

Salada de farro com
cogumelo assado
e parmesão 119

Bisteca com rúcula,
limão-siciliano
e parmesão 120

Tigelinha de grãos
e carne 121

Manteiga de *sriracha*
e limão 121

Bruschetta de rabanete
e abacate com manteiga
de *sriracha* e limão 121

Tartine de rabanete
e homus 121

Camarão grelhado
com rúcula e pesto
de folhas de alho 123

Salada de farro com camarão,
rabanete e pesto 124

Torrada com pesto 124

Macarrão com atum
e pesto 124

Torrada de abacate
com pesto, bacon e ovo
poché 124

Bagunça sofisticada 126

Biscoito de suspiro 126

COMO COMBINAR

JANTAR 1

Spritzer de vinho rosé e morango

Rabanete com manteiga de *sriracha* e limão

Camarão grelhado com rúcula e pesto
de folhas de alho

Salada de farro com cogumelo assado
e parmesão

Biscoito de suspiro

NO DIA Faça a marinada do camarão e tire a salada
de farro da geladeira. Faça os *spritzers* e separe
os rabanetes e a manteiga de *sriracha*.
Grelhe o camarão. Sirva os suspiros de sobremesa.

JANTAR 2

Bisteca com rúcula, limão-siciliano e parmesão

Torrada com pesto

Bagunça sofisticada

NO DIA Pela manhã, salgue a bisteca e devolva à geladeira
sem cobrir. Antes do jantar, aqueça a grelha e prepare
a sobremesa. Grelhe e prepare a bisteca e a torrada.
Sirva o doce em taças bonitas.

JANTAR 3

Macarrão com atum e pesto

Rúcula e salsinha com limão-siciliano e azeite

Bagunça sofisticada

NO DIA Faça o macarrão. Misture a rúcula
e as folhas de salsinha e tempere. Acabe com
o que sobrou da sobremesa.

JANTAR 4

Torrada de abacate com pesto, bacon e ovo poché

Smoothie de morango com iogurte e mel

NO DIA Faça o ovo poché e a torrada de abacate.
Prepare o *smoothie* para a sobremesa.

JANTAR 5

Tigelinha de grãos e carne

Vaca-rosa

NO DIA Faça a tigelinha de grãos. Quando for
hora da sobremesa, monte a vaca-rosa.

ALMOÇO

Tartine de rabanete e homus

Salada de farro com camarão, rabanete e pesto

PLANEJAMENTO

PARA FAZER NO FIM DE SEMANA

Spritzer de vinho rosé e morango

Salada de farro com cogumelo assado e parmesão

Manteiga de *sriracha* e limão

Camarão grelhado com rúcula e pesto de folhas de alho

Bagunça sofisticada

CHEGOU O VERÃO E É HORA DE CHURRASCO

Nesta semana, você vai passar cerca de 3 horas na cozinha, dependendo de quantas vezes você parar para dar uma olhadinha pela janela.

- De manhã, tire da geladeira a manteiga para fazer a manteiga de *sriracha* e limão (p. 121) e separe os ovos para a bagunça sofisticada (p. 126). Deixe as claras cobertas e congele as gemas.

- Preaqueça o forno a 230°C — não vai durar muito, eu prometo! Coloque os cogumelos da salada de farro (p. 119) para assar.

- Ferva o farro.

- Lave e seque a rúcula da semana. Esfregue e lave os rabanetes. Guarde tudo na geladeira.

- Escorra o farro e deixe esfriar.

- Lave, seque e corte na metade todas as frutas vermelhas da semana, separando 2 xícaras (300 g) para a bagunça sofisticada (p. 126) e congelando 2 xícaras (450 g) para os *smoothies* (p. 116).

- Faça o suspiro. Quando os cogumelos estiverem prontos, abaixe a temperatura do forno para o mínimo e asse o suspiro.

- Misture o morango e o açúcar para o *spritzer* (p. 116) e deixe descansar por 1 hora.

- Corte o parmesão e a salsinha e misture com a salada de farro (p. 119), reservando metade do farro para as tigelinhas de grãos (p. 121). Guarde tudo na geladeira.

- Faça a manteiga de *sriracha* e limão (p. 121) e o pesto de folhas de alho (p. 123) e guarde na geladeira.

- Faça o chantili até que forme picos leves para a bagunça sofisticada (p. 126) e guarde na geladeira. Sim, isso é possível (p. 126)!

- Faça o purê de morango para os *spritzers* e leve à geladeira.

- E pronto!

Claustrofóbico? Se o tempo bonito está chamando para fora, esqueça a manteiga de *sriracha* e limão e o purê de morango e faça uma panela simples de farro. Só não vale pular a bagunça sofisticada. O plano reduzido deve levar 1½ hora.

LISTA DE COMPRAS

HORTIFRÚTI

Abacate, 3

Alho, 2 dentes

Cebolinha, 4 com bulbo

Cogumelos variados
(seus preferidos), 450 g

Folhas de alho, ½ xícara

Framboesa, 2 xícaras (245 g)

Limão, 1

Limão-siciliano, 8

Morango, 8 xícaras (1,2 kg)

Rabanete, 4 maços

Rúcula baby, 22 xícaras (440 g)

ERVAS

Salsinha, ½ xícara (10 g)

Tomilho, 1 colher (chá) de folhas
picadas fininho

ESPECIARIAS

Pimenta calabresa, 2 pitadas

Pimenta-caiena, 1 pitada

DESPENSA

Açúcar, ½ xícara mais 2 colheres
(sopa) (125 g)

Açúcar de confeiteiro, 1½ xícara
(340 g)

Amêndoa torrada e salgada,
3 colheres (sopa)

Atum no óleo, 1 lata (200 g)

Azeite extravirgem, 2 xícaras
(475 ml), mais para servir

Cremor tártaro, ¼ de colher (chá)

Extrato de baunilha, 1 colher (chá)

Farro, 4 xícaras (720 g)

Fava de baunilha, ½ (opcional)

Homus, para o almoço

Macarrão curto (como *penne*
ou *rigatoni*), 450 g

Mel, 6 a 8 colheres (sopa)
(120-160 g)

Molho de pimenta *sriracha*,
2 colheres (sopa), mais para servir

Molho de soja, 1 colher (sopa),
mais para servir

Óleo de gergelim torrado,
3 gotas

Óleo vegetal, 1 colher (sopa)

Sal em flocos

LATICÍNIOS E OVOS

Creme de leite fresco, 2 xícaras
(475 ml)

Iogurte grego, 1⅓ xícara
(315 ml)

Leite, ½ xícara (120 ml)

Manteiga sem sal, 1 xícara (225 g)

Ovo, 11

Parmesão, 85 g, mais para servir

Pecorino, ⅓ de xícara (35 g),
ralado

CARNES E FRUTOS DO MAR

Bacon, 225 g

Bisteca, 2 (cerca de 1,6 kg, com
pelo menos 4 cm de espessura)

Camarão jumbo, 675 g
(16-20 unidades)

BEBIDAS

Água com gás

Vinho rosé, 355 ml

CONGELADOR

Sorvete de morango

PADARIA

Pão integral, 1 (congele
o que sobrar)

Pão italiano, 2

Spritzer de vinho rosé e morango

Assim que a temperatura esquenta, tudo o que eu quero é tomar vinho rosé. Com um purê de morango caseiro e um pouco de água com gás, fico ainda mais feliz.

RENDE 4 DRINQUES DE 300 ML, MAIS SOBRAS DE PURÊ DE MORANGO

PURÊ DE MORANGO

2⅔ xícaras (1,2 kg) de morango

½ xícara de açúcar (100 g, mais ou menos, dependendo da doçura do morango)

SPRITZER

¾ de xícara de purê de morango (175 ml)

355 ml de vinho rosé seco

Água com gás

1 Para fazer o purê, lave os morangos, depois junte com o açúcar em uma tigela grande. Dependendo da doçura da fruta, você pode usar mais ou menos açúcar. Deixe-os descansar por cerca de 1 hora, até que fiquem suculentos.

2 Bata o morango e o açúcar com o mixer, e passe o purê por uma peneira fina, separando as sementes. Mantenha-o em um pote na geladeira por até 1 semana. Deve render 2 xícaras (475 ml). Você vai usar ¾ de xícara (175 ml) para os drinques e 1¼ xícara (300 ml) para as crianças (ver sugestão à direita).

3 Coloque 4-5 cubos de gelo em 4 copos longos. Acrescente 45 ml de purê e 90 ml de vinho rosé a cada copo e mexa com cuidado. Complete com água com gás e mexa de novo.

Algumas variações Você pode fazer este drinque com praticamente qualquer fruta. Acerte a quantidade de açúcar de acordo com a fruta, lembrando-se de tirar a casca e o caroço. Pêssego e framboesa são boas pedidas, e, se você só tiver vinho branco, não deixe que isso te impeça!

Para as crianças, coloque ¼ de xícara de purê de morango (60 ml) em 1 xícara (240 ml) de água com gás, criando um drinque não alcoólico refrescante. Você também pode acrescentar sorvete de morango e fazer uma **vaca-rosa**.

Fazendo a festa Este é um ótimo drinque para fazer na jarra para grupos maiores. Aumente a quantidade de ingredientes proporcionalmente ao número de pessoas. Junte o purê e o vinho em uma jarra e mexa bem. Mantenha na geladeira até a hora de servir (por no máximo 6 horas). Sirva cerca de 120 ml em copos longos cheios de gelo e adicione ¼ de xícara de água com gás (60 ml).

Smoothie de morango com iogurte e mel

Posso beber um copo disso todo dia, em qualquer momento e em qualquer refeição. No café da manhã, é uma vitamina; no jantar, sobremesa. O segredo é congelar os morangos quando estão bem maduros, para concentrar o máximo de sabor e doçura. Como leva frutas congeladas, não é preciso diluir com gelo.

Para fazer 4 copos, bata **3 xícaras de morango congelado (450 g), 1⅓ de xícara de iogurte grego (315 ml), ½ xícara de leite (120 ml)** e **6-8 colheres (sopa) de mel (120-160 g,** dependendo da doçura da fruta) em um liquidificador. Se você tiver **½ fava de baunilha** sobrando, raspe as sementes e jogue na mistura. Bata até ficar grosso e cremoso, coloque nos copos e tome com canudinho. Para uma bebida mais densa, use sorvete em vez de iogurte grego.

Salada de farro com cogumelo assado e parmesão

Antes que o Food52 tivesse um escritório próprio, o pessoal simpático do Morandi, no West Village, deixava que Amanda e eu acampássemos lá com nossos laptops a maior parte do dia, sorrindo pacientemente para nós. Tomávamos uma infinidade de *lattes* e pedíamos comida quando tínhamos fome. Com frequência eu comia uma salada de farro com cogumelo assado e parmesão no almoço. O que realmente me conquistou foi a textura incomum do queijo: não era ralado, mas quebrado em pedacinhos muito pequenos, criando uma explosão de sabor. Agora faço minha própria versão em casa.

Coma o ano todo No outono, acrescente legumes assados como couve-de-bruxelas (p. 196), couve-flor (p. 169) ou batata-doce em pedacinhos nesta salada. Na primavera, tente ervilhas branqueadas, troque o tomilho por manjerona ou hortelã e use queijo pecorino no lugar do parmesão.

Jantar completo Um dos meus pratos preferidos é uma tigela desta salada com ovo poché: a gema se torna um molho aveludado para o farro conforme você come. Deixe a salada em temperatura ambiente por cerca de 30 minutos antes de servir ou esquente rapidamente no micro-ondas. Descubra quem faz os melhores ovos pochés na casa e ponha essa pessoa para trabalhar. Sirva para todo mundo uma porção de farro com um ovo poché em cima e deixe o molho de pimenta na mesa.

SERVE 4 COMO ACOMPANHAMENTO EM 2 JANTARES, COM SOBRAS

4 xícaras de farro (720 g)

Sal e pimenta-do-reino moída na hora

450 g de cogumelos variados (seus favoritos) aparados e limpos

1 colher (chá) de folhas de tomilho picadas

⅓ de xícara mais 2 colheres (sopa) de azeite extravirgem (110 ml)

85 g de parmesão

½ xícara de salsinha (10 g)

¼ de xícara de sumo de limão-siciliano (60 ml)

1 Preaqueça o forno a 230°C. Forre uma assadeira com papel-manteiga.

2 Coloque o farro em uma panela grande e cubra de água. Acrescente algumas pitadas de sal e leve para ferver. Deixe por 20-25 minutos, até que amoleça, mas ainda se mantenha firme.

3 Corte os cogumelos em pedacinhos pequenos e misture em uma tigela grande com o tomilho e 2 colheres (sopa) de azeite. Tempere com sal e pimenta e mexa com cuidado. Espalhe pela assadeira e leve para assar por cerca de 20 minutos, mexendo uma vez na metade do tempo. Devem ficar crocantes por fora e macios por dentro. Deixe esfriar na assadeira.

4 Enquanto isso, escorra o farro e espalhe em outra assadeira para esfriar.

5 Corte o parmesão e vá quebrando em pedacinhos bem pequenos. Você vai precisar de ½ xícara (85 g). Pique grosseiramente a salsinha.

6 Misture metade do farro com os cogumelos em uma tigela grande. Reserve o que sobrar para as tigelinhas de grãos (p. 121). Acrescente o sumo de limão, o restante de azeite, o parmesão e a salsinha. Tempere com pimenta e mexa com cuidado. Prove e acerte o tempero. Mantenha na geladeira por até 5 dias.

Bisteca com rúcula, limão-siciliano e parmesão

Qualquer *trattoria* toscana digna do nome tem no cardápio uma bisteca bovina grande o bastante para uma família de quatro. Ela é temperada com muito sal e pimenta, preparada na grelha e servida em fatias grossas, em um rio de azeite, com limão-siciliano para espremer em cima. A melhor bisteca fiorentina de que me lembro chegou com uma montanha de rúcula e lascas de parmesão bem fininhas. O caldo da carne se misturou ao limão-siciliano e ao azeite, criando com as folhas um molho quentinho e picante. Este é um prato único, perfeito para comer ao ar livre durante a primavera e o verão — e até mesmo no outono. Devo minhas técnicas de tempero e grelha ao guru da carne Kenji López-Alt; também há instruções para fazer a carne no forno se você não for grelhar na churrasqueira. (Ver o prato finalizado na p. 112 — e na capa!)

Trocando a carne Entrecôte, contrafilé ou fraldinha também funcionam; basta fazer fatias mais finas de cortes menos macios. O mais importante é grelhar bem e fazer tudo o que Kenji manda!

SERVE 4, COM SOBRAS DE CARNE

2 bistecas bovinas com pelo menos 4 cm de espessura (1,6 kg)

Sal e pimenta-do-reino moída grosseiramente

8 xícaras de rúcula baby (160 g)

2 limões-sicilianos

Azeite extravirgem, para regar

Sal em flocos

Parmesão, para servir

1 Pela manhã, ponha a carne em um prato ou em uma assadeira pequena e tempere com bastante sal. Deixe na geladeira sem cobrir até a hora de preparar.

2 Se for utilizar a churrasqueira, acenda o carvão e deixe um lado da grelha mais quente que o restante. Absorva a água da carne com papel-toalha e coloque-a na parte mais fria da grelha por 5-7 minutos de cada lado ou até que a temperatura interna chegue a 52°C. Passe a carne para a parte mais quente e deixe grelhar por mais 2-3 minutos de cada lado, até que uma bela crosta se forme e a temperatura interna chegue a 57°C, se quiser levemente malpassada. Se não for usar a churrasqueira, preaqueça o forno a 190°C. Leve uma frigideira de ferro fundido com um pouco de azeite ao fogo, disponha as bistecas e frite por 2-3 minutos de cada lado, até ficar marrom. Para a carne levemente malpassada, leve a frigideira ao forno por 7-10 minutos, até que a temperatura interna chegue a 57°C. Se as bistecas não couberem em uma única frigideira, faça-as separadamente e transfira para uma assadeira maior antes de colocar no forno. Deixe a carne descansar em uma tábua de cortar por 5-10 minutos.

3 Faça um montinho de rúcula em um prato grande e corte os limões em cunha. Tire o osso da carne e corte em fatias de 8 mm, aproveitando o líquido que soltar. Reserve o que sobrar em um pote e mantenha até 5 dias na geladeira.

4 Regue a rúcula com azeite, esprema uma boa quantidade de limão-siciliano e polvilhe bastante sal em flocos e pimenta. Disponha a bisteca fatiada sobre a rúcula e despeje os caldos sobre a carne e as folhas, adicionando mais sumo de limão-siciliano e pimenta. Faça lascas de parmesão e jogue por cima. Disponha o restante das cunhas de limão-siciliano em um prato e sirva.

Tigelinha de grãos e carne

Para fazer o jantar para 4, corte **340 g de bisteca pronta** em pedaços pequenos e pique **4 cebolinhas com bulbo e 1 dente de alho grande**. Esquente **1 colher (sopa) de óleo vegetal** em uma frigideira grande ou wok em fogo médio-alto. Acrescente **3 gotas de óleo de gergelim torrado**, o alho e metade da cebolinha e frite por 30 segundos. Adicione **2⅔ xícaras de farro cozido** (ou substitua por outros grãos cozidos, como cevada ou arroz) e aqueça, sempre mexendo. Adicione a carne e **1 colher (sopa) de molho de soja** e mexa de novo. Sirva acompanhado pelo que restou da cebolinha. Deixe o molho de soja e o molho *sriracha* na mesa. Você pode acrescentar o que tiver sobrado de **rúcula** ou **ervas** em cima — ou até mesmo um **ovo** frito.

Manteiga de *sriracha* e limão

Rabanete, manteiga e sal formam um trio clássico. Achei que era hora de esquentar as coisas um pouco, então pensei nessa manteiga com sabor. Você pode usá-la para finalizar a carne ou o peixe, colocar no arroz ou derreter por cima da pipoca.

Deixe **1 xícara de manteiga sem sal (225 g)** amolecer em temperatura ambiente. Faça raspas e esprema o sumo de **1 limão**. Coloque as raspas e 2 colheres (chá) do sumo em uma tigela. Acrescente a manteiga amolecida, **2 colheres (chá) de *sriracha* e 1 pitada de pimenta-caiena** e misture bem (use um processador de alimentos ou batedeira.) Coloque ⅓ da manteiga em uma tigela e cubra com filme. Faça um rolo comprido com o restante e embrulhe apertado com filme. Deixe na geladeira até a hora de usar. Bem embrulhada, a manteiga dura algumas semanas na geladeira e até 6 meses no congelador. Para servir com o rabanete, retire da geladeira e deixe amolecer antes de servir com cerca de 20 rabanetes lavados e aparados em um prato pequeno com sal em flocos.

Almoço: *Bruschetta* de rabanete e abacate com manteiga de *sriracha* e limão

Corte fatias finas de **pão italiano** e espalhe a **manteiga de *sriracha* e limão** (acima). Cubra com fatias finas de **abacate** e **rabanete**, sal em flocos e grãos de pimenta amassados.

Almoço: *Tartine* de rabanete e homus

Passe **homus** em fatias finas de **pão italiano**. Fatie **2-3 rabanetes** e coloque em cima. Polvilhe sal em flocos e pimenta-do-reino moída na hora.

Camarão grelhado com rúcula e pesto de folhas de alho

Pesto é o preparo dos sonhos para quem quer cozinhar com antecedência. Você aproveita tudo o que tem na geladeira e na despensa, e o molho congela superbem e combina com qualquer coisa, de carne a peixe, massa a grãos, sopa a legumes. Também é um jeito de estender a vida útil do que comprou no hortifrúti. Além das folhas de alho que sugerimos aqui, você pode utilizar outras folhas aromáticas, como o manjericão. Já usei esse pesto como marinada para o camarão que será grelhado, mas, como você vai ver abaixo, há muitas outras utilidades.

Faça as folhas de alho durarem Coloque todo o pesto que você não utilizar em uma fôrma de gelo e leve ao freezer. Transfira os cubos para um saco tipo zip e armazene por até 6 meses. Use em sopas, torradas ou com abacate e no macarrão (todos na p. 124).

Como Amanda usa o pesto "Este pesto vigoroso vai bem com uma série de outros pratos do livro. Pode ser usado no nhoque de ricota (p. 200), no frango de frigideira (p. 184), na paleta de cordeiro fatiada (p. 196) ou nas *quesadillas* (p. 65)."

SERVE 4, COM SOBRAS DE CAMARÃO E PESTO

PESTO

½ xícara de folhas de alho picadas (50 g)

2 limões-sicilianos

1 dente de alho grande

8 xícaras de rúcula (160 g)

⅓ de xícara de pecorino ralado (35 g)

3 colheres (sopa) de amêndoas torradas e salgadas

1 pitada de pimenta calabresa em flocos

Sal e pimenta-do-reino moída na hora

1 xícara de azeite extravirgem (240 ml), mais a gosto

CAMARÃO

680 g de camarões jumbo sem casca e tripa, mas com o rabo

1 Para fazer o pesto, coloque as folhas de alho em um processador de alimentos. Junte raspas e sumo de 1 limão-siciliano no processador, descartando as sementes. Acrescente o alho, a rúcula, o pecorino, as amêndoas, a pimenta calabresa, ¼ de colher (chá) de sal e pimenta-do-reino a gosto. Pulse tudo até que esteja bem picadinho, limpando as laterais do recipiente. (Se você tiver um processador de alimentos pequeno, pode precisar colocar a rúcula aos poucos.)

2 Com o processador ligado, acrescente o azeite em um fio constante e lento até que tudo tenha virado uma pasta. Experimente e acrescente mais sal, pimenta-do-reino ou sumo de limão, se necessário. Transfira o pesto para um pote e deixe na geladeira por até 10 dias ou congele por até 6 meses.

3 **No dia:** Cubra os camarões com ⅓ de xícara de pesto (80 g). Guarde na geladeira de 20 minutos a 3 horas.

4 Aqueça a churrasqueira ou uma frigideira em fogo alto. Coloque os camarões em espetinhos e grelhe por cerca de 1 minuto de cada lado, até ficarem rosados. Retire os camarões dos espetos. Disponha 450 g em um prato. Guarde o restante em um pote e mantenha na geladeira por até 2 dias. O que sobrar do limão-siciliano pode ser cortado em cunhas e posto na mesa.

Almoço: Salada de farro com camarão, rabanete e pesto

Fatie uma porção de **rabanetes** e misture com **rúcula**, sobras do **farro cozido** (p. 119) e **1 colherada de pesto** (p. 123). Cubra com o **camarão grelhado** (p. 123) e deixe algumas **cunhas de limão-siciliano** para quem quiser.

Torrada com pesto

Para uma entrada ou um acompanhamento simples, corte **pão italiano** em fatias de 6 mm e passe o **pesto de folhas de alho** (p. 123) ou outro de sua escolha. Leve ao forno a 190°C por 3-5 minutos, até escurecer um pouco e ficar crocante.

Macarrão com atum e pesto

Para fazer o jantar para 4, leve uma panela com água e sal para ferver e cozinhe **450 g de macarrão curto** (*penne* e *rigatoni* são sempre minhas sugestões). Abra uma **lata de atum**, deixe o óleo escorrer e use um garfo para desmanchá-lo. Escorra o macarrão, reservando 1 xícara do líquido de cozimento (240 ml), e volte à panela. Em fogo baixo, coloque ⅓ **de xícara (80 g) do pesto de folhas de alho** (p. 123), acrescentando algumas colheradas da água do cozimento. Junte o atum, **1 punhado de parmesão ralado** e pimenta-do-reino moída na hora e sirva. Um macarrão com atum todo produzido!

Torrada de abacate com pesto, bacon e ovo poché

Não posso imaginar uma torrada com abacate e ovos saindo de moda — principalmente esta versão, turbinada com pesto e bacon. Para fazer para 4 pessoas, frite **225 g de bacon fatiado** até ficar crocante. Amasse **2 abacates** com **2 colheres (sopa) de pesto** (a versão com folhas de alho da p. 123 ou qualquer uma que tiver à mão) e **1 pitada de pimenta calabresa em flocos**, mantendo pedaços grandes de abacate. Faça **4 ovos poché** e torre **4 fatias de pão integral**. Coloque um pouco de abacate em cada fatia, cubra com bacon e finalize com os ovos poché. Sirva imediatamente, com **molho de pimenta** para quem quiser.

Sim, é possível fazer bacon no forno. Há pelo menos uma década que não faço bacon na frigideira. Quando morava em Londres, minhas colegas de apartamento me ensinaram a colocar as fatias em uma assadeira e deixá-las no forno a 165°C. Não faz sujeira e o bacon cozinha uniformemente, com menos risco de queimar (o que é ótimo para mim, que tendo a esquecer a comida no fogo). Vire as fatias a cada 10 minutos. Dependendo da espessura, estará pronto em 20-30 minutos.

Bagunça sofisticada

Se eu tivesse que me comprometer seriamente com alguma sobremesa, seria esta: uma nuvem de creme com recheio de frutas vermelhas salpicadas com pedaços de suspiro crocante. Parente do merengue, esta sobremesa permite mudanças infindáveis. Sinta-se à vontade para substituir a fruta por kiwi ou pêssego, por exemplo. Você vai precisar de 6 claras para fazer o suspiro; reserve as gemas e adicione a ovos inteiros para fazer ovos mexidos em um café da manhã especial.

Um segredo sobre o chantili Você pode bater levemente o creme de leite fresco até formar picos e manter na geladeira por 1-2 dias. Quando for usar, bata mais um pouco para ter a consistência perfeita.

SERVE 4 EM 2 SOBREMESAS, COM SOBRAS DE SUSPIRO

SUSPIRO	BAGUNÇA
6 claras em temperatura ambiente	2 xícaras de morangos frescos (300 g)
1 colher (chá) de extrato de baunilha	2 xícaras de creme de leite fresco (475 ml), mais se necessário
¼ de colher (chá) de cremor tártaro	2 colheres (sopa) de açúcar
1½ xícara de açúcar de confeiteiro (340 g)	2 xícaras de framboesas frescas lavadas (190 g)

1 Para fazer os suspiros, preaqueça o forno na temperatura mínima. Forre duas assadeiras com papel-manteiga.

2 Bata as claras em velocidade baixa por 1-2 minutos, até formar uma espuma. Acrescente o extrato de baunilha e o cremor tártaro e bata até incorporar. Com a batedeira ligada, adicione gradualmente o açúcar de confeiteiro e continue a bater por 2-3 minutos, até formar picos suaves.

3 Coloque metade das claras em neve em uma das assadeiras, formando um círculo com cerca de 4 cm de altura (não se incomode muito com o formato, porque você vai quebrar os suspiros depois). Alise a superfície com uma espátula. Disponha o restante das claras em neve na segunda assadeira com duas colheres grandes, formando bolinhas — com cerca de 3 colheres (sopa) cada — a 4 cm de distância umas das outras.

4 Leve as duas assadeiras ao forno, deixando a porta entreaberta, e asse por cerca de 1 hora, até que os suspiros estejam crocantes do lado de fora, mas não tenham escurecido. Eles não devem ficar completamente secos nem úmidos demais no interior. Tire do forno, forre uma grade com papel-manteiga e deixe esfriar completamente. Guarde os suspiros menores separados dos maiores; ambos devem ser mantidos em recipientes herméticos em temperatura ambiente por até 5 dias. Você vai usar os maiores agora, e os menores, em outras sobremesas.

5 Enquanto os suspiros assam, corte os morangos ao meio (se forem grandes, em 4). Bata o creme de leite fresco. Quando começar a engrossar, adicione o açúcar. Continue batendo até que comece a formar picos suaves. (Não bata demais agora, já que vai fazer isso de novo depois.) Deixe o chantili e o morango na geladeira por até 24 horas.

6 **No dia:** Quebre o suspiro maior em pedaços pequenos e reserve. Em uma tigela grande, junte o chantili, o morango e a framboesa. Acrescente o suspiro, mexendo com delicadeza. A mistura deve ser suave; você pode acrescentar mais creme de leite fresco se o chantili estiver firme demais. Coloque em um pote ou travessa grande e sirva de imediato ou mantenha na geladeira até a hora de comer. É melhor consumir em 2 horas, mas ainda fica gostoso no dia seguinte.

Biscoito de suspiro Acrescente gotas de chocolate ou castanhas, nozes ou amêndoas à massa do suspiro que será disposta em colheradas menores na assadeira. O suspiro vai desaparecer duas vezes mais rápido assim.

MENU #8

AS RECEITAS

Melancionada 133

Salada de caranguejo
e abacate 134

Torrada de caranguejo 134

Sanduíche de abacate,
caranguejo, alcaparra e
tomate-cereja estourado 134

Almôndega com tomate
e abobrinha 136

Sanduíche de almôndega
com mozarela
e manjericão 136

Molho de tomate rápido 137

Vagem cozida 137

Macarrão com alho, tomate,
manjericão e brie 138

Meu sanduíche de tomate
favorito 138

Sorvete de amora com gotas
de chocolate 141

Tomate-cereja estourado 76

COMO COMBINAR

JANTAR 1

Salada de caranguejo e abacate
Tomate-cereja estourado
Melancia

NO DIA Tire os tomates e o molho
da salada da geladeira.
Monte a salada. Sirva fatias
de melancia geladas de sobremesa.

JANTAR 2

Almôndega com tomate e abobrinha
Molho de tomate rápido
Espaguete
Vagem cozida com molho de mostarda e limão
Sorvete de amora com gotas de chocolate

NO DIA Ferva a vagem e deixe esfriar. Cozinhe o espaguete
e esquente as almôndegas no molho de tomate. Sirva com
parmesão ralado. Use parte do molho de mostarda e limão
da salada de caranguejo em metade da vagem, deixando
a outra metade na geladeira. Deixe o sorvete amolecer
um pouco antes de servir.

JANTAR 3

Melancionada
Torrada de caranguejo
Pêssego com açúcar mascavo e *sour cream*

NO DIA Faça as torradas e a melancionada.
Cubra as fatias de pêssego com *sour cream*
e açúcar mascavo para a sobremesa.

JANTAR 4

Macarrão com alho, tomate, manjericão e brie
Vagem cozida com molho de mostarda e limão
Sorvete de amora com gotas de chocolate

NO DIA De manhã, comece o molho do macarrão.
Antes do jantar, adicione o molho à vagem
e finalize o macarrão.

JANTAR 5

Sanduíche de almôndega com mozarela e manjericão
Melancia ou pêssego

NO DIA Monte os sanduíches.

ALMOÇO

Sanduíche de abacate, caranguejo, alcaparra
e tomate-cereja estourado
Meu sanduíche de tomate favorito

PLANEJAMENTO

PARA FAZER NO FIM DE SEMANA

Melancionada

Almôndega com tomate
e abobrinha

Molho de tomate rápido

Vagem cozida

Macarrão com alho, tomate,
manjericão e brie

Sorvete de amora com gotas
de chocolate

Meia receita de tomate-cereja
estourado (p. 76)

ADIANTE TUDO E SAIA PARA PASSEAR

Você deve passar 3½ horas na cozinha esta semana.

• No sábado ou assim que acordar no domingo, faça
a base do sorvete (p. 141) e guarde na geladeira.
Coloque a tigela da sua sorveteira no congelador.

• Faça as gotas de chocolate.

• Preaqueça o forno a 220°C e faça metade da receita
da Amanda de tomate-cereja estourado (p. 76).

• Faça o purê para a melancionada (p. 133) e fatie
o restante da melancia. Guarde tudo na geladeira.

• Prepare o xarope para a melancionada, considerando
a possibilidade de dobrar a receita — dura 2 semanas
na geladeira.

• Raspe as cascas de 2 limões-sicilianos para a salada
de caranguejo e abacate (p. 134) e esprema 1 xícara
de sumo (240 ml). Guarde ½ xícara (120 ml)
para a melancionada na geladeira.

• Refogue os legumes para as almôndegas (p. 136)
e deixe esfriar.

• Branqueie os tomates (opcional) e ponha o molho
de tomate (p. 137) no fogo.

• Faça o molho de mostarda e limão para a salada
de caranguejo (p. 134) e guarde na geladeira.

• Lave e seque as verduras e ervas para a semana,
apare as vagens e guarde na geladeira.

• Faça a mistura e molde as almôndegas.
Guarde na geladeira.

• Ligue a sorveteira. Frite ou asse as almôndegas
(ver a dica da Amanda, p. 136). Deixe esfriar
e leve à geladeira.

• Antes de levar o sorvete ao congelador, coloque
uma bola em uma taça e experimente. Lentamente.

Quer passar mais tempo ao ar livre? Deixe o sorvete
para um dia de chuva e esqueça a melancionada e o
molho de tomate (compre um molho pronto no lugar).
Isso vai economizar 1½ hora da preparação.

LISTA DE COMPRAS

HORTIFRÚTI

Abacate, 2 grandes

Abobrinha, 1 média

Alface, 1 pé pequeno

Alho, 6 dentes

Amora, 5 xícaras (625 g)

Cebola, 3 pequenas

Cebolinha com bulbo, 5

Limão-siciliano, 6

Melancia, 1 (aproximadamente 6,8 kg), sem semente

Pêssego, para a sobremesa

Salsão, 4 talos

Tomate, 1,4 kg

Tomate-cereja, vermelho ou amarelo, 6 xícaras (900 g), dos menores e mais doces que você encontrar

Tomate tipo caqui, 7 médios, completamente maduros

Vagem, 1,4 kg

ERVAS

Estragão, 1 colher (chá), picado

Manjericão, 1 xícara (20 g)

DESPENSA

Açúcar mascavo, para polvilhar

Açúcar refinado, 1½ xícara mais 2 colheres (chá) (325 g)

Alcaparra, 1 colher (chá)

Azeite extravirgem, 2¾ xícaras (650 ml)

Chocolate meio amargo, 225 g

Espaguete, 450 g

Extrato de baunilha, 1 colher (chá)

Macarrão em espiral (como parafuso ou *cavatappi*), 450 g

Mel, 2 colheres (chá)

Mostarda de Dijon, 2 colheres (sopa)

Pão amanhecido, ⅓ de xícara em pedaços (35 g)

LATICÍNIOS E OVOS

Brie, 340 g

Creme de leite fresco, 2½ xícaras (590 ml)

Leite, 1½ xícara (355 ml)

Maionese, ¼ de xícara (60 ml), mais a gosto

Manteiga sem sal, 7 colheres (sopa) (100 g)

Mozarela, para o almoço

Ovo, 7

Parmesão ralado, ¾ de xícara (75 g), mais para servir

Sour cream, ¾ de xícara mais 1 colher (sopa) (195 ml); para fazer em casa, a cada 5 colheres (sopa) de creme de leite fresco, adicione 1 colher (chá) de vinagre e deixe descansar por 24 horas

CARNES E FRUTOS DO MAR

Caranguejo ou siri fresco, 900 g

Carne moída (85% magra), 900 g

PADARIA

Pão integral, para o almoço

Pãozinho, 4

Vianinha, 4

Melancionada

No meu chá de cozinha, foram servidos copos lindos de *pink lemonade* com purê de melancia. Tenho feito este drinque todo verão desde então. Quando o fizer, se certifique de que a melancia esteja boa, caso contrário a bebida vai ficar esbranquiçada.

Do purê ao picolé Esta receita rende 6 xícaras a mais de purê de melancia (1,4 litro), que você pode usar durante a semana. Uma opção é fazer picolés refrescantes. Se não tiver a fôrma, use copinhos plásticos com um palito espetado.

Versão alcoólica Não é uma má ideia acrescentar um pouco de vodca ou espumante à melancionada. Se preferir não beber, coloque um pouco de água com gás para formar bolhinhas.

Visão da Amanda "Se existe um drinque perfeito para o verão é este."

RENDE 10 DRINQUES, COM SOBRA DE PURÊ DE MELANCIA

½ xícara de açúcar refinado (100 g)

½ xícara de sumo de limão-siciliano (120 ml)

1 melancia grande sem semente (aproximadamente 6,8 kg)

1 Coloque o açúcar e ½ xícara de água (120 ml) para ferver em uma panela pequena, mexendo para dissolver. Quando começar a borbulhar, desligue e deixe esfriar. Mantenha em um recipiente hermético na geladeira por até 10 dias.

2 Abra a melancia e corte em cubinhos (você deve chegar a cerca de 16 xícaras ou 2,4 kg); fatie o restante para comer. Faça um purê no liquidificador, colocando um pouco da fruta por vez, e passe por uma peneira fina. Deve render cerca de 8 xícaras (1,9 litro). Mantenha em um recipiente hermético na geladeira por até 5 dias.

3 **No dia:** Misture 3 xícaras de água fria (710 ml), 2 xícaras de purê de melancia (475 ml), a mistura de açúcar e água e o sumo de limão-siciliano. Despeje em copos longos cheios de gelo. Se sobrar melancionada (aqui nunca sobra), pode deixar na geladeira por 1-2 dias.

Salada de caranguejo e abacate

Eu fiquei mal-acostumada com os frutos do mar excelentes que comia quando era criança no Maine. Gosto de lagosta, mas prefiro um bom sanduíche de caranguejo — especialmente como comíamos lá: com carne de sapateira em uma bisnaga torrada e amanteigada, com maionese suficiente para segurar o caranguejo no pão. Esta é uma salada baseada naquele sanduíche, com fatias de abacate e molho de limão-siciliano e mostarda.

SERVE 4, COM SOBRAS DE CARANGUEJO E MOLHO

MOLHO DE MOSTARDA E LIMÃO-SICILIANO

¾ de xícara de azeite extravirgem (180 ml)

½ xícara de sumo de limão-siciliano (120 ml)

6 colheres (sopa) de cebola pequena picada (60 g)

2 colheres (sopa) de mostarda de Dijon

2 colheres (chá) de mel

2 colheres (chá) de sal

SALADA

900 g de carne de caranguejo ou siri fresca cozida

5 cebolinhas com bulbo picadinhas

4 talos de salsão pequenos picadinhos

¼ de xícara de maionese (60 ml)

5 colheres (sopa) de *sour cream* (75 ml) (ver p. 131 para receita caseira)

Raspas finas de 2 limões-sicilianos

Sal e pimenta-do-reino moída na hora

1 pé de alface lavada com as folhas soltas

1 colher (chá) de estragão picado

1 abacate grande

1 Para fazer o molho, misture o azeite, o sumo de limão-siciliano, a cebola, a mostarda, o mel e o sal em um vidro com tampa de rosca. Feche e agite vigorosamente para emulsificar. Mantenha na geladeira por até 1 semana. Você terá cerca de 1¼ xícara (300 ml).

2 Misture, cuidadosamente e com as mãos, a carne de caranguejo, a cebolinha, o salsão, a maionese, o *sour cream*, as raspas de limão e algumas pitadas de sal e pimenta em uma tigela (deixe alguns pedaços maiores de carne de caranguejo). Prove e acerte o tempero. Mantenha na geladeira por até 3 dias.

3 **No dia:** Para montar a salada, faça uma cama de alface em uma travessa. Separe ⅓ de xícara do molho (80 ml) e guarde o restante para a salada de outro dia da semana. Adicione o estragão e regue as folhas com cerca de ⅔ do molho. Coloque 2 xícaras da carne de caranguejo (250 g) no centro da caminha de alface e deixe o que sobrou na geladeira para fazer a torrada de caranguejo (abaixo). Corte o abacate em fatias finas e disponha nas bordas da travessa. Regue com um pouco mais de molho e tempere com pimenta de servir.

Torrada de caranguejo

Este é o jeito favorito da minha família de usar o que sobra da salada de caranguejo. Fica pronto em 10 minutos e serve para qualquer hora do dia. Transforme em brunch **acrescentando ovos poché**.

Para 4 pessoas, corte **4 pãezinhos**, passe manteiga e torre levemente. Preaqueça o forno. Coloque as metades de *muffin* em uma assadeira e acrescente **1 fatia de tomate maduro** em cada uma, com um pouco de sal, **¼ de xícara de salada de caranguejo (30 g)** e **1 colher (sopa) de parmesão ralado** (ou qualquer queijo parecido). Asse por 1 minuto, até dourar. Sirva imediatamente.

Almoço: Sanduíche de abacate, caranguejo, alcaparra e tomate-cereja estourado

Passe **maionese** em uma **fatia grossa de pão integral**. Corte grosseiramente **1 colher (chá) de alcaparra** e coloque em cima. Acrescente um pouco de **tomate-cereja estourado** (p. 76) e algumas fatias de abacate. Cubra com **salada de caranguejo** e tempere com pimenta. Feche com outra fatia de pão e embrulhe em papel-alumínio.

Almôndega com tomate e abobrinha

Minha amiga Maria Becce cresceu em um bairro com uma forte comunidade italiana e tem experiência com almôndegas. Para que fiquem macias e suculentas para ser comidas sem molho, ela me ensinou a amolecer a cebola, o alho, o tomate e a abobrinha em azeite, e a misturar a carne moída antes de cozinhar. Embora não seja necessário, o molho de tomate cai muito bem com estas almôndegas. Incluí minha receita favorita aqui caso você não tenha uma.

Variações Se o tomate fresco estiver caro ou de baixa qualidade, use tomate em lata em vez de fresco. Você também pode tirar a abobrinha e acrescentar mais ½ xícara de tomate (120 g) para compensar.

A dica da Amanda para não fazer sujeira "Eu sou a favor de assar as almôndegas. Se você não se incomodar em sacrificar um pouco da cor por um fogão limpo, preaqueça o forno a 200°C. Coloque as almôndegas em uma assadeira a 5 cm de distância umas das outras e leve ao forno até estarem totalmente assadas, virando uma vez."

Dê uma apimentada Acrescente 1-2 colheres (chá) da mistura de temperos da *merguez* (p. 16) à carne. Faça minialmôndegas e sirva com coalhada seca temperada ou iogurte grego.

SERVE 4 EM 2 JANTARES

¼ de xícara de azeite extravirgem (60 ml), mais um pouco para fritar

1 cebola pequena picadinha

Sal e pimenta-do-reino moída na hora

1 xícara de tomate sem pele (p. 137) picado (150 g)

½ xícara de abobrinha picada (60 g)

1 dente de alho picado

900 g de carne moída (85% magra)

½ xícara de parmesão ralado (50 g)

⅓ de xícara de pão amanhecido em pedaços (35 g)

1 ovo levemente batido

1 Aqueça o azeite em uma frigideira em fogo médio. Acrescente a cebola e uma pitada generosa de sal e deixe por 3-5 minutos, mexendo com frequência, até que comece a amolecer. Acrescente o tomate, a abobrinha, o alho e mais um pouco de sal. Cozinhe por 8-10 minutos, até que os legumes estejam se desfazendo e a maior parte dos sucos tenha saído. Deixe esfriar.

2 Coloque a carne em uma tigela grande. Acrescente o parmesão, os pedaços de pão, o ovo, os legumes já frios, o sal e a pimenta. Misture tudo com cuidado usando a ponta dos dedos ou um garfo. Não mexa demais; a massa deve ficar bem macia. Frite um pedaço pequeno para provar e acerte o tempero.

3 Molde a carne em bolas de 4 cm. Cubra e leve à geladeira por 15 minutos pelo menos, sem deixar passar de 24 horas.

4 Aqueça 6 mm de azeite em uma panela grande em fogo médio. Trabalhando em levas, coloque as almôndegas, tomando cuidado para que não fiquem espremidas. Frite todos os lados até escurecer, tampe e abaixe o fogo. Deixe fritar por 6-8 minutos no total. As almôndegas podem perder a forma e abrir um pouco conforme fritam — não tem problema! Transfira-as para uma travessa com papel-toalha para a gordura escorrer. Frite o restante, usando mais azeite se necessário. Deixe-as prontas na geladeira por até 5 dias.

5 **No dia:** Coloque metade das almôndegas em uma travessa e aqueça no forno a 150°C por 20 minutos, sozinhas ou com seu molho favorito.

Sanduíche de almôndega com mozarela e manjericão

Cresci comendo sanduíches de bolinho de carne, e a almôndega não é muito diferente. Para um lanche de peso, esquente as **almôndegas** em **molho de tomate** (ao lado). Passe um pouco de molho nos dois lados de uma vianinha. Corte as almôndegas em fatias grossas e coloque dentro do pão com **fatias grossas de mozarela** e **folhas de manjericão**.

Molho de tomate rápido

Não seria um livro de receitas do Food52 se não mencionasse o molho de tomate de Marcella Hazan. Todo mundo no escritório é obcecado por esta receita simples, que garante resultados espetaculares. Manteiga é a chave: ela resolve todos os problemas, quebrando a acidez dos tomates e dando uma textura sedosa ao molho.

RENDE O BASTANTE PARA 480 G DE MACARRÃO, COM SOBRAS

1,4 kg de tomates frescos ou em lata (inteiros e pelados)	7 colheres (sopa) de manteiga sem sal (100 g)
1 cebola pequena cortada ao meio	2 colheres (chá) de sal
	¼ de xícara de manjericão (10 g)

1 Descasque os tomates se estiverem frescos (ver à direita). Pique-os grosseiramente e ponha em uma panela com a cebola, a manteiga, o sal e o manjericão. Leve ao fogo médio-alto e deixe ferver por 30-45 minutos, mexendo de vez em quando.

2 Prove e acerte o tempero, removendo a cebola se preferir (eu costumo deixar, fazendo alguns cortes com uma faca afiada). Use o molho de imediato ou mantenha na geladeira por até 5 dias. Este molho ainda congela bem — eu guardo o meu por até 6 meses sem problemas.

Tomate pelado Sim, tirar a pele do tomate é um martírio, mas em momentos assim vale a pena. Um molho sem pele é muito melhor. Para tirar a pele de tomates maduros, corte a parte de cima e com a ponta de uma faca afiada faça um leve X do lado oposto. Coloque os tomates um pouco por vez em uma panela com água fervendo. Depois de 10 segundos, retire-os com uma escumadeira e jogue-os na água gelada. Assim que estiverem frios, a pele deve sair facilmente.

Confissão da Amanda "Merrill é uma pessoa muito melhor do que eu, que nunca tiro a pele do tomate. Nunca mesmo! Nem para fazer molho para as pessoas que eu mais amo no mundo. Mas mantenha isso entre a gente, por favor."

Vagem cozida

Leve uma panela com água e bastante sal para ferver e mantenha uma tigela de água gelada pronta. Apare as pontinhas de **1,4 kg de vagens**. Coloque metade na água fervendo e cozinhe por alguns minutos, até que adquiram um tom verde forte e estejam macias. Retire com uma escumadeira e jogue na água gelada. Coloque-as num pano de prato para secar e repita o procedimento com as que sobraram. Guarde na geladeira em sacos tipo zip com papel-toalha por até 3 dias.

Macarrão com alho, tomate, manjericão e brie

Minha mãe era devota de *The Silver Palate Cookbook* quando eu era pequena. Hoje eu também recorro a muitos daqueles pratos, como este macarrão. É só combinar tomate picado, azeite, alho e manjericão e reservar por muitas horas. Quando for comer, você cozinha o macarrão, corta um pedaço de brie em cubinhos e mistura tudo com o molho mágico que se materializou na sua frente enquanto estava fazendo outras coisas. O brie derrete no molho de tomate e azeite, deixando-o cremoso e complexo.

O brie está de volta Desde que caiu em desgraça em meados dos anos 1990 (depois de anos sendo enganados por versões pesadas e pálidas, quem pode nos culpar?), fiquei com um pouco de pena do brie. Fico feliz que esteja dando a volta por cima. Recomendo manter a casca quando for fazer o macarrão para um toque sutil de sabor amargo que é a marca do queijo.

A sogra da Amanda "Este macarrão foi o primeiro prato que minha sogra fez para mim — sinal de que eu amaria a família do Tad. Eu me senti realmente conectada com Merrill quando fiquei sabendo que ela também fazia esta receita!"

SERVE 4, COM SOBRAS

4 tomates completamente maduros grosseiramente picados

½ xícara de manjericão grosseiramente picado (20 g)

2 dentes de alho bem picadinhos

½ xícara mais 2 colheres (sopa) de azeite extravirgem (150 ml)

Sal e pimenta-do-reino moída na hora

340 g de brie

450 g de macarrão em espiral (como parafuso ou *cavatappi*)

1 Pela manhã, misture os tomates, o manjericão e o alho em uma tigela grande. Despeje o azeite e tempere com sal e pimenta. Misture tudo com delicadeza e cubra a tigela. Deixe em temperatura ambiente de 2-12 horas.

2 Cerca de 45 minutos antes de comer, coloque o brie no congelador por 20 minutos para firmar, de modo que fique mais fácil cortar. Faça cubinhos de 1,3 cm e misture aos tomates.

3 Leve uma panela grande de água com sal para ferver. Cozinhe o macarrão até ficar al dente. Escorra a água e ponha o macarrão na tigela. Misture tudo até que o brie comece a derreter e a massa esteja coberta pela maravilha de queijo e tomate. Você provavelmente verá bastante líquido no fundo da tigela — são os líquidos do tomate, uma coisa boa. Sirva imediatamente. Mantenha as sobras em um recipiente hermético na geladeira por até 3 dias.

Almoço: Meu sanduíche de tomate favorito

Eu como sanduíche de tomate duas ou três vezes na semana. Foi só depois que postei esta receita no Food52 alguns anos atrás que me dei conta de que as pessoas têm uma opinião muito forte a respeito! Só a escolha da maionese poderia encher um livro. Brinque com qualquer um ou todos os ingredientes abaixo para criar o seu sanduíche perfeito (e veja uma foto do meu na p. 135).

Torre **2 fatias de pão integral**. Deixe esfriar na torradeira (para que continue crocante) enquanto corta **1 tomate-caqui completamente maduro** (use uma faca de serra, por favor!) em fatias de 3 mm. Passe **maionese** nas torradas e empilhe quantas fatias de tomate conseguir, polvilhando bastante sal no processo. Tempere com um pouco de pimenta e cubra com outra torrada. É melhor comer em um prato para não perder nada.

Sorvete de amora com gotas de chocolate

Se eu tivesse que escolher um sabor de sorvete para tomar pelo resto da minha vida seria este. A cor maravilhosa é inegável, mas o que eu mais gosto é do perfume. É uma fruta exuberante, viscosa e levemente floral, e seu sabor me faz voltar à infância. Acrescentei chocolate a esta receita, usando o método genial de Alice Medrich. Ela derrete o chocolate e deixa endurecer de novo antes de quebrar em pedacinhos, o que destrói sua estrutura e faz com que seu ponto de fusão se torne mais baixo; desse modo, o chocolate continua duro no sorvete, mas derrete imediatamente na boca.

RENDE 950 ML

2½ xícaras de creme de leite (590 ml)

1½ xícara de leite (355 ml)

1 xícara mais 2 colheres (sopa) de açúcar (225 g)

Sal

6 gemas

1 colher (chá) de extrato de baunilha

5 xícaras de amoras frescas (625 g) (ver dicas para substituir)

225 g de chocolate meio amargo grosseiramente picado

1 Misture o creme de leite, o leite, o açúcar e a pitada de sal em uma panela de fundo grosso. Cozinhe em fogo baixo por 5 minutos, até que comece a borbulhar nas beiradas. Não deixe ferver.

2 Enquanto isso, bata as gemas com um *fouet* em uma tigela pequena que possa ser levada ao fogo. Vá acrescentando devagar cerca de ⅓ do creme quente, e sempre batendo. Coloque a mistura na panela com o restante do creme e bata para misturar.

3 Cozinhe em fogo médio-baixo, mexendo constantemente por cerca de 5 minutos, até que cubra as costas de uma colher de pau. Não deixe ferver. Passe o creme por uma peneira fina e acrescente a baunilha.

4 Bata a amora em um liquidificador e passe por uma peneira fina para remover as sementes. Misture o purê e o creme. Cubra e leve à geladeira por pelo menos 3 horas, preferencialmente a noite toda.

5 Para fazer as gotas de chocolate, forre uma assadeira com papel-manteiga. Derreta o chocolate em banho-maria, que leva cerca de 5 minutos, sempre mexendo. Despeje o chocolate derretido na assadeira e espalhe em uma camada fina e uniforme. Coloque no congelador por pelo menos 30 minutos, até o chocolate endurecer. Corte em pedacinhos, acondicione em um saco tipo zip e mantenha no congelador por até 1 mês.

6 Congele o creme gelado em uma sorveteira, acrescentando as gotas de chocolate antes que o sorvete esteja completamente congelado. Transfira para um pote hermético e leve ao congelador para endurecer ainda mais. **No dia:** Deixe o sorvete por alguns minutos em temperatura ambiente para amolecer antes de servir.

Trocas Você pode trocar as amoras por framboesas (ou misturá-las). Gosto de chocolate meio amargo, mas o método da Alice funciona com qualquer tipo.

O que fazer com as claras Outra lição que aprendi com minha mãe: nunca jogue fora as claras que sobrarem! Elas duram na geladeira até 1 semana e no congelador por muito mais (só lembre de etiquetar para não confundir com caldo de galinha, ou vai acabar tomando sopa de ovo por engano). Quando tiver juntado 6 claras, faça suspiro (p. 126); com 12, pode fazer um pudim de claras.

MENU #9

AS RECEITAS

Frango rosé 148

Abobrinha assada
com molho apimentado
de hortelã 151

Salada quente de frango 152

Macarrão ao forno com
ragu de linguiça 155

Batata-doce assada com
ragu de linguiça 155

Bolo de purê de maçã
com cobertura 156

Purê de maçã assada 156

Purê de maçã 156

O melhor vinagrete
de vinho tinto 31

Arroz de forno simples da
Merrill 83

Polenta assada 232

COMO COMBINAR

JANTAR 1

Macarrão ao forno com ragu de linguiça
Folhas verdes com o melhor vinagrete
de vinho tinto
Bolo de purê de maçã com cobertura

NO DIA Tire o vinagrete da geladeira. Faça o macarrão.
Coloque o molho da salada, acrescentando mais cebolinha
ou manjericão, se tiver.

JANTAR 2

Frango rosé
Polenta assada
Abobrinha assada com molho apimentado de hortelã
Iogurte grego com purê de maçã

NO DIA Faça a abobrinha. Esquente a polenta e o frango.
Cubra o iogurte com colheradas de purê de maçã para
a sobremesa.

JANTAR 3

Ragu de linguiça
Polenta assada
Abobrinha assada com molho apimentado de hortelã
Bolo de purê de maçã com cobertura

NO DIA Tire a abobrinha da geladeira. Esquente a polenta
e o ragu. Sirva juntos e deixe o parmesão na mesa.

JANTAR 4

Frango rosé
Arroz de forno simples
Folhas verdes com o melhor vinagrete de vinho tinto
Chocolate e ameixas

NO DIA Faça o arroz e esquente o frango. Tempere a salada.
Sirva chocolate de boa qualidade e ameixa (ou pera) fresca
de sobremesa.

JANTAR 5

Salada quente de frango
Purê de maçã

NO DIA Bata o chantili para servir com o purê de maçã e leve
à geladeira. Faça a salada de frango. Monte a sobremesa na
hora de comer.

ALMOÇO

Batata-doce assada com ragu de linguiça
Sanduíche de abobrinha assada com molho apimentado
de hortelã e iogurte grego

PLANEJAMENTO

PARA FAZER NO FIM DE SEMANA

Frango rosé

Macarrão ao forno com
ragu de linguiça

Polenta assada
(p. 232)

Purê de maçã

Bolo de purê de maçã
com cobertura

PONHA O AVENTAL — VAMOS FAZER MOLHO

Você vai ficar na cozinha por cerca de 3 horas neste
fim de semana.

• Preaqueça o forno a 190°C. Descasque e corte as
maçãs para o purê (p. 156). Coloque-as para assar.

• Leve o ragu de linguiça (p. 155) ao forno. Gratine
os queijos para o macarrão ao forno (p. 155) e guarde
na geladeira.

• Quando o purê de maçã estiver pronto, abaixe
a temperatura para 175°C. Ponha a polenta para assar
(p. 232). A temperatura estará um pouco mais alta
que a necessária para a receita da Amanda, então,
certifique-se de olhar com frequência e adicionar
mais água se necessário.

• Unte a assadeira com manteiga e farinha para
o bolo (p. 156).

• Faça um purê com maçã assada, deixando 1½ xícara
(355 ml) para o bolo (p. 156). Congele 1½ xícara
(355 ml) para o futuro (para o bolo de açúcar mascavo
da p. 173, por exemplo) e guarde o restante na
geladeira para usar durante a semana.

• Faça a massa do bolo e leve ao forno.

• Enquanto isso, lave e seque as folhas verdes da semana
e coloque-as na geladeira. Lave as batatas e ponha
para cozinhar (p. 152).

• Faça o vinagrete (p. 31). Prepare o frango rosé (p. 148)
e a coxa para a salada quente de frango (p. 152).

• Quando o bolo estiver pronto, ponha o frango
no forno.

• Faça um intervalo — você está quase lá!

• Quando o bolo estiver frio, prepare a cobertura
e espalhe por cima.

• Guarde tudo na geladeira e peça a seu parceiro, filho
ou vizinho para lhe fazer uma massagem nos pés.

Para reduzir o tempo Pule o macarrão ao forno
e a polenta; sirva o ragu com uma massa simples
em uma noite e batata-doce em outra (p. 155). Use purê
de maçã comprado para o bolo e esqueça a cobertura
(vai ficar bom de qualquer maneira). Esses atalhos
vão economizar 1½ hora.

LISTA DE COMPRAS

HORTIFRÚTI

Abobrinha, 9

Alface roxa ou lisa, 6 xícaras (120 g)

Alho, 9 dentes grandes

Ameixa (ou pera), para a sobremesa

Batata-bolinha, 450 g

Batata-doce, 4 para o almoço

Cebola, 2 grandes

Folhas verdes, o bastante para acompanhar 2 refeições

Maçã, 2,7 kg

Tomate, 2 grandes

Tomate-cereja, 2 xícaras (300 g)

Tomate italiano fresco (1,4 kg) ou em lata picado (2,5 kg), 8 xícaras (chá)

ERVAS

Cebolinha, 1 colher (chá), picada

Folhas de hortelã, ½ xícara (10 g)

Folhas de manjericão, 16

Tomilho, 3 ramos

ESPECIARIAS

Canela em pó, 2 colheres (chá), mais um pouco a gosto

Gengibre em pó, 1 colher (chá)

Pimenta calabresa em flocos, ½ colher (chá), mais 1 pitada

Pimenta-da-jamaica em pó, ¼ de colher (chá)

DESPENSA

Açúcar de confeiteiro, ¾ a 1 xícara (90 a 125 g)

Açúcar mascavo, 1 xícara (220 g)

Açúcar refinado, 1 xícara mais 2 colheres (chá) (200 g)

Arroz branco de grão longo, 1 xícara (185 g)

Azeite extravirgem, 2½ xícaras (590 ml), mais um pouco

Bicarbonato de sódio, 1½ colher (chá)

Caldo de galinha, 1½ xícara (355 ml)

Chocolate, para sobremesa

Extrato de baunilha, 1 colher (chá)

Farinha, 2 xícaras (250 g)

Macarrão curto (como *penne* ou *conchiglie*), 450 g

Óleo vegetal

Polenta, 2 xícaras (320 g)

Vinagre de vinho tinto, 6 colheres (sopa) (90 ml)

Vinagre de xerez, 6 colheres (sopa) (90 ml)

LATICÍNIOS E OVOS

Creme de leite fresco, 1½ xícara (315 ml), mais um pouco para o chantili

Iogurte grego, 3 xícaras (710 ml)

Manteiga sem sal, ¾ de xícara (170 g), mais um pouco

Mozarela, 1 xícara, ralada

Ovo, 2

Parmesão, ½ xícara (50 g), ralado

Ricota fresca, ¼ de xícara (60 g)

CARNES E FRUTOS DO MAR

Coxa ou sobrecoxa de frango com osso e pele, 2,7 kg

Sua linguiça favorita (de frango ou porco, adocicada ou apimentada), 900 g

BEBIDAS

Vinho rosé seco e frutado, ⅔ de xícara (160 ml)

PADARIA

Pão sírio, para o almoço

Frango rosé

Esta receita foi inspirada nas coxas de frango com alho, tomate e pimenta lentamente assadas de Jamie Oliver. Depois de devorar essa versão, pensei que o prato poderia ficar ainda melhor com um molho que acompanhasse arroz ou pão. Fiz uma busca na geladeira, encontrei uma garrafa de vinho rosé aberta na noite anterior e resolvi usar. Isso fez com que o alho e os tomates simplesmente se desmanchassem no forno, e cheguei a um molho rosado e bastante aromático para o frango.

Substituindo o vinho Se você não tem um rosé aberto, pode usar vinho branco, desde que seja seco e frutado. Se tiver que abrir uma garrafa nova, sirva o restante no jantar.

Sobremesa rosé da Amanda "Um ótimo jeito de aproveitar qualquer restinho de vinho rosé é cozinhá-lo em fogo baixo com açúcar (4 partes de bebida para 3 partes de açúcar) para fazer uma calda. Acrescente pêssego ou pera e um punhado de manjericão fresco (que você já comprou para o ragu)."

SERVE 4 EM 2 JANTARES

1,8 kg de coxa ou sobrecoxa de frango com osso e pele

Sal e pimenta-do-reino moída na hora

3 colheres (sopa) de azeite extravirgem

6 dentes de alho grandes bem picadinhos

2 tomates grandes picados (cerca de 350 g)

2 xícaras de tomates-cereja (300 g)

3 ramos de tomilho

½ colher (chá) de pimenta calabresa em flocos

10 folhas de manjericão picadas

⅔ de xícara de vinho rosé seco e frutado (160 ml)

Arroz (p. 83), polenta assada (p. 232) ou pão para servir

1 Preaqueça o forno a 190°C. Seque o frango com papel-toalha e tempere com sal e pimenta.

2 Em uma assadeira grande o bastante para caber todos os pedaços de frango, coloque 1 colher (sopa) de azeite, o alho e o tomate picado. Distribua os pedaços com a pele para cima. Espalhe os tomates-cereja.

3 Acrescente os ramos de tomilho, a pimenta calabresa e o manjericão uniformemente sobre o frango e, em seguida, polvilhe mais sal e pimenta. Despeje o rosé delicadamente, tomando o cuidado de não encharcar o frango. Adicione as duas colheres (sopa) de azeite restantes por cima.

4 Asse o frango, sem cobrir, até que a pele esteja crocante e os tomates tenham amolecido e começado a caramelizar, o que deve levar cerca de 1 hora.

5 Se o molho parecer ralo, transfira o frango para uma travessa; aumente a temperatura do forno e deixe que o molho engrosse e adquira uma textura aveludada. Descarte os ramos de tomilho, prove e acerte o tempero.

6 Devolva o frango ao molho e espere esfriar. Cubra e deixe na geladeira por até 5 dias.

7 **No dia:** Aqueça no forno na temperatura mínima por cerca de 20 minutos. Sirva com arroz, polenta ou pão.

Abobrinha assada com molho apimentado de hortelã

Esta receita veio de duas fontes diferentes. A primeira foi um prato que eu sempre pedia em um dos meus restaurantes favoritos, o Lunetta, antes de fechar (snif). A segunda é um método de assar abobrinha que descobri em uma das incríveis newsletters do canal House Cooks Lunch, de Christopher Hirsheimer e Melissa Hamilton. Para potencializar o sabor da abobrinha (que, como a berinjela, é basicamente uma esponja), regue com um molho apimentado de hortelã antes de assar e acrescente mais um pouco para servir.

Nosso tipo favorito de receita Este é um daqueles pratos mágicos que podem ser degustados em qualquer temperatura. Aqui vão alguns outros que possuem essa mesma característica:

- Aspargos assados do Jonathan (p. 15)
- Fritada com ervilha, folhas verdes e ricota (p. 31)
- *Nuggets* caseiros (p. 45)
- Tomate-cereja estourado (p. 76)
- Pimentão no azeite (p. 103)
- Salada de farro com cogumelo assado e parmesão (p. 119)
- Camarão grelhado com rúcula e pesto de folhas de alho (p. 123)
- Purê de maçã (p. 156)
- Couve-flor apimentada (p. 169)
- Erva-doce refogada (p. 185)
- Couve-de-bruxelas assada (p. 196)

SERVE 4 COMO ACOMPANHAMENTO EM 2 JANTARES, MAIS SOBRAS

½ xícara de azeite extravirgem (120 ml)

5 colheres (sopa) de vinagre de xerez (75 ml)

⅛ de colher (chá) de açúcar

1 pitada de pimenta calabresa em flocos

Sal e pimenta-do-reino moída na hora

½ xícara de folhas de hortelã frescas (10 g)

9 abobrinhas pequenas (todas do mesmo tamanho)

1 Preaqueça o forno a 230°C. Coloque o azeite, o vinagre, o açúcar, a pimenta calabresa, o sal e a pimenta-do-reino em um vidro com tampa de rosca. Feche bem e agite vigorosamente. Pique a hortelã grosseiramente, acrescente ao molho e agite de novo. Prove e acerte o tempero.

2 Apare as pontas das abobrinhas e corte-as na metade no sentido do comprimento. Disponha os pedaços com o lado cortado para baixo em uma assadeira rasa preaquecida no forno (ou em duas, se você não tiver uma grande o bastante para que fiquem em uma única camada). Polvilhe um pouco de sal e regue com metade do molho. Asse até que comecem a ceder ao toque de uma faca, o que deve levar 40 minutos.

3 Aqueça uma frigideira no fogo alto e grelhe a parte cortada das abobrinhas por 3-5 minutos, até que fiquem douradas, sempre verificando o resultado. Deixe esfriar por alguns minutos e acrescente mais molho; guarde o restante na geladeira por até 5 dias para usar na salada. Sirva a abobrinha imediatamente e guarde o que sobrar na geladeira por até 4 dias.

4 **No dia:** Deixe que a abobrinha chegue à temperatura ambiente antes de servir ou sirva fria.

Salada quente de frango

O dia seguinte de um frango assado costuma ser meio decepcionante. A pele já não está mais crocante, a carne não está tão suculenta. Meu pai ama sanduíche de frango frio com manteiga, mas eu mesma não me animo muito com isso. Prefiro a solução da minha mãe: ela esquenta a carne em uma panela com um vinagrete simples e acrescenta algumas batatas cozidas, se tiver. Depois coloca tudo sobre uma cama de alface fresca, que murcha só um pouquinho com o calor do frango. Esta receita é tão boa que você pode até assar um frango só para fazê-la.

SERVE 4

900 g de sobrecoxa de frango com osso e pele (ou 3 xícaras/405 g de sobras de frango assado)

Sal e pimenta-do-reino moída na hora

3 colheres (sopa) de vinagre de vinho tinto

½ xícara de azeite extravirgem (120 ml)

6 xícaras de folhas de alface rasgadas (120 g)

1 xícara de batata cozida cortada em pedaços ou rodelas (225 g)

1 colher (sopa) de cebolinha bem picada

1 Preaqueça o forno a 190°C. Seque o frango com papel-toalha e tempere bem com sal e pimenta. Disponha os pedaços com a pele para cima em uma assadeira e deixe no forno por 1 hora, até que fiquem macios e a pele esteja dourada e crocante. Deixe esfriar um pouco e guarde na geladeira por até 5 dias.

2 **No dia:** Em uma tigela pequena, bata o vinagre com ½ colher (chá) de sal e um pouco de pimenta. Regue lentamente com o azeite, sempre batendo. Prove e acerte o tempero.

3 Monte uma cama de alface em uma travessa. Desosse o frango e corte em pedaços pequenos, mantendo a pele.

4 Coloque metade do vinagrete em uma panela de cerâmica, vidro ou aço inoxidável e leve ao fogo médio. Quando estiver quente, acrescente o frango e a batata. Deixe por 3-5 minutos, mexendo com cuidado de vez em quando, até que esteja quente.

5 Regue a alface com o restante do vinagrete e acomode o frango e as batatas sobre ela. Espalhe a cebolinha picada por cima e sirva imediatamente, com o que tiver sobrado do vinagrete à parte.

Dias de salada Nós comemos muita salada, então há muitas receitas de molhos neste livro. A lista completa:

- Molho de limão-siciliano (p. 14)
- O melhor vinagrete de vinho tinto (p. 31)
- Molho de alho assado da Roberta (p. 42)
- Molho de limão-siciliano em conserva (p. 61)
- Molho de mostarda e limão-siciliano (p. 134)
- Molho apimentado de hortelã (p. 151)
- Vinagrete de *confit* de cebola (p. 166)
- Molho simples de limão-siciliano (p. 185)
- Vinagrete cremoso de mostarda (p. 198)
- Molho de aliche (p. 219)
- Molho de limão (p. 258)

Batata cozida

Aqui vai uma receita para ajudar os cozinheiros menos experientes da sua casa. Lave **450 g de batatas**. Coloque em uma panela grande, cubra até 2 cm a mais com água e tempere com sal generosamente. Deixe em fogo médio-alto até ferver, depois abaixe o fogo e mantenha a fervura por 12-15 minutos, até que as batatas estejam macias. Escorra e guarde na geladeira por até 1 semana.

Macarrão ao forno com ragu de linguiça

Eu fiz faculdade em Providence, Rhode Island, e o macarrão do Al Forno's é definitivamente o melhor da região. Segui sua receita inúmeras vezes, acrescentando tudo o que você pode imaginar, de abóbora a cogumelos e aspargos. A versão favorita dos meus filhos leva linguiça, três tipos de queijo e tanto creme de leite fresco que até Julia Child enrubesceria. A cobertura crocante e queimadinha é perfeita.

Esquentando as sobras Eu estaria mentindo se dissesse que este macarrão mantém a integridade estrutural quando reaquecido. Se isso incomoda você, faça meia receita. Se uma massa levemente mais seca e mole não for problema, faça a receita inteira, guarde o que sobrar na assadeira coberta por papel-alumínio na geladeira e esquente do mesmo modo (com a assadeira coberta) no forno a 175°C por cerca de 20 minutos.

SERVE 4 EM 2 JANTARES, COM SOBRAS DE RAGU

RAGU DE LINGUIÇA

2 colheres (sopa) de azeite extravirgem

900 g de sua linguiça favorita (de porco ou frango, picante ou adocicada)

1 cebola grande picada

Sal

2 dentes de alho grandes bem picadinhos

8 xícaras de tomate fresco (1,4 kg) ou em lata (2,5 kg) picado

6 folhas de manjericão fresco

MACARRÃO AO FORNO

Manteiga, para untar a assadeira

1 xícara de creme de leite fresco (240 ml)

1 xícara de mozarela ralada (110 g)

½ xícara de parmesão ralado (50 g)

¼ de xícara de ricota fresca (60 g)

¼ de colher (chá) de sal

450 de macarrão curto (como *penne* ou *conchiglie*)

2 colheres (sopa) de manteiga sem sal gelada cortada em cubos

1 Para fazer o ragu, aqueça o azeite em uma panela grande de fundo grosso em fogo médio-alto. Doure a linguiça por cerca de 5 minutos, partindo-a nesse meio-tempo.

2 Abra um espaço no centro da panela e acrescente a cebola e algumas pitadas de sal. Frite por 5 minutos, até que tenha amolecido. Acrescente o alho e frite por mais 1 minuto.

3 Junte o tomate e o manjericão e deixe ferver até que o molho engrosse e os sabores se fundam, o que deve levar pelo menos 45 minutos. (Adicione um pouco de água se o molho parecer seco.) Prove, acerte o tempero e descarte o manjericão. Guarde na geladeira por até 5 dias.

4 **No dia:** Preaqueça o forno a 260°C. Unte uma assadeira que comporte 2 litros com manteiga e leve uma panela grande de água com sal para ferver.

5 Em uma tigela grande, misture 4 xícaras de ragu (950 ml) com o creme de leite fresco, a mozarela, o parmesão, a ricota e o sal.

6 Cozinhe o macarrão por 3 minutos, escorra e passe pela água fria para interromper o cozimento. Despeje a massa na tigela com o molho, mexendo levemente para misturar.

7 Distribua o macarrão uniformemente pela assadeira. Coloque a manteiga em cubos por cima.

8 Leve ao forno por 10 minutos, até que doure e comece a borbulhar. Deixe esfriar um pouco antes de servir. Guarde metade para outro dia na própria assadeira ou transfira para outro recipiente.

Almoço: Batata-doce assada com ragu de linguiça

Para um belo almoço ou jantar, reaqueça as sobras de **ragu** e uma **batata-doce assada** (p. 32) no micro-ondas. Corte a batata-doce ao meio, raspe um pouco do miolo com um garfo e tempere com sal e pimenta.

Coloque o ragu por cima, regue com **azeite** e coma!

Bolo de purê de maçã com cobertura

Quer admita isso ou não, todo cozinheiro tem uma receita de que se orgulha mais. Esta é a minha. É um bolo simples, mas a cobertura de caramelo impressiona os convidados. Se você não tem pimenta-da-jamaica, não se preocupe: pode seguir em frente sem ela ou substituí-la por uma pitada de cravo-da-índia em pó.

SERVE 4 EM 2-3 SOBREMESAS

BOLO
2 xícaras de farinha (250 g)

1 ½ colher (chá) de fermento

½ colher (chá) de sal

¼ de colher (chá) de pimenta-do-reino em pó

2 colheres (chá) de canela em pó

1 colher (chá) de gengibre em pó

¼ de colher (chá) de pimenta-da-jamaica em pó

2 ovos

1 xícara de açúcar (200 g)

½ xícara de açúcar mascavo (110 g)

1½ xícara de purê de maçã assada (à direita) (405 g)

⅔ de xícara de óleo vegetal (160 ml)

1 colher (chá) de extrato de baunilha

COBERTURA
¼ de xícara de manteiga cortada em cubos (60 g)

½ xícara de açúcar mascavo (110 g)

⅓ de xícara de creme de leite fresco (80 ml), mais um pouco se necessário

¼ de colher (chá) de sal

¾-1 xícara de açúcar de confeiteiro (90-125 g)

1 Para fazer o bolo, preaqueça o forno a 175°C. Unte uma fôrma de pudim de 3 litros com manteiga e farinha. Misture a farinha, o fermento, o sal, a pimenta, a canela, o gengibre e a pimenta-da-jamaica em uma tigela. Usando uma batedeira com a raquete acoplada, bata os ovos e os açúcares por cerca de 3 minutos, até esbranquiçar. Acrescente o purê de maçã, o óleo e o extrato de baunilha, e bata até ficar liso.

2 Vá acrescentando os ingredientes secos aos poucos. Despeje a mistura na fôrma e leve ao forno por aproximadamente 45 minutos, até que um palito enfiado no centro saia limpo. Transfira a fôrma para uma grade e deixe esfriar por 10 minutos. Vire o bolo na grade e deixe esfriar completamente, por cerca de 2 horas, antes de fazer a cobertura.

3 Em seguida, coloque um pedaço de papel-alumínio ou papel-manteiga sob a grade para não fazer sujeira quando for cobrir o bolo. Junte a manteiga, o açúcar mascavo, o creme de leite fresco e o sal em uma panela em fogo médio. Mexa constantemente e, assim que ferver, deixe por 1 minuto e apague o fogo.

4 Espere a cobertura esfriar e acrescente o açúcar de confeiteiro aos poucos, enquanto bate para obter uma calda grossa, mas que possa ser despejada (talvez não utilize todo o açúcar). Se ficar grossa demais, coloque mais um pouco de creme de leite fresco. Derrame a cobertura rapidamente sobre o bolo, cobrindo a maior área possível. Deixe esfriar por pelo menos 10 minutos antes de guardar em um recipiente hermético por até 5 dias.

Purê de maçã assada

Todo purê de maçã é igual, certo? Judy Rodgers, a chef do Zuni Café conhecida por seu paladar impecável e falta de frescura, discorda. Para fazer a deliciosa versão dela, descasque, tire o miolo e pique grosseiramente cerca de **10 maçãs grandes** (2,7 kg depois de todo o processo). Jogue **1 pitada de sal** e **1½ colher (chá) de açúcar**. Espalhe as maçãs em assadeiras e cubra com papel-alumínio. Asse no forno a 190°C até ficarem macias, o que deve levar cerca de 30-40 minutos. Tire o papel-alumínio e aumente a temperatura para 260°C, deixando as maçãs dourarem por alguns minutos. Amasse-as com as costas do garfo até formar um purê bem pedaçudo (cerca de 5 xícaras/700 g). Congele 1½ xícara para outro dia (p. 173), amasse bem 1½ xícara (405 g) para o bolo e guarde o restante na geladeira por até 1 semana.

Mais purês Essa técnica funciona com outras frutas, como pêssego, pera e ameixa. Use como cobertura de bolo ou iogurte grego ou ainda sobre as torradas de ricota (p. 20) sem o alho!

Purê de maçã

Para uma sobremesa bem charmosa, bata creme de leite fresco com um pouco de açúcar. Acrescente uma porção do mesmo tamanho de purê de maçã e um pouco de canela em pó antes de servir.

MENU PARA A SEMANA

MENU #10

AS RECEITAS

Sopa de brócolis, limão-siciliano e parmesão 162

Paleta suína assada durante a noite 165

Salada de cevada com caqui, *confit* de cebola e queijo 166

Vinagrete de *confit* de cebola 166

Couve-flor apimentada 169

Bucatini com couve-flor, pecorino, pimenta e farinha de rosca 169

Escarola, couve-flor apimentada e grão-de-bico com vinagrete de *confit* de cebola 169

Grão-de-bico refogado com aipo 170

Bolo inglês de açúcar mascavo com chantili 173

Purê de maçã assada 156

COMO COMBINAR

JANTAR 1

Salada de cevada com caqui, *confit* de cebola e queijo

Grão-de-bico refogado com aipo

Couve-flor apimentada

Bolo inglês de açúcar mascavo com chantili e purê de maçã

NO DIA De manhã, passe o purê de maçã do congelador para a geladeira. Deixe a salada, o grão-de-bico e a couve-flor em temperatura ambiente antes de servir. Esquente metade do purê de maçã no micro-ondas e sirva com bolo inglês e chantili.

JANTAR 2

Paleta suína assada durante a noite

Couve-flor apimentada

Escarola, couve-flor apimentada e grão-de-bico com vinagrete de *confit* de cebola

Affogato

NO DIA Deixe o *confit* de cebola chegar à temperatura ambiente. Aqueça a paleta e a couve-flor. Faça o vinagrete e regue a escarola picada grosseiramente. Para o *affogato*, jogue café expresso sobre o seu sorvete favorito.

JANTAR 3

Sopa de brócolis, limão-siciliano e parmesão

Presunto cru em fatias finas

Pão e manteiga com sal

Torrada de bolo inglês de açúcar mascavo com sorvete

NO DIA Esquente a sopa e acrescente limão. Fatie o pão. Faça torradas do bolo inglês e sirva com sorvete por cima para a sobremesa.

JANTAR 4

Paleta suína assada durante a noite

Salada de cevada com caqui, *confit* de cebola e queijo

Maçã com queijo e mel

NO DIA Esquente a paleta e deixe a salada de cevada chegar à temperatura ambiente. Fatie maçãs para servir com queijo e mel de sobremesa.

JANTAR 5

Bucatini com couve-flor, pecorino, pimenta e farinha de rosca

Iogurte grego com purê de maçã e mel

NO DIA Cozinhe o macarrão. Coloque purê de maçã e mel sobre o iogurte para a sobremesa.

ALMOÇO

Sopa de brócolis, limão e parmesão com queijo e torrada

Sanduíche de paleta suína com molho barbecue

Escarola, couve-flor apimentada e grão-de-bico com vinagrete de *confit* de cebola

PLANEJAMENTO

PARA FAZER NO FIM DE SEMANA

Sopa de brócolis, limão e parmesão

Paleta suína assada durante a noite

Salada de cevada com caqui, *confit* de cebola e queijo

Couve-flor apimentada

Grão-de-bico refogado com aipo

Bolo inglês de açúcar mascavo com chantili

PRONTO PARA BOTAR SEU FORNO PARA TRABALHAR?

Neste fim de semana, você vai passar cerca de 3½ horas trabalhando ativamente na cozinha — bem-vindo de volta, cozimento lento!

- Na noite anterior, deixe a cevada para a salada (p. 166) de molho. Faça o mesmo com o grão-de-bico, a menos que opte por usar o método expresso no dia seguinte (p. 264) ou tenha comprado a versão em lata ou caixinha.

- Separe 1 xícara (225 g) de manteiga sem sal em pedaços para o bolo inglês (p. 173) e deixe amolecer.

- Escorra a cevada e coloque para ferver. Utilize o método expresso com o grão-de-bico, se não o deixou de molho.

- Preaqueça o forno a 230°C e leve a couve-flor para assar (p. 169).

- Refogue o alho para a sopa (p. 162). Corte os brócolis em floretes, apare e pique o caule. Acrescente à panela da sopa, tampe e deixe cozinhar por mais ou menos 1 hora.

- Comece o *confit* de cebola para a salada de cevada (p. 166).

- Quando a couve-flor estiver pronta, reduza a temperatura para 175°C. Faça o bolo inglês (p. 173) e coloque no forno.

- Toste as amêndoas para a salada de cevada (p. 166) junto com o bolo.

- Comece a refogar o grão-de-bico. Coloque uma panela de água para ferver, para descascar os caquis (p. 166).

- Escorra a cevada e deixe esfriar. Branqueie os caquis e tire a pele. Deixe o *confit* de cebola esfriar.

- Acrescente o caldo de galinha à sopa de brócolis (p. 162), deixe ferver por alguns minutos e tire do fogo.

- Faça o chantili para o bolo inglês (p. 173) e guarde na geladeira.

- Bata a sopa de brócolis (p. 162) e acrescente o parmesão e o limão espremido. Deixe esfriar.

- Lave e seque a escarola e ponha na geladeira.

- Coe o *confit* de cebola e monte a salada de cevada.

- Guarde tudo na geladeira, limpe a cozinha e descanse um pouquinho até a hora de começar a cozinhar a paleta.

- Uma ou duas horas antes de dormir, tire a paleta (p. 165) da geladeira. Amarre com barbante e passe sal. Faça a pastinha de temperos enquanto mantém a carne em temperatura ambiente coberta.

- Cerca de 30 minutos antes de deitar, preaqueça o forno a 245°C. Esfregue a pasta na paleta e coloque no forno. Depois de 15 minutos, cubra e reduza a temperatura para o mínimo e deixe a porta do forno entreaberta antes de ir para a cama. Zzzzzz...

Para economizar tempo Esqueça a sopa de brócolis e o bolo inglês, use grão-de-bico em lata ou caixinha e cozinhe apenas a cevada, ignorando o restante da salada. Sirva metade da cevada com grão-de-bico e couve-flor numa noite (você pode incluir ovos cozidos) e deixe o que sobrou para comer com a paleta em outra ocasião. Peça comida fora uma vez. Nesta versão reduzida, você passará apenas 1½ hora na cozinha.

MENU PARA A SEMANA

LISTA DE COMPRAS

HORTIFRÚTI

Aipo, 340 g

Alho, 13 dentes grandes

Brócolis, 1,8 kg

Caqui Fuyu, 2

Cebola, 4 grandes

Couve-flor, 2 kg (cerca de 2 cabeças grandes)

Escarola, para salada e almoço

Limão, 3

Limão-siciliano, 2

Maçã, para sobremesa

Rúcula, 85 g

ERVAS

Louro, 1 folha

Salsinha, 1½ xícara (30 g)

Tomilho, 1 ramo mais 1½ colher (chá) de folhas

ESPECIARIAS

Alho em pó, 1 colher (chá)

Chipotle em pó, ⅛-¼ de colher (chá)

Gengibre em pó, ½ colher (chá)

Páprica doce defumada, 1 colher (chá)

Pimenta calabresa em flocos, 1 pitada generosa

Pimenta-caiena, ¼ de colher (chá)

DESPENSA

Açúcar mascavo, 1⅔ xícara (335 g)

Amêndoas, 1½ xícara (210 g)

Azeite extravirgem, 2¼ xícaras mais 2 colheres (sopa) e mais um pouco

Bucatini (ou espaguete), 450 g

Café expresso, para sobremesa

Caldo de galinha caseiro ou com baixo teor de sódio, 8 xícaras (1,9 litro)

Cevada sem casca, 1¾ xícara (320 g)

Extrato de baunilha, 1½ colher (chá)

Farinha, 1¾ xícara (220 g), mais um pouco

Fermento em pó, ½ colher (chá)

Grão-de-bico, 5 xícaras (830 g) ou 425 g da versão em lata ou caixinha

Mel, para a sobremesa

Molho barbecue, para o almoço

Mostarda de Dijon, 1 colher (sopa) mais 1 colher (chá)

Picles, para o almoço

Sal

Torradas, para o almoço

Vinagre de vinho tinto, ¼ de xícara (60 ml)

Vinagre de xerez, ½ xícara (120 ml)

Xarope de Maple, ¼ de xícara (60 ml), mais 1 colher (chá)

LATICÍNIOS E OVOS

Creme de leite fresco, 1 xícara (240 ml)

Gouda ou qualquer queijo duro de cabra ou ovelha, como pecorino e manchego (170 g)

Manteiga com sal de qualidade

Manteiga sem sal, 1 xícara (225 g)

Ovo, 4

Parmesão, 1½ xícara (150 g), ralado

Pecorino, ¼ de xícara (25 g), ralado, mais um pouco para servir

Seu queijo favorito, para sobremesa

CARNES E FRUTOS DO MAR

Paleta suína, 1 (2,3 kg)

BEBIDAS

Vinho branco seco, ½ xícara (120 ml)

CONGELADOR

Seu sorvete preferido, para 2 sobremesas

PADARIA

Pão, 2 filões

Pão para sanduíche

Sopa de brócolis, limão-siciliano e parmesão

Foi Kristen Miglore, nossa diretora de criação, quem me apresentou o modo de preparar brócolis de Roy Finamore, que transforma o legume sem graça em algo exuberante e complexo, que derrete na boca. Ficamos tão viciados que comecei a usar como base para uma sopa. Na verdade, bato metade da sopa e deixo o restante pedaçudo, acrescentando limão-siciliano para realçar o sabor. O parmesão enriquece a sopa e a deixa mais saborosa. E não se esqueça do pão! Você pode usá-lo para limpar o prato!

Bater ou não bater Se estou com pressa, deixo a sopa pedaçuda. Quando quero que fique mais refinada, deixo-a bem homogênea e coloco um pouco de creme de leite fresco em cima.

SERVE 4 EM 2 JANTARES

½ xícara de azeite extravirgem (120 ml)

6 dentes de alho grandes amassados

1,8 kg de brócolis cortados em floretes com o caule aparado e picado

Sal e pimenta-do-reino moída na hora

8 xícaras (1,9 litro) de caldo de galinha caseiro ou com baixo teor de sódio

1½ xícara (150 g) de parmesão ralado

Sumo de 1-2 limões-sicilianos

Pão, para servir

1 Coloque o azeite e o alho em uma panela de ferro de 5,7-7,5 litros e refogue em fogo bem baixo por 3-5 minutos, mexendo de vez em quando, até o alho amolecer e começar a dourar.

2 Acrescente os brócolis, tempere com sal e pimenta, e mexa para misturar com o azeite. Tampe a panela, deixe o fogo tão baixo quanto possível e cozinhe por cerca de 1 hora, mexendo com delicadeza de tempos em tempos, até que o brócolis ceda quando você o pressionar com uma colher de pau. Tanto o alho quanto o brócolis vão escurecer um pouco, mas não se preocupe: é um bom sinal.

3 Acrescente o caldo de galinha e mantenha a fervura por 5 minutos. Desligue o fogo e deixe a sopa esfriar um pouco.

4 Bata metade da sopa em um liquidificador ou processador de alimentos. Devolva a sopa batida à panela e acrescente parmesão e sumo de limão-siciliano a gosto. Prove e acerte o tempero. Deixe esfriar um pouco, transfira para um recipiente com tampa e guarde na geladeira por até 5 dias.

5 **No dia:** Aqueça em fogo baixo, acrescentando mais um pouco de limão-siciliano. Sirva com bastante pão.

Paleta suína assada durante a noite

Esta receita surgiu por acidente. Comprei uma paleta suína na feira em uma manhã de domingo pensando em fazer tacos (p. 263). Quando cheguei em casa, percebi que ela estava congelada. Depois de trinta horas na geladeira, o corte finalmente podia ser usado, mas já era segunda à noite e não havia tempo para cozinhar antes de dormir. Eu me lembrava de ter ouvido que era possível deixar o porco assando durante a noite, e uma rápida pesquisa no Google me mostrou que Jamie Oliver é um defensor da causa. E, se está bom para ele, está bom para mim. Fiz uma pasta rápida de alho, açúcar mascavo, mostarda, tomilho e pimenta e espalhei sobre a carne. Deixei um pouco no forno bem quente para começar a caramelizar, depois baixei o fogo tanto quanto possível e fui dormir. Na manhã seguinte, acordei com o aroma de alho, açúcar e carne de porco — como um bacon bombado. A superfície tinha ficado queimadinha e crocante, e a carne estava literalmente desmanchando. Todo acidente deveria ter um final feliz como este.

Comprando carne de porco Essa é uma carne que mudou bastante nos últimos anos. A carne que se encontra no supermercado hoje é mais magra do que costumava ser, o que a torna menos saborosa e mais seca. Não costumo comprar muito, a não ser pela linguiça ocasional. Prefiro comprar o restante de pequenos produtores locais. Pode ser um pouco mais caro, mas o gosto é infinitamente superior. Quando for comprar paleta, procure por um corte marmorizado com uma camada generosa de gordura. Você vai sentir a diferença.

O toque da Amanda "Faço essa paleta sempre que possível, às vezes mudando o tempero. Potencializo as pimentas e amenizo a doçura acrescentando uma colher (sopa) de páprica defumada no lugar da chipotle e uma pitada generosa de pimenta calabresa em flocos. Por outro lado, tiro o xarope de Maple e o açúcar mascavo."

SERVE 4 EM 2 JANTARES, COM MUITAS SOBRAS

1 paleta suína desossada (2,3 kg; veja as dicas de compras)

Sal e pimenta-do-reino moída na hora

⅓ de xícara de açúcar mascavo (75 g)

3 colheres (sopa) de xarope de Maple

1 colher (sopa) de mostarda de Dijon

1½ colher (chá) de folhas frescas de tomilho picadas

3 dentes de alho grandes bem picadinhos

⅛-¼ de colher (chá) de pimenta chipotle em pó (ou 1 pitada de pimenta calabresa em pó)

1 Amarre a paleta com barbante em alguns pontos para que fique bem compactada. Coloque em uma assadeira ou travessa grande e tempere com bastante sal. Deixe em temperatura ambiente por cerca de 1 hora.

2 Misture o açúcar mascavo, o xarope de Maple, a mostarda, o tomilho, o alho e a chipotle em pó em uma tigela pequena. Acrescente algumas pitadas de sal e bastante pimenta-do-reino. Reserve.

3 Preaqueça o forno a 245°C. Espalhe a mistura de açúcar, mostarda e alho por toda a paleta, principalmente sobre a camada de gordura. Transfira para uma assadeira com grelha ou de ferro fundido só um pouco maior que a carne, mantendo a gordura para cima. Coloque no forno por 10-15 minutos, até que comece a sentir o cheiro do alho e do açúcar. Tire a assadeira e cubra firme com papel-alumínio, então recoloque-a no forno em temperatura mínima e deixe a porta deste entreaberta.

4 A paleta deve assar por 8-10 horas. Você vai acordar com um cheiro incrível se espalhando pela casa, e a carne deve estar bem macia. Cubra o assado com papel-alumínio para manter na geladeira por até 5 dias.

5 **No dia:** Corte o tanto de carne que acha que vai utilizar, coloque numa travessa com tampa e esquente no forno baixo.

Salada de cevada com caqui, *confit* de cebola e queijo

Este prato (ver finalizado, p. 171) é de Josh Cohen, chef que testa as receitas do Food52. É o que servimos de almoço para nossas visitas mais importantes, de tanto que gostamos. "Para mim, o *confit* de cebola, a amêndoa e o queijo são a alma do prato. Mas a rúcula e o caqui podem ser facilmente substituídos por aspargos e ovos cozidos na primavera, abobrinha, milho e manjericão no verão etc.", ele diz. O *confit* e o azeite aromatizado levam essa salada para outro nível. Tenho algumas sugestões ao fim da página sobre como utilizar o azeite que sobrar. Você pode substituir o caqui por pera madura ou 1 xícara de sementes de romã.

SERVE 4 EM 2 JANTARES, COM SOBRA DE AZEITE DE CEBOLA

SALADA

1¾ xícara de cevada sem casca (320 g)

2 caquis Fuyu

1 xícara de amêndoas tostadas picadas (140 g)

1 xícara de queijo gouda ou outro queijo duro de ovelha ou cabra, como pecorino e manchego (170 g)

¼ de xícara de vinagre de vinho tinto (60 ml)

85 g de rúcula

1 xícara de folhas de salsinha picadas grosseiramente (20 g)

Sal e pimenta-do-reino moída na hora

CONFIT DE CEBOLA

3 cebolas grandes picadas

½ xícara (120 ml) de azeite extravirgem

Sal e pimenta-do-reino moída na hora

1 Deixe a cevada de molho em água fria durante a noite.

2 Escorra e coloque a cevada em uma panela grande. Cubra com água com mais 7,5-10 cm e salgue a água. Deixe ferver e então diminua a chama, mantendo a fervura por cerca de 90 minutos, até que a cevada amoleça.

3 Enquanto isso, faça o *confit*. Leve a cebola e o azeite a uma panela grossa em fogo médio. Tempere com sal e pimenta e mexa de vez em quando até a cebola amolecer e ficar translúcida (cerca de 5 minutos). Abaixe o fogo para que a cebola chie levemente e mantenha assim por 45 minutos, até que esteja mole, doce e caramelada. Desligue o fogo e deixe esfriar.

4 Enquanto a cebola cozinha, branqueie e descasque os caquis, como você faria com o tomate (ver p. 137). Corte-os em pedaços grandes.

5 Escorra a cevada e espalhe em uma assadeira para esfriar, depois transfira para uma tigela grande.

6 Ponha uma peneira fina sobre uma tigela e coe a mistura de cebola, separando-a do azeite agora aromatizado. Acrescente a cebola à cevada, com ¼ de xícara desse azeite (60 ml). Misture. Se a salada parecer seca, regue com mais desse azeite ao final.

7 Adicione o caqui, as amêndoas, o queijo e o vinagre à cevada e misture. Prove e acerte o tempero. Então, junte a rúcula e a salsinha e misture de novo. Guarde na geladeira por até 3 dias. Mantenha o restante do azeite aromatizado na geladeira por até 10 dias. Você pode usá-lo para fritar ovos ou fazer um molho para salada (ver abaixo).

8 **No dia:** Retire a salada da geladeira pelo menos 30 minutos antes de servir, para que chegue à temperatura ambiente.

Vinagrete de *confit* de cebola

Use o azeite que sobrar da salada de cevada para dar um gostinho especial a este vinagrete simples. Misture **6 colheres (sopa) de vinagre de xerez (90 ml), 4 colheres (chá) de xarope de Maple, 1 colher (chá) de mostarda de Dijon, 1 colher (chá) de sal, ½ xícara de azeite extravirgem (120 ml), 2 colheres (sopa) do azeite aromatizado do *confit* de cebola e pimenta-do-reino moída na hora** em um vidro com tampa de rosca. Feche e agite vigorosamente até emulsificar. Prove e acerte o tempero. Mantenha na geladeira por até 10 dias. Rende 1 xícara (240 ml).

Couve-flor apimentada

No outono e no inverno, eu asso de tudo, especialmente legumes. Você pode colocar coisas diferentes ao mesmo tempo no forno e não precisa ficar tão de olho como quando põe uma panela no fogo. Brócolis e couve-flor são meus legumes preferidos porque absorvem quaisquer sabores. Eu mudo a marinada com frequência (experimente tomilho, sumo de limão-siciliano, cominho e óleo de semente de abóbora em vez da colher (sopa) de azeite da receita abaixo), para não enjoar, e sempre incluo algo ácido para dar brilho. Você pode usar as mesmas regras básicas com cenoura, batata, abóbora e o que quiser. (Ver prato finalizado na p. 171.)

SERVE 4 COMO ACOMPANHAMENTO EM 2 JANTARES, COM SOBRAS

½ xícara de azeite extravirgem (120 ml)	Sal e pimenta-do-reino moída na hora
2 colheres (sopa) de vinagre de xerez	½-1 colher (chá) de pimenta-caiena
1 colher (chá) de páprica doce defumada	2 kg de couve-flor (cerca de 2 cabeças grandes) cortada em floretes
1 colher (chá) de alho em pó	3 limões cortados ao meio

1 Preaqueça o forno a 230°C. Em uma tigela bem grande, coloque o azeite, o vinagre, a páprica, o alho, 1 colher (chá) de sal e a pimenta-caiena. Acrescente a couve-flor e um pouco de pimenta-do-reino, então misture até cobrir os floretes. Espalhe tudo em uma assadeira (pode render mais de uma fornada). Repita o processo com o restante dos ingredientes.

2 Asse a couve-flor até que esteja macia e torrada nas pontas, por cerca de 30 minutos, virando uma vez com a espátula. Esprema os limões sobre ela e agite a assadeira para misturar. Prove e acerte o tempero. Deixe esfriar e guarde na geladeira por até 5 dias.

3 **No dia:** Leve ao forno a 150°C por 10 minutos ou sirva em temperatura ambiente.

Bucatini com couve-flor, pecorino, pimenta e farinha de rosca

Coloque uma panela grande com água bem salgada para ferver e cozinhe **450 g de *bucatini* (ou espaguete)** até ficar al dente. Enquanto isso, aqueça **2 colheres (sopa) de azeite extravirgem** em uma panela grande e acrescente **2 dentes de alho picados fino**, cozinhando até começar a soltar o aroma. Adicione **1½ xícara da couve-flor apimentada (260 g)** cortada grosseiramente e **1 pitada generosa de pimenta calabresa em flocos**. Reserve **⅔ de xícara da água do cozimento (160 ml)**, escorra o macarrão e coloque na panela com a couve-flor. Adicione **¼ de xícara de pecorino ralado (25 g)**, jogando a água do cozimento para misturar. Acrescente mais água se necessário para criar um molho ralo e brilhante. Coloque **2 colheres (sopa) de salsinha picada** e polvilhe **1 xícara (chá) de farinha de rosca** e mais pecorino.

Dica esperta da Amanda "Para uma versão menos industrializada da farinha de rosca, preaqueça o forno a 220°C. Em um processador de alimentos, misture **1 xícara de pedaços de pão amanhecido (110 g)** e **1 colher (sopa) de azeite extravirgem** e pulse até obter uma farinha grossa. Espalhe em uma assadeira e asse por 5-7 minutos, até dourar. Depois que você experimentar essa mistura, vai querer colocá-la em todo macarrão que fizer. Ela dá um sabor crocante em que você vai ficar viciado."

Almoço: Escarola, couve-flor apimentada e grão-de-bico com vinagrete de *confit* de cebola

Pique a **escarola** grosseiramente e misture com a **couve-flor apimentada**, o **grão-de-bico refogado com aipo** (p. 170) e amêndoas picadas. Junte o **vinagrete de confit de cebola** (p. 166) e **torradinhas**. Coloque o molho na salada antes de comer.

Grão-de-bico refogado com aipo

Legumes e folhas verdes parecem ter sido feitos para ser refogados, inchando conforme absorvem os sabores daquilo que os envolve até ficar redondinhos e suculentos, deixando para trás apenas o suficiente para formar um molhinho. Considero grão-de-bico e aipo uma combinação particularmente feliz, sobretudo com um pouco de vinho branco. A maioria dos ingredientes aqui é necessária, mas acrescentei um pouco de gengibre em pó para dar um toque especial.

Cozinhando o grão-de-bico Você pode usar grãos em lata ou caixinha (desde que enxague e escorra bem), mas, se tiver tempo, vale a pena cozinhá-lo — o sabor fica muito melhor. Cubra o grão-de-bico seco com água fria e deixe de molho durante a noite ou use o método expresso da p. 264. Escorra e coloque os grãos em uma panela grande com 4 xícaras de água (950 ml) e ⅛ de colher (chá) de sal para cada xícara de grão hidratado. (Se quiser, acrescente ervas frescas ou 1 dente de alho amassado.) Deixe ferver por 1 hora ou mais, dependendo da consistência desejada.

Se os grãos forem para o forno ou para outra panela depois, como nesta receita, apague o fogo antes; se for fazer homus ou usar na salada, é melhor deixar que fiquem bem macios. Escorrido e frio, o grão-de-bico cozido dura até 5 dias na geladeira. Você também pode congelar por até 6 meses. Nesse caso, seque bem com papel-toalha, espalhe sobre uma assadeira forrada com papel-manteiga em uma camada única e deixe no congelador até endurecer, então transfira para um saco tipo zip ou um pote e devolva ao congelador. Assim, os grãos não vão grudar e você vai poder pegar apenas a quantidade de que precisar. Importante: 1 xícara de grão-de-bico seco (200 g) rende cerca de 2⅓ xícaras (385 g) quando cozido.

SERVE 4 COMO ACOMPANHAMENTO EM 2 JANTARES, MAIS SOBRAS

3 colheres (sopa) de azeite extravirgem

1 cebola picada

340 g de aipo picado

2 dentes de alho sem casca amassados

¼ de colher (chá) de pimenta-caiena

½ colher (chá) de gengibre em pó

1 ramo de tomilho

1 folha de louro

½ xícara de vinho branco seco (ou rosé, se tiver aberto) (120 ml)

5 xícaras (830 g) de grão-de-bico cozido (veja a dica) ou 425 g de grão-de-bico em lata ou caixinha, lavado e escorrido

Sal e pimenta-do-reino moída na hora

1   Aqueça o azeite em uma panela grossa em fogo médio. Acrescente a cebola, o aipo e o alho e refogue até que a cebola comece a amolecer, o que deve levar cerca de 4 minutos (se os ingredientes começarem a escurecer, abaixe o fogo). Adicione a pimenta-caiena, o gengibre, o tomilho e a folha de louro e cozinhe por mais 1 minuto. Coloque o vinho e deixe no fogo até que o líquido tenha reduzido à metade.

2   Acrescente o grão-de-bico e 1½ xícara de água (355 ml). Tempere com sal e pimenta-do-reino. Quando ferver, diminua a chama, tampe e mantenha a panela no fogo até que tudo esteja macio, cerca de 10-15 minutos. Se a mistura parecer seca, coloque um pouco mais de água. Prove e acerte o tempero. Descarte o tomilho e a folha de louro. Deixe esfriar e guarde na geladeira por até 5 dias.

3   **No dia:** Aqueça o grão-de-bico no micro-ondas ou numa panela. Sirva como acompanhamento ou como prato principal sobre arroz (p. 83) ou polenta (p. 232).

Bolo inglês de açúcar mascavo com chantili

Quando vi esta receita no verso do pacote de açúcar mascavo, sabia que tinha de fazê-la imediatamente, e servi com pêssego assado e chantili. Ele é mais denso que o bolo inglês comum, com uma doçura acentuada. Fica gostoso acompanhado pela maior parte das frutas, então use as da época, assando ou não (ver o purê de maçã assada, p. 156).

Torrando No terceiro ou quarto dia, o que tiver sobrado de bolo inglês vai precisar de alguma ajuda. Amanda dá uma ótima receita de torrada de bolo com sorvete na p. 191. Se quiser algo menos doce, torre uma fatia bem fina e passe manteiga com sal. Com uma xícara de chá, é o estimulante perfeito.

SERVE 4 PARA 2 SOBREMESAS

BOLO INGLÊS

1¾ xícara de farinha (220 g), mais um pouco para untar

½ colher (chá) de fermento em pó

¼ colher (chá) de sal

1 xícara de manteiga sem sal em temperatura ambiente (225 g)

1 xícara de açúcar mascavo (220 g)

4 ovos

1 colher (chá) de extrato de baunilha

CHANTILI

1 xícara (240 ml) de creme de leite fresco gelado

½ colher (chá) de extrato de baunilha

Frutas frescas ou assadas, para servir

1 Para fazer o bolo, preaqueça o forno a 175°C e unte uma fôrma de bolo inglês com manteiga e farinha.

2 Em uma tigela, coloque a farinha, o fermento em pó e o sal.

3 Com a raquete acoplada, bata a manteiga e o açúcar mascavo até ficar fofo, em 3-5 minutos. Adicione os ovos um a um enquanto bate, depois o extrato de baunilha. Não se desespere se começar a empelotar. Logo tudo estará resolvido.

4 Acrescente os ingredientes secos gradualmente, batendo até misturar.

5 Coloque a massa na fôrma e asse até que um palito inserido no meio saia limpo, o que deve levar 50-60 minutos. Deixe a fôrma esfriar numa grade, desenforme e mantenha o bolo na grade até esfriar completamente. Dura até 5 dias em um recipiente hermético — embora provavelmente vá acabar antes.

6 Para fazer o chantili, bata o creme de leite fresco e a baunilha até formar picos suaves. Guarde na geladeira por até 2 dias.

7 **No dia:** Fatie o bolo e sirva com chantili (mexendo delicadamente ao tirar da geladeira) e frutas frescas ou assadas.

MENU #11

AS RECEITAS

Creme de tomate assado 181

Queijo quente com bacon
da mamãe 182

Salada de ovo 182

Frango de frigideira 184

Salada de frango com
erva-doce e amêndoas
defumadas 185

Molho simples de
limão-siciliano 185

Erva-doce refogada 185

Sanduíche de salada
de frango 185

Salada de erva-doce
e salame 185

Costela bovina ao vinho
tinto 187

Purê de abóbora 188

Bolo de chocolate com
azeite 191

Sorvete de menta com
torrada de bolo e chantili
191

Ameixa e espuma
de canela 191

COMO COMBINAR

JANTAR 1

Costela bovina ao vinho tinto
Pão
Erva-doce refogada
Bolo de chocolate com azeite

NO DIA Aqueça a costela e tire a erva-doce da
geladeira para servir em temperatura ambiente.

JANTAR 2

Frango de frigideira
Purê de abóbora
Rúcula com molho de limão-siciliano
Bolo de chocolate com azeite

NO DIA Esquente o frango e o purê de abóbora.
Adicione o molho à rúcula.

JANTAR 3

Creme de tomate assado
Queijo quente com bacon da mamãe
Ameixa e espuma de canela

NO DIA Esquente o creme de tomate e adicione o creme
de leite fresco. Faça os sanduíches. Coloque a ameixa
no forno e faça a espuma de canela.

JANTAR 4

Salada de frango com erva-doce e amêndoas defumadas
Pão
Sorvete de menta com torrada de bolo e chantili

NO DIA Monte a salada. Toste os pedaços de bolo
e faça o chantili. Depois de comer a salada, separe
tudo para que cada um monte a própria sobremesa.

JANTAR 5

Costela bovina ao vinho tinto
Penne
Rúcula com molho de limão-siciliano
Sanduíche de biscoito amanteigado com caramelo salgado

NO DIA Espalhe 8 biscoitos amanteigados com calda
de caramelo e cubra com a mesma quantidade. Coloque
no congelador e pronto!

ALMOÇO

Sanduíche de salada de frango
Salada de erva-doce e salame
Salada de ovo com torrada

PLANEJAMENTO

PARA FAZER DURANTE O FIM DE SEMANA

Creme de tomate assado

Salada de ovo

Frango de frigideira

Salada de frango com
erva-doce e amêndoas
defumadas

Costela bovina ao vinho tinto

Purê de abóbora

Erva-doce refogada

Bolo de chocolate com azeite

ENTRA E SAI!

Você deve ficar mais ou menos 3 horas na cozinha
esta semana.

- De manhã, tempere as sobrecoxas de frango (p. 184)
  e coloque-as descobertas na geladeira.

- Quando for começar a cozinhar, preaqueça
  o forno a 175°C. Faça a massa do bolo (p. 191)
  e ponha para assar.

- Enquanto isso, comece com a costela, picando
  os legumes, dourando a carne e por aí vai,
  até que esteja chiando (p. 187). Se o tempo
  estiver apertado, não doure a carne.

- Quando tirar o bolo do forno, aumente a temperatura
  para 190°C. Prepare os tomates para a sopa,
  ponha para assar (p. 181) e depois amasse em uma
  panela. Guarde na geladeira (na própria panela,
  se possível, para ser mais fácil de esquentar depois).

- Faça o purê de abóbora (p. 188).

- Quando tirar os tomates do forno, aumente
  a temperatura para 200°C. Faça o frango
  de frigideira (p. 184) e finalize o cozimento
  no forno. Estará pronto quando não houver
  mais líquido. Deixe esfriar e guarde na geladeira.

- Refogue a erva-doce (p. 185), deixe esfriar e guarde
  na geladeira.

- Cozinhe 6 ovos para a salada de ovo (p. 182).

- Você ganha bônus se fizer o molho de limão-siciliano
  para a salada de frango (p. 185), mas também pode
  deixar para o dia.

- Estamos quase lá! Dê uma olhada na costela. Se estiver
  macia, apague o fogo e deixe esfriar. Guarde, coberta,
  na geladeira, de preferência onde foi assada.

- Agora vá descansar.

Não consegue fazer o cardápio todo? Vamos simplificar
Pule a costela. Faça uma paleta de cordeiro grelhada
na primeira noite e sirva carnes curadas, salada e queijo
na segunda. Você sempre pode cortar as sobremesas
e servir sorvete. Pense em todo o tempo que vai
economizar se não fizer o bolo (ele é muito bom,
mas...). Essas mudanças vão economizar 1 hora ou
mais do seu tempo.

LISTA DE COMPRAS

HORTIFRÚTI

Abóbora, 1,7 kg, cortada em cubos e sem casca

Aipo, 2 talos para o almoço

Alho, 8 dentes

Ameixa, 8

Cebola, 3

Cenoura, 4

Erva-doce, 3 bulbos grandes com folhas

Limão-siciliano, 3

Rabanete, 1 maço para o almoço

Rúcula ou couve baby, 400 g

Tomate-caqui, 1,8 kg

ERVAS

Endro, salsinha ou o que preferir para a salada do almoço

Punhado de sálvia, alecrim e/ou ramos de tomilho

ESPECIARIAS

Canela em pó, ½ colher (chá)

DESPENSA

Açúcar, 1¾ xícara (350 g), mais um pouco

Açúcar mascavo, ¾ de xícara (150 g) mais 1 colher (chá)

Alcaparra, para o almoço

Amêndoa defumada, ½ xícara (70 g)

Azeite extravirgem, cerca de 3 xícaras (710 ml) mais um pouco

Azeitona sem caroço, para o almoço

Bicarbonato de sódio, ½ colher (chá)

Cacau em pó sem açúcar, ¾ de xícara (60 g)

Calda de caramelo, para a sobremesa

Chocolate meio amargo, 170 g

Extrato de baunilha, algumas gotas

Farinha, 2 xícaras (250 g)

Fermento em pó, ½ colher (chá)

Legumes em conserva (cenoura, couve-flor, pepino), 1 pote para o almoço

Maionese, para o almoço

Molho de pimenta, para o almoço

Mostarda em grãos, 1 colher (sopa), mais para o almoço

Penne, 450 g

Pimenta Peppadew ou outra pimenta vermelha em conserva, 4

Tomate picado em lata, 720 g

Torradas, para o almoço

Vinagre de xerez envelhecido ou qualquer outro a gosto

Xarope de agave, 1 colher (chá)

LATICÍNIOS E OVOS

Creme de leite fresco, 2 xícaras mais 1 colher (sopa) (475 ml)

Gruyère, 4 xícaras (460 g), ralado

Leite, 1½ xícara (355 ml)

Manteiga com sal, algumas colheres (sopa)

Manteiga sem sal, 6 colheres (sopa) (85 g)

Ovo, 9

Parmesão, 1 xícara (100 g), ralado

CARNES E FRUTOS DO MAR

Bacon, 4 fatias

Costela bovina com osso, 2,7 kg

Pancetta, 140 g

Salame, em fatias finas para o almoço

Sobrecoxa de frango com pele, 12

BEBIDAS

Bourbon, ¼ de xícara (60 ml)

Suco de laranja, ¼ de xícara (60 ml)

Vinho tinto, 2 garrafas (750 ml cada)

CONGELADOR

Sorvete de menta, para a sobremesa

PADARIA

Biscoito amanteigado

Pão, 2 filões

Pão para sanduíche

Creme de tomate assado

Gosto de uma receita que faz com que eu sinta como se estivesse burlando o sistema. A sopa de tomate tradicional me faz pensar que tenho que tirar a pele e deixar cozinhar lentamente (enquanto eu sofro lentamente). Pode ficar gostoso, mas falta a profundidade de sabor que você consegue quando o tomate é exposto diretamente ao calor.

Sempre há outro jeito, finalmente, eu o encontrei: cortar os tomates e assá-los com alho e azeite. Para finalizar, você só tem que amassar, acrescentar creme de leite fresco e acertar o tempero. É uma sopa com textura granulada — pode chamar de rústica! —, que valoriza o sabor dos tomates.

SERVE 4

1,8 kg de tomate-caqui (cerca de 8) sem semente e cortado ao meio

4 dentes de alho com casca levemente amassados

Azeite extravirgem, para borrifar

Sal e pimenta-do-reino moída grosseiramente

6 colheres (sopa) de creme de leite fresco (90 ml)

1 pitada de açúcar (opcional)

1 Preaqueça o forno a 190°C e forre uma assadeira ou travessa com papel-alumínio. Disponha os tomates com a parte cortada para baixo. Acrescente o alho onde couber. Borrife azeite e tempere com sal. Asse até que os tomates estejam macios e caramelizados, o que deve levar 1 hora. Retire do forno e deixe esfriar.

2 Tire a pele dos tomates e descarte. Amasse o alho para tirar a casca. Esprema os tomates com um amassador de batatas até formar uma polpa uniforme. Você pode fazer isso diretamente na assadeira, mas, se preferir usar um processador de alimentos, vá em frente — só se certifique de obter uma textura de polpa. Deixe esfriar, transfira para um pote e guarde na geladeira por até 5 dias.

3 **No dia:** Esquente a sopa em fogo médio. Quando estiver quente, mas antes de ferver, junte o creme de leite fresco. Tempere com sal e acrescente a pitada de açúcar, se desejar. Sirva em tigelas e adicione pimenta.

Queijo quente com bacon da mamãe

Minha mãe, que é uma excelente cozinheira, gosta de destilar sua sabedoria culinária em um longo gotejar de detalhes. Por anos, eu fiz seu frango frito no forno e não ficava crocante. Ela não tinha me avisado sobre o passo fundamental de mergulhar o frango em água gelada e salgada algumas horas antes de pôr no forno.

Eu achava que tinha uma versão muito boa de queijo quente — passando manteiga do lado de fora do pão e usando queijo ralado dentro, para que a parte de fora ficasse supercrocante e torradinha e o centro derretesse maravilhosamente. Merrill e eu até tínhamos um vídeo sobre a receita. Então minha mãe viu e comentou: "Parece bom, mas você esqueceu o bacon". Ela sempre colocava uma fatia do lado de fora, que se ajeitava no pão amanteigado como um fóssil e a gordura deixava aquele aroma delicioso. Mamãe 1, Amanda 0.

SERVE 4

Cerca de 6 colheres (sopa) de manteiga sem sal em temperatura ambiente (85 g)

8 fatias grossas de pão italiano

4 fatias de bacon cortadas ao meio na transversal

4 xícaras de gruyère ralado (460 g)

1 xícara de parmesão ralado (100g)

1 Passe um pouco de manteiga em um lado de cada fatia de pão e coloque meia fatia de bacon no meio.

2 Se todos os sanduíches couberem em uma frigideira de ferro fundido, ótimo; senão, trabalhe em levas ou com duas frigideiras lado a lado. Ponha as fatias de pão na frigideira, com o lado do bacon e da manteiga para baixo. Coloque ¼ da quantidade de cada queijo em cima de cada fatia e cubra com outra fatia de pão, dessa vez com o lado da manteiga e do bacon para cima. Prense os sanduíches com uma espátula. Deixe em fogo médio até que o bacon ceda e o queijo derreta, por cerca de 5 minutos. Quando estiverem dourados, vire os sanduíches e toste o outro lado por mais 5 minutos. Transfira para um prato (ou mantenha quente no forno) e proceda com a segunda leva.

Salada de ovo

Quando compro ovos para o cardápio semanal (neste caso, para o bolo), sempre aproveito para cozinhar alguns a mais (neste caso, 6) para uma salada de ovo. Coloco-os numa panela com água e deixo por 6 minutos depois de ferver. Gosto de manter a salada simples, misturando **maionese**, **mostarda**, **um pouco de molho de pimenta**, **alcaparra**, **erva-doce**, **rabanete** e **ervas** (**endro**, **salsinha**, **folhas da erva-doce**, o que quiser). Levo para o almoço como sanduíche ou com **torradas**. Se for uma semana apertada e eu não consegui cozinhar tudo o que pretendia, sirvo no jantar também.

Salada de ovo da mãe da Merrill "Vou sugerir que você faça uma maluquice agora. Se é o tipo de pessoa que gosta de queijo *cottage* e de salada de ovo, separadamente, talvez seja hora de juntar os dois. Quando eu e minha irmã éramos pequenas, minha mãe colocava quantidades iguais de salada de ovo e de queijo sobre uma torrada no jantar. Tinha um sabor forte e delicioso."

Frango de frigideira

Esta é mais uma técnica que uma receita, mas é bom dominá-la, porque permite tanto que você prepare o frango adiantado (ele reaquece bem e pode ser fatiado e usado em saladas) como de última hora. Com uma única panela e muito pouco tempo, ele vai ficar com a pele douradinha, crocante e suculenta. (Veja o prato finalizado na p. 189.)

É mais fácil administrar o cozimento se você usar apenas sobrecoxa, porque poderá finalizar o frango de uma vez só. Se preferir usar partes diferentes, vá retirando os pedaços conforme estiverem prontos.

Como Merrill usa sobras de frango Quase toda semana asso um frango inteiro ou preparo uma leva de sobrecoxas (p. 148). Recentemente adotei a técnica da Amanda de frango de frigideira. A pele dourada e o aroma me conquistaram, além de que só leva alguns minutos a mais para monitorar o cozimento antes de colocar no forno. Aqui vão algumas receitas que usam sobras de frango (ou às quais poderiam ser uma boa adição ou substituição).

- Salada de frango com abacate e limão-siciliano (p. 42)
- Salada de grãos com aspargo, nabo, queijo feta e molho de limão-siciliano em conserva (p. 61)
- Salada de arroz jasmim com tomate-cereja estourado, atum, azeitona e alcaparra (p. 76)
- Salada tailandesa de carne (p. 80)
- Salada de lula grelhada com limão, alcaparra e cuscuz (p. 96)
- Salada de atum com pimentão e maionese de páprica defumada (p. 103)
- Salada quente de frango (p. 152)
- Salada de frango com erva-doce e amêndoas defumadas (p. ao lado)
- Salada de cordeiro com raiz-forte, agrião e aipo (p. 198)
- *Jook* turbinado com folhas de mostarda (p. 213)

SERVE 4, MAIS SOBRAS PARA A SALADA DE FRANGO

12 sobrecoxas de frango com osso e pele

Sal e pimenta-do-reino moída na hora

Azeite extravirgem, para fritar

4 dentes de alho amassados com a casca

1 punhado de sálvia, alecrim e/ou ramos de tomilho

1 De manhã, coloque a sobrecoxa em um prato ou em uma assadeira pequena e tempere com sal e pimenta. Coloque na geladeira, sem cobrir.

2 Quando for começar, preaqueça o forno a 200°C e tire o frango da geladeira. Leve duas frigideiras grandes de ferro fundido (você pode fazer em levas com apenas uma, mas com duas é mais rápido) ao fogo alto. Quando estiverem quentes, coloque azeite o bastante para cobrir toda a superfície. Acrescente a sobrecoxa com a pele para baixo. Deixe cozinhar sem mexer até que a pele esteja dourada e solte facilmente, por 7-10 minutos. Vire a sobrecoxa e cozinhe por mais 5 minutos, até ficar uniforme. Se necessário, ajuste o fogo para não queimar o frango.

3 Distribua o alho e as ervas nas frigideiras e leve-as para o forno — a sobrecoxa estará pronta em 10-15 minutos, quando sua temperatura chegar a 74°C. Deixe esfriar e guarde em um recipiente na geladeira por até 5 dias.

4 **No dia:** Coloque 8 sobrecoxas em uma assadeira e cubra sem muita firmeza com um pedaço de papel-alumínio. Leve ao forno a 150°C por 15-20 minutos.

Três em um milhão de variações Você pode fazer esse frango em qualquer momento do ano. Coma com molho verde (p. 198), manteiga de *hana-nirá* (p. 20) ou molho romesco (p. 107).

Salada de frango com erva-doce e amêndoas defumadas

Eu gosto de saladas de frango que tenham o mesmo tanto de folhas quanto de frango e outros ingredientes. Incluí um pouco das sobras da erva-doce refogada, além de amêndoas defumadas e pimenta Peppadew para animar a festa. Mas esta salada pode ir na direção que você quiser. Acrescente alguns punhados de lentilha, substitua a pimenta Peppadew por grapefruit ou pedaços de laranja-sanguínea ou até troque as amêndoas por bacon. Merrill faz uma ótima versão desta salada (p. 152) com vinagrete.

SERVE 4

MOLHO SIMPLES DE LIMÃO-SICILIANO

6 colheres (sopa) de azeite extravirgem (90 ml)

Raspas e sumo de 1 limão-siciliano

1 colher (sopa) de mostarda em grãos

1 colher (chá) de xarope de agave

Sal e pimenta-do-reino moída na hora

SALADA

4 punhados grandes de rúcula ou couve baby

2 xícaras de sobras de frango (ao lado) sem osso em pedaços pequenos (280 g)

1 xícara de erva-doce refogada picada grosseiramente (160 g)

4 pimentas Peppadew ou outra pimenta vermelha em conserva

½ xícara de amêndoas defumadas picadas (70 g)

1 Para fazer o molho, misture o azeite, as raspas e o sumo de limão-siciliano, a mostarda e o agave em um pote de vidro com tampa de rosca. Tempere com sal e pimenta, feche bem e agite vigorosamente até emulsificar. Guarde na geladeira por até 10 dias.

2 **No dia:** Faça uma cama de rúcula em uma travessa grande e funda. Coloque o frango, a erva-doce, a pimenta Peppadew e as amêndoas por cima. Regue com metade do molho e misture. Guarde o restante para temperar a rúcula durante a semana.

Erva-doce refogada

Esta é uma técnica útil para cozinhar legumes mais firmes, como cenoura e alcachofra. Apare **3 bulbos grandes de erva-doce** (removendo a camada externa se estiver dura e separando a parte das folhas) e corte em pedaços de 2 cm. Coloque os pedaços em uma panela grande, acrescente ⅓ **de xícara de azeite extravirgem (80 ml)** e tempere com sal. Tampe e cozinhe em fogo médio-alto, mexendo de vez em quando, até que a erva-doce esteja ligeiramente dourada e macia, por cerca de 25 minutos. Cubra com as **folhas picadas**. Deixe esfriar e guarde na geladeira por até 1 semana. Separe um pouco para o almoço (ver abaixo) e para a salada de frango (à esquerda). Tire da geladeira 20 minutos antes de servir em temperatura ambiente. Regue com vinagre de xerez envelhecido.

Almoço: Sanduíche de salada de frango

Sobras da **salada de frango** dão um sanduíche divino. Não se esqueça de passar **maionese** no **pão**.

Almoço: Salada de erva-doce e salame

Misture **folhas verdes, azeitona sem caroço** e **erva-doce refogada** e regue com as sobras do **molho de limão-siciliano**. Sirva com fatias de **salame fatiado** e **torrada** ou **pão**.

Costela bovina ao vinho tinto

Esta receita veio do livro *Simple Italian Food*, de Mario Batali, em que ele usa peito bovino e Barolo — dois ingredientes caros que transformei em costela e qualquer vinho tinto que você tiver à mão. A receita dele também leva aipo, que eu prefiro deixar de fora do *mirepoix* (foi mal, França), então acrescentei cenoura. Fica melhor quando preparado dois dias antes, assim, servi-lo em jantares fica mais fácil ainda, porque você só precisa esquentar. Sugiro acompanhar com pão italiano e *penne*, mas também fica ótimo com batata assada (p. 50), purê de batata com pastinaca (p. 251), farro (p. 216) e polenta (p. 232). Se estiver animado, torre o pão e passe azeite em seguida.

Realçando o sabor Se quiser incrementar a costela, faça uma *gremolata* — uma mistura de raspas finas de limão-siciliano, salsinha picada e 1 dente de alho amassado e picado — e jogue por cima.

SERVE 8 EM 2 JANTARES

6 colheres (sopa) de azeite extravirgem (90 ml)

2,7 kg de costela bovina com osso

Sal e pimenta-do-reino moída na hora

3 cebolas picadas

4 cenouras sem casca cortadas em cubinhos de 6 mm

140 g de *pancetta* cortada em cubinhos de 6 mm

5 xícaras de vinho tinto (1,2 litro)

3 xícaras de tomate em lata picado (720 g)

1 Aqueça o azeite em fogo alto na maior panela de ferro que tiver, até que esteja prestes a soltar fumaça. Tempere a costela com bastante sal e pimenta. Trabalhando em levas, coloque-a na panela e doure uniformemente, por cerca de 3 minutos de cada lado. Acerte o fogo se necessário para não queimar. Transfira para um prato enquanto faz o mesmo com o restante, acrescentando mais azeite caso precise. Jogue fora qualquer excesso de gordura, deixando só um pouquinho na panela para os legumes e a *pancetta*.

2 Acrescente as cebolas, as cenouras e a *pancetta*, abaixe o fogo para médio-alto e cozinhe até que os legumes fiquem dourados e comecem a amolecer, por cerca de 8 minutos. Tempere com sal e pimenta.

3 Devolva a costela à panela e acrescente o vinho e o tomate. Reduza o fogo quando ferver e cozinhe por 2½-3 horas, até que a carne ficar bem macia. Deixe esfriar na panela, cubra e guarde na geladeira por até 5 dias.

4 **No dia:** Descarte a camada de gordura na parte superior da costela. Esquente por 15 minutos o restante em fogo médio na panela tampada em que você cozinhou e guardou a carne, acrescentando um pouco de água e mexendo de vez em quando.

Purê de abóbora

Enquanto a maior parte dos purês requer cozinhar o legume ou tubérculo na água, bater no processador de alimentos ou liquidificador e só depois acrescentar manteiga ou creme de leite, esta receita se rebela contra as convenções. Eu queria fazer um purê em uma única panela e focar no sabor da abóbora-manteiga em vez de diluí-lo com o creme de leite. Gostaria de dizer que passei meses aperfeiçoando esta receita, mas seria mentira. Em um fim de semana preguiçoso, joguei cubos de abóbora em uma panela com muito azeite. Tampei e deixei fritar até ficar macia e gostosa. Então amassei diretamente na panela e coloquei algumas colheradas de creme de leite. Funcionou. Então vamos lá.

O dobro para Merrill "Este purê agora é um item essencial na minha casa no Dia de Ação de Graças (ela faz sucesso especialmente com meu filho mais novo, Henry). Em geral, dobro a receita para sobrar. Acho que fica igualmente gostoso sem o creme de leite, então a falta dele na despensa não precisa impedir você de fazer a receita."

SERVE 4, MAIS SOBRAS

12 xícaras de abóbora sem casca cortada em cubos (1,7 kg)

½ xícara de azeite (120 ml)

Sal

3 colheres (sopa) de creme de leite fresco, mais se necessário

1 Coloque a abóbora em uma panela grande de ferro ou de fundo triplo. Adicione o azeite e tempere com sal. Tampe e leve ao fogo médio-alto. Salteie a abóbora, que deve começar a soltar fumaça rapidamente. Mexa apenas de vez em quando. Deixe cozinhar até ficar macia, cerca de 15 minutos depois. Ajuste o fogo se necessário, para garantir que não queime.

2 Desligue o fogo e, com um espremedor de batatas, amasse a abóbora até que vire uma massa lisa, sem pedaços grandes. Leve o purê ao fogo médio e acrescente o creme de leite fresco sem mexer. Cozinhe até começar a borbulhar, então mexa. Prove e acerte o tempero, acrescentando sal ou creme de leite se necessário. Guarde na geladeira por até 5 dias.

3 **No dia:** Aqueça por 8-10 minutos em uma panela em fogo médio, mexendo de vez em quando, ou no micro-ondas.

Bolo de chocolate com azeite

Nunca me canso da mágica de uma massa molenga que se transforma em um bolo aerado. Também gosto de fazer porque é uma sobremesa que dura a semana inteira. A relação custo-benefício atrai a maioria dos cozinheiros sem tempo. Às vezes, quando não consigo bater um bolo no fim de semana, preparo um na segunda ou na terça à noite. Se você volta do trabalho e o jantar já está pronto, dá tempo de assar um.

Esta receita foi inspirada em um dos meus favoritos — o bolo de azeite com aroma de laranja do Maialino, um restaurante em Manhattan. Na versão deles, a laranja e o azeite são evidentes. Minha adaptação levou cerca de 57 tentativas para dar certo, mas agora o chocolate e o azeite se combinam muito bem.

RENDE 1 BOLO REDONDO DE 23 CM

2 xícaras de farinha (250 g)

1 xícara de açúcar (200 g)

¾ de xícara de açúcar mascavo (150 g)

¾ de colher (chá) de sal

½ colher (chá) de fermento em pó

½ colher (chá) de bicarbonato de sódio

1⅓ xícara de azeite extravirgem (315 ml)

1½ xícara de leite integral (355 ml)

3 ovos grandes

¼ de xícara de sumo de laranja (60 ml)

170 g de chocolate meio amargo derretido

1 Preaqueça o forno a 175°C. Unte com óleo ou manteiga uma fôrma redonda de bolo de 23 cm com pelo menos 5 cm de profundidade e forre com papel-manteiga.

2 Em uma tigela, misture a farinha, os açúcares, o sal, o fermento e o bicarbonato de sódio. Em outra, misture o azeite, o leite, os ovos e o sumo de laranja. Junte o conteúdo das duas e misture bem. Coloque o chocolate derretido e incorpore tudo.

3 Despeje a massa na fôrma e asse por 1 hora, até que tenha crescido e um palito enfiado no meio saia quase limpo. Transfira o bolo para uma grade e deixe esfriar por 30 minutos.

4 Passe uma faca na lateral da assadeira, vire para desenformar e deixe esfriar completamente, por 2 horas.

Sorvete de menta com torrada de bolo e chantili

Se sobrar bolo, sua família é mais contida que a minha. Mas você vai ter outra boa opção de sobremesa: preaqueça o forno a 175°C. Parta o restante do **bolo** em pedacinhos pequenos em uma assadeira. Leve ao forno por 10-12 minutos, para tostar. Enquanto isso, bata **½ xícara de creme de leite fresco (120 ml)** — não precisa de açúcar. Em 4 copos longos, coloque **sorvete de menta**, depois bolo e chantili por último. Faça mais uma camada tripla sobre a primeira. Coma com uma colher longa.

Ameixa e espuma de canela

Antes de sentar para jantar, fatie **8 ameixas** e disponha em uma assadeira com 1, 2 ou 3 colheradas de **manteiga com sal**. Coloque no forno a 150°C. As ameixas estarão prontas quando parecerem quentes, suculentas e começarem a dourar, o que leva cerca de 30 minutos. Ainda antes de jantar, misture **1 xícara de creme de leite fresco (240 ml)** com **½ colher (chá) de canela em pó, algumas gotas de extrato de baunilha e 1 colher (chá) de açúcar mascavo** em um vidro com tampa de rosca. Feche e agite vigorosamente até que esteja grosso e espumoso. Guarde na geladeira. Agite mais uma vez antes de servir com as ameixas.

MENU #12

AS RECEITAS

Paleta de cordeiro
fatiada 196

Couve-de-bruxelas assada
196

Salada de couve-de-bruxelas
com *pinoli* e uva-passa 196

Salada de cordeiro com
raiz-forte, agrião e aipo 198

Vinagrete cremoso
de mostarda 198

Molho verde 198

Sanduíche de cordeiro com
couve e molho verde 198

Couve cremosa 199

Nhoque de ricota com
couve cremosa 199

Nhoque de ricota 200

Nhoque com manteiga,
sálvia, couve-de-bruxelas
e *pinoli* 200

Arroz tostado 203

Arroz tostado com couve
cremosa e ovo frito 203

Cookie de baunilha com
especiarias e gotas de
chocolate (vegano!) 204

Sorvete de café com
marshmallow tostado 236

COMO COMBINAR

JANTAR 1

Paleta de cordeiro fatiada com molho verde
Arroz tostado
Couve-de-bruxelas assada
Cookie de baunilha com especiarias e gotas
de chocolate (vegano!)

NO DIA Grelhe as fatias de paleta. Esquente o arroz.
Deixe que a couve-de-bruxelas chegue à temperatura
ambiente. Faça uma fornada de cookies.

JANTAR 2

Nhoque de ricota com couve cremosa
Fatias de pera com queijo de ovelha

NO DIA Cozinhe o nhoque. Esquente a couve. Distribua
a couve e o parmesão sobre o nhoque. Corte o queijo
da sobremesa antes de sentar para jantar.

JANTAR 3

Salada de cordeiro com raiz-forte, agrião e aipo
Pão
Cookie de baunilha com especiarias e gotas
de chocolate (vegano!)

NO DIA Monte a salada. Fatie o pão. Asse o restante
da massa de cookie.

JANTAR 4

Nhoque com manteiga, sálvia, couve-de-bruxelas e *pinoli*
Sorvete de café com marshmallow tostado

NO DIA Pique a couve-de-bruxelas, asse o *pinoli*
e faça o molho. Cozinhe o nhoque. Toste os marshmallows
imediatamente antes de servir o sorvete.

JANTAR 5

Arroz tostado com couve cremosa e ovo frito
Vitamina de banana, kefir e xarope de Maple

NO DIA Esquente o arroz e a couve. Frite os ovos.
Depois do jantar, faça a vitamina: em um liquidificador,
bata 2 xícaras de kefir (475 ml), 2 bolas de sorvete de café,
2 bananas maduras, 1 punhado de gelo e 3 colheres (sopa)
de xarope de Maple. Bata na potência máxima até que fique
cremoso.

ALMOÇO

Sanduíche de cordeiro com couve e molho verde
Salada de couve-de-bruxelas com *pinoli* e uva-passa,
com seu queijo favorito e torradas

PLANEJAMENTO

PARA FAZER DURANTE A SEMANA

Molho verde

Couve-de-bruxelas assada

Couve cremosa

Nhoque de ricota

Arroz tostado

Cookie de baunilha com especiarias e gotas de chocolate (vegano!)

PODE VIR, COUVE

Planeje investir 3 horas na cozinha para uma semana de grandes jantares.

- Na noite anterior ou logo pela manhã, faça a massa de cookie (p. 204) e coloque na geladeira.

- Quando estiver pronto para começar, preaqueça o forno a 200°C. Faça o molho verde (p. 198) e guarde na geladeira. Você vai usar o processador de alimentos de novo, então lave ou aproveite o restinho de molho verde para dar um sabor especial à couve cremosa.

- Escalde e escorra o arroz (p. 203). Comece a segunda fase do preparo, agora no óleo (é agora que ele gruda na panela!). Quando estiver pronto, guarde na geladeira.

- Enquanto isso, separe metade da couve-de-bruxelas (p. 196) e prepare-a para ir ao forno. Limpe as folhas verdes para a couve cremosa (p. 199).

- Asse a couve-de-bruxelas (p. 196), deixe esfriar e guarde na geladeira.

- Volte à couve cremosa (p. 199), dourando a *pancetta* e cozinhando as folhas verdes. Quando tiver um tempinho, faça a massa do nhoque (p. 200). Você vai se sentir um pouco como um equilibrista, mas vai valer a pena.

- Bata a couve e as folhas verdes. Divida a couve cremosa em dois potes iguais.

- Enrole e corte o nhoque, e depois congele (p. 200).

- Sobrou uma porção de louça para lavar. Cruze os dedos para que haja alguém em casa para ajudar!

A mágica da redução do cardápio A melhor maneira de economizar tempo esta semana é trocar o nhoque por uma massa seca como *penne* ou *orecchiette*. Se precisar de ainda mais tempo, faça arroz de forno simples (p. 83) em vez do arroz tostado. Mesmo assim o cardápio da semana vai estar incrível! Isso deve economizar quase 1 hora.

LISTA DE COMPRAS

HORTIFRÚTI

Agrião, 3 xícaras (60 g)

Aipo, 2 talos

Alface-romana, 3 xícaras (60 g), rasgada

Alho, 1 dente grande

Banana madura, 2

Couve, 2 maços, mais um pouco para o almoço

Couve-de-bruxelas pequena, 1,3 kg

Limão-siciliano, 4

Pera madura, 4 para sobremesa

Raiz-forte, para ralar

ERVAS

Manjericão, 1½ xícara (45 g)

Salsinha, 3 xícaras (60 g)

Sálvia, 8 folhas

ESPECIARIAS

Canela em pó, 1 colher (chá)

Noz-moscada, 1

Pimenta calabresa em flocos, 1 pitada generosa

Pimenta de Espelette ou outra pimenta vermelha em pó, ¼ de colher (chá)

DESPENSA

Açúcar mascavo, ½ xícara (110 g)

Açúcar refinado, ½ xícara (100 g)

Alcaparra, 1 colher (sopa)

Aliche em conserva, 3 filés

Arroz basmati, 2½ xícaras (460 g)

Azeite extravirgem, cerca de 2 xícaras (475 ml), mais um pouco

Batatinha, para o almoço

Baunilha, 1 fava

Bicarbonato de sódio, ¾ de colher (chá)

Chocolate amargo, 225 g

Farinha, 6 xícaras (750 g), mais um pouco

Fermento em pó, 1 colher (chá)

Maionese, para o almoço

Marshmallows, 8

Mostarda de Dijon, 1 colher (sopa)

Mostarda em grãos, 1 colher (sopa)

Óleo de canola, ½ xícara mais 1 colher (sopa) (135 ml)

Óleo de milho, amendoim ou uva, 5 colheres (sopa) (75 ml)

Pinoli, ¼ de xícara (35 g)

Pistache salgado, ¼ de xícara (30 g)

Sal em flocos

Torrada, para o almoço

Uva-passa branca, para o almoço

Vinagre de vinho tinto, 3 colheres (sopa)

Xarope de Maple, 3 colheres (sopa)

LATICÍNIOS E OVOS

Creme de leite fresco, ¾ de xícara (155 ml)

Iogurte desnatado, 2 colheres (sopa)

Iogurte integral, 80 ml

Kefir, 475 ml

Manteiga sem sal, ½ xícara (110 g)

Ovo, 6-10

Parmesão ralado, ½ xícara (50 g), mais para servir

Pecorino, para servir

Queijo, 1 pedaço pequeno do seu favorito

Queijo de ovelha, para sobremesa

Ricota fresca, 900 g

CARNES E FRUTOS DO MAR

Paleta de cordeiro, 8 fatias de 2 cm

Pancetta, 115 g

CONGELADOR

Sorvete de café, para a sobremesa

PADARIA

Miniciabatta, 4, para o almoço

Pão

Paleta de cordeiro fatiada

A paleta de cordeiro fatiada é minha tábua de salvação quando preciso de um prato principal rápido que não é muito complicado de fazer. Você pode marinar com iogurte, temperos e ervas, o que eu às vezes faço. Mas, com mais frequência, não coloco nada — fica deliciosamente saborosa assim e combina com qualquer outro prato. Aqui, cubro com molho verde, para servir com arroz tostado (p. 203) como acompanhamento. Faça todas as fatias de uma vez e guarde o que sobrar para a salada (p. 198) e o almoço.

SERVE 4, MAIS SOBRAS PARA A SALADA E SANDUÍCHES

8 fatias de paleta de cordeiro com 2 cm de espessura	Molho verde, para cobrir (p. 198)
Sal e pimenta-do-reino moída na hora	1 limão-siciliano cortado em cunhas (opcional)

1 Cerca de 30 minutos antes de servir, tempere as fatias de paleta de cordeiro com sal e pimenta e deixe descansar em temperatura ambiente. Acenda a churrasqueira e deixe o carvão ficar bem quente ou leve uma frigideira ao fogo alto. Grelhe por 2 minutos de cada lado para ficar ao ponto.

2 Cubra 4 fatias de paleta com uma colherada de molho verde e sirva com uma cunha de limão. Depois de esfriar, guarde o que sobrar em um recipiente na geladeira por até 5 dias.

Couve-de-bruxelas assada

Preaqueça o forno a 200°C. Espalhe **900 g de couve-de-bruxelas pequena** em uma assadeira e regue com **azeite extravirgem**, cobrindo-a levemente (como se fosse molho de salada). Tempere com sal. Agite a assadeira para que o tempero se espalhe de maneira uniforme.

Asse até ficar macia e dourar, em 10-15 minutos. Se for bem pequena, poucos minutos bastam — é melhor provar para ter certeza! Deixe esfriar e guarde na geladeira por até 4 dias. Ela não reaquece muito bem, então sirva em temperatura ambiente.

Eu uso o mesmo método com couve-flor, rabanete e cenoura. O tempo no forno varia de acordo com o legume ou tubérculo e com o corte. Não se prenda muito a isso. Se já estiver na cozinha, confira o forno a cada poucos minutos para não errar. Gosto de usar a couve-de-bruxelas porque é mais doce. No caso de brotos maiores, corte-os na metade no sentido do comprimento.

Almoço: Salada de couve-de-bruxelas com *pinoli* e uva-passa

Se sobrar **couve-de-bruxelas crua**, fatie e misture com *pinoli*, **uva-passa branca** e **vinagrete** (p. 198). Coloque tudo em um pote e leve um bom **queijo** e **torradas** para acompanhar.

Salada de cordeiro com raiz-forte, agrião e aipo

Um jeito ótimo de transformar as sobras de cordeiro em outra refeição é fazer uma salada grande e picante com elas. Coloque alface-romana e agrião picados em uma tigela. Acrescente um ou dois talos de aipo em rodelas e a carne em cubos. Tempere a salada com um vinagrete cremoso e polvilhe raiz-forte ralada. (Se não encontrar fresca, compre em conserva e misture 1 colher (sopa) com o molho, ou mais se desejar.)

Não é fã de cordeiro frio? Esquente a carne e ponha por cima da salada fria.

SERVE 4

3 xícaras de alface-romana rasgada (60 g)

3 xícaras de agrião ou rúcula (60 g)

2 talos de aipo em rodelas finas

1½-2 xícaras de sobras de cordeiro em cubos (p. 196)

⅓ de xícara (80 ml) de vinagrete cremoso de mostarda (ver abaixo)

Raiz-forte fresca sem casca

1 Em uma tigela grande, misture a alface-romana, o agrião, o aipo e o cordeiro. Regue com o molho. Misture e acrescente mais se desejar. Prove e acerte o tempero. Rale raiz-forte por cima.

Vinagrete cremoso de mostarda

Coloque ⅓ **de xícara de azeite extravirgem (80 ml), 3 colheres (sopa) de vinagre de vinho tinto, 2 colheres (sopa) de iogurte desnatado, 1 colher (sopa) de mostarda de Dijon, 1 colher (sopa) de mostarda em grãos, 1 colher (sopa) de creme de leite fresco,** ¼ de colher (chá) de sal e ¼ de colher (chá) de pimenta-do-reino moída na hora em um vidro com tampa de rosca. Feche e agite vigorosamente até emulsificar. Prove e acerte o tempero. Guarde na geladeira por até 2 semanas. (Rende 1 xícara/240 ml.)

Molho verde

Em um processador de alimentos ou liquidificador, **misture 3 xícaras de folhas de salsinha (60 g), 1½ xícara de folhas de manjericão (45 g), 3 filés de aliche em conserva, 1 colher (sopa) de alcaparra, 1 dente de alho grande, 1-2 pitadas de pimenta de Espelette ou pimenta calabresa em flocos** e 1 pitada de sal. Pulse a mistura até que as folhas estejam trituradas. Com o processador ou liquidificador ligado, adicione o **azeite extravirgem** em um fio lento e constante. Se quiser um molho mais denso, ¾ de xícara (175 ml) devem bastar; se preferir mais ralo, coloque até 1 xícara (140 ml) a mais.

Esprema ½ **limão-siciliano** sobre o molho. Prove e acrescente mais limão-siciliano, sal ou pimenta se desejar. Eu prefiro um molho apenas levemente picante. Guarde na geladeira por até 5 dias.

Almoço: Sanduíche de cordeiro com couve e molho verde

Miniciabatta torrada + maionese + molho verde + fatias finas de cordeiro + couve rasgada. Leve **legumes em conserva** ou **batatinhas** como acompanhamento.

Couve cremosa

A versatilidade da couve faz com que ela também fique uma delícia com creme de leite, servindo como um acompanhamento robusto ou até como molho. Sem querer ofender o espinafre cremoso — ainda te amo —, a couve tem um sabor mais complexo e adulto. Às vezes uso apenas metade da couve e adiciono outras verduras, como 450 g de acelga — o prato fica saudável e você vai adorar, tenho certeza! (Veja-o finalizado, pp. 197, 201 e 202).

O caso de amor da Merrill com folhas verdes cremosas

"Esta é uma das minhas receitas favoritas do arsenal da Amanda, e eu uso a mesma técnica com outras verduras, como espinafre e acelga. Para um jantar de última hora, faço ovos mexidos e misturo com alguma verdura cremosa no fim. Ou cozinho 450 g de macarrão, aqueço 335 g de verduras cremosas e misturo tudo com um pouco de azeite, água do cozimento, pecorino ralado e pimenta-do-reino moída na hora."

RENDE 4 XÍCARAS (900 G), SUFICIENTE PARA 2 JANTARES

2 maços de couve sem o caule

115 g de *pancetta* cortada em cubos de 6 mm

¼ de xícara (chá) de azeite extravirgem (60 ml)

Sal

½ xícara (chá) + 1 colher (sopa) de creme de leite fresco (145 ml)

1 pitada generosa de pimenta calabresa

Sumo de ½ limão-siciliano

1 Lave a couve com bastante água e escorra, eliminando o excesso.

2 Espalhe a *pancetta* em uma frigideira e frite em fogo médio até que a gordura ceda e a carne fique crocante (talvez seja preciso abaixar o fogo no processo). Transfira para um prato forrado com papel-toalha.

3 Coloque a couve, ainda úmida, em uma panela grande com o azeite. Tempere com sal e leve ao fogo alto até que comece a murchar. Vire as verduras na panela usando uma pinça de cozinha. Quando estiverem bem murchas e a maior parte do líquido tiver evaporado (caso contrário, descarte tudo menos ¼ de xícara/60 ml), acrescente ¼ de xícara do creme de leite e a pimenta calabresa e cozinhe por mais 1 minuto.

4 Transfira a couve para o processador de alimentos, adicionando metade do líquido cremoso da panela. Bata até que não haja pedaços muito grandes, tampouco esteja liso, acrescentando mais líquido se necessário. Acrescente o sumo de limão e o restante do creme de leite fresco e bata até que fique mais cremoso, mas ainda com pedacinhos. Prove e acerte o tempero, então inclua a *pancetta*. Guarde na geladeira por até 5 dias.

5 **No dia:** Esquente a couve com um pouco de água em uma panela pequena em fogo médio-baixo. Coma com nhoque (abaixo) ou arroz tostado (p. 203).

Nhoque de ricota com couve cremosa

Leve uma panela grande de água generosamente salgada para ferver. Enquanto isso, esquente **metade da couve cremosa** com um pouco de água em uma panela pequena em fogo médio-baixo. Jogue **metade do nhoque de ricota congelado** (p. 200) na água fervendo e mexa com cuidado uma vez com uma colher de pau, para criar movimento e impedir a massa de grudar no fundo da panela. Cerca de cinco minutos depois, quando o nhoque subir (sinal de que está pronto), tire com uma escumadeira. Deixe o excesso de água escorrer, reservando um pouco da água do cozimento para usar depois. Coloque a massa em uma travessa grande e rasa, alternando com camadas da couve cremosa, para evitar ter que mexer demais e correr o risco de amassá-lo. Coloque mais um pouco da água do cozimento, se necessário. Jogue uma porção generosa de **parmesão** ralado por cima e sirva.

Nhoque de ricota

As pessoas acham que nhoque dá trabalho, mas, na verdade, é mais fácil de fazer essa massa que a de cookie. Não tem como desandar, as medidas não têm que ser precisas e ele pode ser cozido todo de uma vez — é ou não é exemplar? Esta receita é dobrada, para dois jantares. Às vezes dobro as quantidades mais uma vez, para poder congelar um pouco — e é uma boa desculpa para angariar ajudantes. Quando seus filhos crescerem, eles poderão dizer: "Na nossa época, a gente fazia o nhoque em casa".

Esta receita é da Christina DiLaura, que foi uma das primeiras membras do Food52 e lançou nossa loja on-line. Ela é de uma família italiana de cozinheiros determinados, e o nhoque de ricota é um clássico para eles. Dá para entender o motivo — a ricota deixa o nhoque macio como uma pluma. Depois de alguns jantares, você já vai saber as medidas de cor.

SERVE 4 EM 2 JANTARES

900 g de ricota fresca

2 ovos

2 colheres (sopa) de azeite extravirgem

½ xícara de parmesão ralado (50 g), mais um pouco para servir

¼ de colher (chá) de noz-moscada moída na hora

4 xícaras de farinha peneirada (500 g), mais um pouco para trabalhar a massa

1 Em uma tigela grande, misture bem a ricota, os ovos e o azeite. Adicione o parmesão e a noz-moscada. Acrescente farinha aos poucos, mexendo até que a massa incorpore.

2 Coloque a massa em uma superfície generosamente enfarinhada e use as mãos para formar uma bola. Acrescente mais farinha conforme necessário até que a massa esteja lisa e não grude nas mãos.

3 Corte fatias de massa como se fosse pão. Com as palmas das mãos e os dedos esticados, transforme cada pedaço em um rolo da grossura do seu polegar. Faça isso no sentido do centro para as pontas.

4 Deixe dois rolos paralelos e corte-os em pedaços de 2,5 cm. Role cada pedaço para trás com um garfo para fazer marcas que vão ajudar o molho a aderir.

5 Transfira o nhoque para uma assadeira antiaderente ou ligeiramente enfarinhada para que não grude um no outro e coloque no congelador enquanto estiver trabalhando com o restante da massa. Se planejar guardar para outra ocasião, deixe congelar completamente na assadeira antes de colocar em um saco tipo zip. Pode ficar no congelador por até 8 semanas.

Nhoque com manteiga, sálvia, couve-de-bruxelas e *pinoli*

Coloque uma panela grande com água generosamente salgada para ferver. Enquanto isso, derreta **½ xícara de manteiga (110 g)** com **1 punhado de folhas de sálvia** (8, se quiser o número exato) e **¼ de xícara de *pinoli* (35 g)** em uma frigideira grande no fogo médio. Cozinhe até que a manteiga escureça levemente, em 5-7 minutos, adicione **340 g de couve-de-bruxelas** em fatias bem finas e desligue o fogo.

Acrescente **metade do nhoque** à água fervendo e mexa com cuidado uma vez com a colher de pau para criar movimento e impedir que a massa grude no fundo. Em cerca de 5 minutos, quando o nhoque subir à superfície (sinal de que está cozido), tire com uma escumadeira, eliminando o excesso de água, e adicione a manteiga imediatamente.

Espalhe em uma travessa baixa e grande e cubra com *pinoli* e **pecorino ralado**. Tempere com pimenta.

Arroz tostado

Arroz tostado requer mais passos que o normal, mas você nunca se arrepende de fazer, porque o resultado é uma panela de grãos crocantes e torradinhos. É só escaldar o arroz e depois cozinhar no óleo, o que cria uma casca crocante envolvendo o miolo macio. Esta receita simplificada, que aprendi com Mark Bittman, vai com quase tudo. Experimente temperos como anis-estrelado, canela, cominho, coentro, cúrcuma e alho. O melhor é fazer em uma panela de fundo triplo. Eu uso uma panela esmaltada de ferro fundido pequena, mas uma de fundo triplo de aço inoxidável ou uma antiaderente de ferro fundido são outras opções.

SERVE 4 EM 2 JANTARES

Sal e pimenta-do-reino moída na hora

2½ xícaras de arroz basmati lavado (460 g)

⅓ de xícara de iogurte integral (80 ml)

5 colheres (sopa) de óleo de milho, girassol ou amendoim (75 ml)

2 colheres (sopa) de sumo de limão-siciliano espremido na hora

1 Ponha uma panela grande de água com sal para ferver. Coloque o arroz, deixe ferver novamente e abaixe um pouco o fogo. Cozinhe nessa fervura branda por 5 minutos, escorra e tempere com sal.

2 Em uma tigela grande, misture o iogurte, 3 colheres (sopa) de óleo e o sumo de limão-siciliano. Tempere com sal e pimenta e misture bem. Acrescente o arroz escaldado e mexa até que o molho cubra levemente todo o arroz.

3 Coloque as 2 colheres (sopa) restantes de óleo em uma panela grande de fundo triplo que tenha tampa e leve ao fogo médio-alto. Com cuidado, agite a panela para espalhar o óleo, de modo que suba alguns centímetros na lateral. Acrescente a mistura de arroz, apertando-a para baixo e para os lados com as costas da colher.

4 Envolva a tampa com um pano de prato, dobrando as pontas para cima de forma que não cheguem perto da chama do fogão. Feche a panela, selando bem.

5 Quando o arroz estiver fragrante, depois de 35 minutos, abaixe o fogo. Deixe cozinhar, sem mexer, por 30 minutos. O arroz deve cheirar a torrado, mas não queimado. Apague o fogo e deixe descansar por 5 minutos.

6 Remova a tampa e o pano de prato. Com uma colher de madeira, raspe o arroz tostado das laterais e do fundo da panela, quebrando-o e misturando-o ao restante. Tempere com sal e pimenta. Deixe esfriar e guarde na geladeira por até 1 semana.

7 **No dia:** Reaqueça em uma travessa coberta no forno a 150°C por 15 minutos ou no micro-ondas.

Arroz tostado com couve cremosa e ovo frito

Esquente o arroz em uma travessa coberta no forno a 150°C por cerca de 15 minutos. Aqueça **metade da couve cremosa** (p. 199) com um pouco de água em uma panela pequena no fogo médio-baixo. Frite 1-2 ovos por pessoa. Em tigelas baixas, coloque o arroz, depois a couve e os ovos por cima. Finalize com **pecorino ralado**, pimenta-do-reino em pó e o **melhor azeite** que tiver.

Cookie de baunilha com especiarias e gotas de chocolate (vegano!)

Merrill e eu fizemos uma batalha de cookies em 2015 em que cada uma de nós tinha que criar uma receita para as festas de fim de ano que levasse baunilha. Eu queria um cookie crocante como o de gotas de chocolate com o aroma de especiarias de uma bolachinha de Natal. Usei como base um cookie com gotas de chocolate feito com óleo vegetal em vez de manteiga — inspirado na versão vegana de Ovenly. Acrescentei baunilha batendo uma fava inteira com açúcar; aumentei a quantidade de chocolate (porque eu queria ganhar) e piquei grosseiramente, para que houvesse uma variedade de tamanhos e formatos; o toque final ficou por causa da canela e da pimenta de Espelette em pó.

Merrill foi em outra direção, usando chocolate e farinha de amêndoa na massa, e misturando com cereja desidratada. Distribuímos 28 mil cookies pela cidade e o público votou pelas mídias sociais. E *realmente* votou. Se você quer saber qual foi o cookie vencedor, vá para a p. 252; mas se você tem simpatia pelos derrotados, continue comigo.

RENDE 20 COOKIES

2 xícaras de farinha (250 g)

1 colher (chá) de fermento em pó

¾ de colher (chá) de bicarbonato de sódio

½ colher (chá) de sal

1 colher (chá) de canela em pó

¼ de colher (chá) de pimenta de Espelette em pó (ou outro tipo de pimenta vermelha em pó)

170 g de chocolate amargo cortado em pedaços de 6 mm (reserve quaisquer raspas também)

1 fava de baunilha cortada transversalmente em 6 pedaços

½ xícara de açúcar (100 g)

½ xícara de açúcar mascavo (110 g)

½ xícara mais 1 colher (sopa) de óleo de canola (135 ml)

¼ de xícara mais 1 colher (sopa) de água (75 ml)

Sal marinho em flocos, para polvilhar

1 Em uma tigela grande, misture a farinha, o fermento em pó, o bicarbonato de sódio, o sal, a canela e a pimenta. Acrescente os pedaços de chocolate (e todas as raspas que ficaram na tábua). Você mal começou e metade dos ingredientes já foi usada!

2 Em um liquidificador, bata a fava de baunilha com o açúcar até que se reduza a pedacinhos bem pequenos. Transfira para uma tigela grande e misture com o açúcar mascavo, o óleo de canola e a água até obter um líquido viscoso.

3 Junte os ingredientes secos e a mistura de açúcar e mexa bem com uma espátula de silicone.

4 Cubra a tigela com filme plástico e deixe na geladeira por 12-24 horas. Como Ovenly diz: não pule este passo!

5 **No dia:** Preaqueça o forno a 175°C. Forre uma assadeira com papel-manteiga. Disponha a massa em colheradas de 5 cm, amassando-as levemente com as mãos. Se os pedaços de chocolate forem muito grandes, talvez você precise ajeitar com os dedos. Polvilhe o sal em flocos por cima e coloque a assadeira no congelador por 10 minutos.

6 Asse por 6 minutos, gire a assadeira em 180° e deixe até que as beiradas comecem a tostar, o que deve levar mais 6 minutos. Deixe na assadeira por 5 minutos e transfira para uma grade até esfriar completamente. Você pode assar toda a massa ou fazer apenas o que vai consumir em seguida. Guarde os cookies prontos em um recipiente hermético por até 1 semana.

Merrill e as especiarias "Se alguém na sua família não é muito chegado em especiarias, melhor deixar a pimenta de lado; o sabor da canela é suficiente. Dá para fazer sanduíches de sorvete deliciosos com este cookie — experimente com sorvete de canela para ter sabor em dobro."

O inverno da Amanda

MENU #13

AS RECEITAS

Jook turbinado com folhas de mostarda 213

Jook com ovo frito 213

Rabada 214

Picadinho de rabada na torrada 216

Farro 216

Farro com folhas de mostarda, amêndoas, groselha e lascas de queijo 217

Sanduíche de presunto cru com manteiga e salada 217

Salada de couve-de-bruxelas com molho de aliche 219

Salada de farro e couve-de-bruxelas 219

Salada de couve-de-bruxelas com molho de aliche e ovo cozido com iogurte grego 219

Barrinha de coco dos sonhos 220

Sanduíche de cookie de gengibre com sorvete de chocolate 220

Sorvete de chocolate com mel apimentado e cereja ao marasquino 220

COMO COMBINAR

JANTAR 1

Jook turbinado com folhas de mostarda

Barrinha de coco dos sonhos

NO DIA Esquentar metade do *jook*, assar a linguiça (p. 213) e separar as coberturas do *jook*.

JANTAR 2

Rabada

Farro

Salada de couve-de-bruxelas com molho de aliche

Sorvete de chocolate com mel apimentado e cereja ao marasquino

NO DIA Esquentar metade da rabada e metade do farro. Preparar a couve-de-bruxelas e colocar o molho na salada. Preparar o sorvete para a sobremesa.

JANTAR 3

Jook com ovo frito

Sorvete de manga

NO DIA Esquentar o *jook*. Fritar os ovos e separar as coberturas.

JANTAR 4

Farro com folhas de mostarda, amêndoas, groselha e lascas de queijo

Barrinha de coco dos sonhos

NO DIA Montar a salada e colocar o molho.

JANTAR 5

Picadinho de rabada na torrada

Salada de folhas de mostarda

Sanduíche de cookie de gengibre com sorvete de chocolate

NO DIA Fazer os sanduíches de sorvete e congelar antes do jantar. Cozinhar o picadinho. Temperar folhas de mostarda com azeite e limão-siciliano.

ALMOÇO

Salada de farro e couve-de-bruxelas

Sanduíche de presunto cru com manteiga e salada

Salada de couve-de-bruxelas com molho de aliche e ovo cozido com iogurte grego

PLANEJAMENTO

PARA FAZER NO FIM DE SEMANA

Jook turbinado com folhas de mostarda

Salada de couve-de-bruxelas com molho de aliche

Rabada

Barrinha de coco dos sonhos

Farro

TEMA DE HOJE: DESPRETENSIOSO E LENTO

Você vai precisar de 2-2½ horas para preparar tudo.

- Preaqueça o forno a 175°C e comece a fazer as barrinhas (p. 220), espalhando a massa pela assadeira.

- Enquanto a base de biscoito amanteigado assa, prepare a cobertura de coco. Espalhe-a por cima e ponha para assar.

- A sobremesa está pronta! Corte os legumes e as folhas verdes e doure a carne para a rabada (p. 214).

- Enquanto ela está no fogo, cozinhe o farro (p. 216). Reserve 2 xícaras (320 g) para a rabada, a mesma quantidade para a salada do jantar e o restante para a salada do almoço.

- Agora é hora do *jook* turbinado (p. 213), o delicioso cozido de arroz. Cozinhe o arroz, os ossos e o restante dos ingredientes — você só vai precisar preparar as coberturas durante a semana.

- Enquanto o *jook* cozinha, faça o molho de aliche (p. 219) e guarde na geladeira. Lave e seque as folhas verdes e ervas.

- A rabada ainda está no fogo, mas você terminou seu trabalho. Vá fazer alguma coisa divertida — ou absolutamente nada! — até que a carne esteja macia.

Uma estratégia reduzida para uma semana cheia
Faça uma salada verde simples com vinagrete em vez da couve-de-bruxelas. Deixe para assar as barrinhas de coco em outro dia e compre sorvete de coco no lugar. Isso deve reduzir o tempo de preparação em 1½ hora.

LISTA DE COMPRAS

HORTIFRÚTI

Aipo, 8 talos internos

Alho, 1 dente

Cebola, 3 pequenas

Cebolinha, 4

Cenouras, 2

Couve-de-bruxelas, 450 g

Folhas de mostarda, couve baby ou espinafre, 2 maços grandes

Gengibre, 1 pedaço grande do tamanho de uma rolha de vinho

Limão, 2

Limão-siciliano, 4

Raiz-forte, 1 pedaço

ERVAS

Coentro, 1 maço, para decoração

Manjerona ou tomilho, 4 ramos ou 1½ colher (chá) de manjerona seca

Salsinha, 1 punhado picado

ESPECIARIAS

Canela em pó, ½ colher (chá)

Cravo-da-índia em pó, ½ colher (chá)

Pimenta de Espelette ou outra pimenta vermelha em pó, 1 pitada generosa

DESPENSA

Açúcar mascavo, 1 xícara (220 g)

Aliche em conserva, 3 filés

Amêndoa, ½ xícara (70g), picada

Arroz jasmim ou basmati, 2 xícaras (370 g)

Azeite extravirgem, ¾ de xícara (175 ml), mais um pouco

Azeitona verde picada, ½ xícara (80 g)

Cereja ao marasquino, para a sobremesa

Coco ralado sem açúcar, 1½ xícara (120 g)

Extrato de baunilha, 1 colher (chá)

Farinha, 1¼ xícara (155 g)

Farro, 2½ xícaras (450 g)

Fermento em pó, ½ colher (chá)

Groselha desidratada ou seca, ¼ de xícara (40 g)

Mel (apimentado, se encontrar), para a sobremesa

Molho de peixe

Molho de pimenta *sriracha* ou cholula

Molho de soja

Mostarda em grãos, 2 colheres (chá)

Nozes picadas, 1 xícara (120 g)

Óleo de girassol

Pasta de tomate, 3 colheres (sopa)

Tomate italiano pelado, 2 latas (794 g)

LATICÍNIOS E OVOS

Creme de leite fresco, 3 colheres (sopa)

Iogurte grego sem açúcar, para o almoço

Manteiga sem sal, ½ xícara (110 g), mais um pouco

Ovo, 7

Pecorino, ⅔ de xícara (70 g), mais um pouco para servir

CARNES E FRUTOS DO MAR

Linguiça toscana ou outra linguiça, 450 g

Osso cru de porco e galinha, 900 g

Pancetta, 170 g

Presunto cru ou salame em fatias finas

Rabada, 2,7 kg

BEBIDAS

Vinho branco, 1 garrafa (750 ml)

CONGELADOR

Sorvete de chocolate, para 2 sobremesas

Sorvete de manga, para a sobremesa

PADARIA

Baguete ou pão de fôrma, para o almoço

Cookie de gengibre, 8

Pão, 4 fatias grossas

Jook turbinado com folhas de mostarda

Esta receita de *jook* — a palavra chinesa para mingau de arroz — veio de Vanessa Vichit-Vadakan, que foi uma das primeiras membras da comunidade do Food52. Fiz seu *jook* incrementado algumas vezes, então perguntei a meu marido, Tad, se ele podia assumir o fogão naquele domingo. Depois que a panela já estava fervendo fazia um tempo, perguntei sobre a protuberância no meio do arroz. "É gengibre", ele disse. Pesquei o negócio com uma pinça e cheirei. Não era gengibre, era raiz-forte! Sem problemas: adicionamos gengibre também, e desde então usamos os dois. Com essa bomba aromática, Tad mudou o nome do prato para *jook* turbinado.

Amo esta receita porque, se você fizer no domingo, ela dura na geladeira a semana inteira, então resolve qualquer problema de programação. Para mim, é um prato revigorante depois de um dia duro no trabalho. Também é como se você tomasse um café da manhã no jantar, já que se trata de um mingau. Nossos filhos amam, porque podem escolher a cobertura. Costumamos usar cebola em conserva (p. 86), mas kimchi também é ótimo.

SERVE 4 PESSOAS EM 2 JANTARES

JOOK	COBERTURA
12 xícaras de água (2,8 litros), mais se necessário	Cebolinha bem picada, tanto a parte branca quanto a verde
900 g de ossos crus de porco ou frango	Folhas frescas de coentro
2 xícaras de arroz basmati ou jasmim (370 g)	Folhas de mostarda, rúcula ou espinafre picadas grosseiramente
1 pedaço grande de gengibre descascado (do tamanho de uma rolha de vinho)	Linguiça toscana ou outra linguiça em pedaços (ver ao lado)
2 rodelas de 2,5 cm de raiz-forte descascada	Óleo de girassol
1 colher (chá) de sal	Molho de peixe
	Molho de soja
	Molho de pimenta *sriracha* ou cholula
	Cunhas de limão-siciliano

1 Junte todos os ingredientes do *jook* em uma panela grande. Coloque para ferver, abaixe o fogo e deixe cozinhar sem tampa por 1-1½ hora. Mexa de vez em quando, adicionando mais água se necessário. Deve ficar parecendo um mingau.

2 O *jook* estará pronto quando o arroz estiver cozido a ponto de quase se desfazer, mas a consistência final quem decide é você. Acrescente um pouco de água se preferir que fique um pouco mais ralo ou continue cozinhando se quiser mais grosso.

3 Remova e descarte os ossos, a raiz-forte e o gengibre. Deixe esfriar e guarde na geladeira por até 5 dias.

4 **No dia:** Esquente metade do *jook* em fogo médio por 10 minutos (ou no micro-ondas), adicionando água se necessário. Deixe que cada um escolha sua cobertura na mesa.

Como assar linguiça Preaqueça o forno a 175°C. Coloque a linguiça em uma assadeira pequena e faça furos nela com o garfo. Coloque no forno por 15 minutos, virando uma vez, até que esteja dourada e totalmente assada.

O segredinho da Merrill "Sempre que o arroz vira papa (o quê? isso nunca acontece!), eu comemoro, porque posso transformá-lo em *jook*, adicionando um pouco mais de água e deixando que cozinhe ainda mais. Gosto de colocar pedaços de paleta suína assada (p. 165) e folhas verdes picadas por cima."

Duas variações

Jook **com ovo frito:** Na segunda noite de *jook*, a linguiça normalmente já acabou, então eu frito um **ovo** para cada um e coloco sobre o arroz antes de adicionar qualquer outra **cobertura.** Chamamos isso de *jook* turbinado *bibimbap*, uma deliciosa perversão do verdadeiro *bibimbap*, um prato coreano.

Jook **turbinado com couve-de-bruxelas e rabada:** Cubra o *jook* com a **salada de couve-de-bruxelas** (p. 219), sobras de **rabada** (p. 214) e o que mais quiser.

O INVERNO DA AMANDA

Rabada

Algumas pessoas têm repulsa a rabada, a carne com osso altamente saborosa do rabo da vaca. Melhor para a gente, porque sobra mais! Penso nela como uma versão barata da costela. Quando cozida lentamente, a carne desmancha e pode ser solta do osso com um garfo. Os ossos e o tutano dão um molho lindo e aveludado. Como essa carne não é supercomum, é melhor falar antes com seu açougueiro para ver se não é preciso encomendar. Se não conseguir encontrá-la, use costela no passo 5, acrescentando água o bastante para cobrir a carne.

Chega de louça suja A rabada fica melhor quando consumida depois de 2 dias, então planeje servir mais para a frente na semana. Eu faço em uma panela esmaltada de ferro fundido e coloco diretamente na geladeira depois que esfria. Não gosto de transferir a comida para um pote para depois ter que devolver à panela para esquentar.

As riquezas do rabo Separe a carne que sobrar dos ossos e guarde para o picadinho (p. 216). Também fica ótimo sobre o *jook* (p. 213), em tacos e em qualquer salada para o almoço (pp. 217 e 219).

SERVE 8, COM SOBRAS

170 g de *pancetta* cortada em cubos de 6 mm

2 cenouras raspadas bem picadinhas

2 cebolas pequenas bem picadinhas

8 talos internos de aipo, 2 bem picadinhos e 6 cortados em pedaços de 7,5 cm

3 colheres (sopa) de azeite extravirgem, mais se necessário

2,7 kg de rabada cortada em pedaços de 7,5 cm

Sal marinho e pimenta-do-reino moída na hora

3 colheres (sopa) de pasta de tomate

1 garrafa de vinho branco (750 ml)

4 ramos de manjerona ou tomilho (ou 1½ colher (chá) de manjerona seca)

½ colher (chá) de cravo-da-índia em pó

½ colher (chá) de canela em pó

2 latas de tomate italiano pelado (794 g)

1 Preaqueça o forno a 165°C. Em uma panela de ferro grande ou em uma panela alta, junte a *pancetta*, as cenouras, as cebolas, o aipo picado e cerca de 3 colheres (sopa) de azeite, o bastante para cobrir o fundo.

2 Coloque a panela em fogo médio e cozinhe até que a *pancetta* comece a dourar, por cerca de 15 minutos. Enquanto isso, tempere a carne uniformemente com sal e pimenta. Transfira a mistura com *pancetta* para um prato. Descarte toda a gordura, com exceção de 1-2 colheres (sopa).

3 Aumente o fogo para médio-alto. Em levas, coloque a rabada na panela e doure cada lado por 4 minutos. Separe toda a carne em uma tigela.

4 Devolva a mistura com *pancetta* para a panela. Acrescente a pasta de tomate e cozinhe por 2 minutos, até caramelizar. Despeje o vinho e deixe ferver por 3 minutos. Adicione a manjerona, o cravo-da-índia e a canela, depois o tomate com o líquido, espremendo-o cuidadosamente com uma colher de pau.

5 Devolva a rabada à panela. O líquido deve cobrir cerca de ⅓ dos ingredientes. Caso contrário, adicione água. Deixe ferver, tampe a panela e coloque no forno. Asse por 2-3 horas, virando a carne de tempos em tempos.

6 Acrescente o restante do aipo e deixe assar destampado por mais 30-60 minutos, até que a rabada esteja bem macia.

7 Tire a panela do forno e tempere com sal e pimenta. Descarte os ramos de manjerona. Deixe esfriar na própria panela e guarde na geladeira por até 1 semana.

8 **No dia:** Descarte a camada de gordura que cobre a carne. Esquente metade da rabada em fogo médio na panela tampada em que você cozinhou e guardou (reserve o restante em um pote para o picadinho da p. 216 ou para o que quiser). Sirva em uma travessa grande ou em tigelas rasas, certificando-se de que todo mundo tem bastante molho e aipo.

Picadinho de rabada na torrada

O modo mais comum de usar sobras de rabada é separar a carne dos ossos, esquentar no molho e servir com macarrão. Como você pode muito bem fazer isso sozinho, estou sugerindo outro, menos óbvio: fazer um picadinho. Você só precisa ferver a rabada em pedaços menores no próprio molho e finalizar com um pouco de creme de leite antes de colocar sobre uma torrada. Também pode acrescentar temperos e ervas se quiser. Sirva com molho de pimenta, se é seu estilo! É um prato que me cai superbem ao fim do dia.

SERVE 4

1 colher (sopa) de azeite extravirgem

½ cebola pequena picada

2 xícaras de rabada (p. 214) em pedaços (460 g)

½ xícara de molho de rabada (p. 214) (120 ml)

4 fatias grossas de pão

3 colheres (sopa) de creme de leite fresco

1 Aqueça o azeite em uma panela em fogo médio. Acrescente a cebola e refogue por 8-10 minutos, até que amoleça e as extremidades dourem. Adicione a rabada e o molho e cozinhe por 5-7 minutos. Enquanto isso, ponha o pão para torrar. Acrescente o creme de leite fresco ao molho e deixe ferver por 1-2 minutos. Disponha o picadinho sobre as torradas e se sinta como um cliente de pub do século XIX.

Farro

Coloque uma panela de água generosamente salgada para ferver. Adicione **2½ xícaras de farro (450 g)** e cozinhe até ficar macio, o que deve levar cerca de 30 minutos. Escorra e devolva à panela. Jogue **azeite extravirgem** o bastante para cobri-lo levemente. Coloque metade do farro em um pote e guarde na geladeira — pode ser aquecido no micro-ondas e servido com a rabada (p. 214). Use a outra metade para fazer farro com folhas de mostarda, amêndoa, groselha e lascas de queijo (ao lado).

Farro com folhas de mostarda, amêndoas, groselha e lascas de queijo

Quando sirvo grãos como acompanhamento, sempre cozinho um pouco mais para usar no almoço ou na salada. O farro é muito versátil — vai bem com castanhas, absorve o golpe de ingredientes salgados, como alcaparras e azeitonas, e ganha vida com queijo duro ralado. Acrescentei um pouco de doçura com a groselha (também dá para usar uva-passa branca) e um pouco de energia e leveza com as folhas verdes picantes.

Salada de grãos: Lavar e repetir Quando não tenho tempo de cozinhar o cardápio semanal completo, faço bastante desta salada no fim de semana para durar algumas noites, então combino com alguma coisa que possa preparar rapidamente ao chegar do trabalho, como o frango de frigideira ou a bisteca (p. 120).

SERVE 4

2 xícaras de farro cozido com azeite (ao lado) (320 g)

Sal e pimenta-do-reino moída na hora

½ xícara de amêndoa picada (torrada, se você estiver animado) (70 g)

¼ de xícara de azeitona verde picada (80 g)

¼ de xícara de groselha ou uva-passa branca (40 g)

4 xícaras de folhas verdes picantes rasgadas, como mostarda ou rúcula (80 g)

⅓ de xícara de molho de aliche (p. 219) (80 ml)

1 limão-siciliano (opcional)

⅓ de xícara de pecorino em lascas ou qualquer outro queijo duro salgado (30 g)

1 Em uma tigela grande, tempere o farro com sal e pimenta. Acrescente a amêndoa, a azeitona e a groselha. Junte as folhas e o molho e misture. Se quiser, ponha um pouco de limão-siciliano e finalize com as lascas de pecorino.

Almoço: Sanduíche de presunto cru com manteiga e salada

Faça um sanduíche de presunto cru ou salame em uma baguete ou pão de fôrma com manteiga. Leve como acompanhamento uma salada com folhas picantes, rabanete ou nabo em rodelas, levemente temperada com azeite e limão-siciliano.

Salada de couve-de-bruxelas com molho de aliche

Saladas de verão são veneradas por sua doçura e seu frescor, mas eu gosto da intensidade das folhas verdes no inverno. Você tem que trabalhar com elas, ser assertiva e demonstrar que está à altura do desafio. Eventualmente, elas vão ceder — é só usar um molho de aliche, um pouco de alho, pimenta e sumo de limão-siciliano. As folhas verdes vão até fazer um favor a você e durar alguns dias. Esta salada é melhor quando temperada pelo menos 15 minutos antes de servir e dura na geladeira por 2-3 dias — e é por isso que a incluo nos almoços do cardápio.

Você pode preparar a couve-de-bruxelas em um processador de alimentos ou mandolim, mas cortar na faca é melhor e me deixa menos tensa. Tanto esta quanto outras folhas verdes podem ser preparadas e mantidas em sacos tipo zip ou potes por até 3 dias.

Tem inimigos da couve-de-bruxelas em casa?
Acontece. Esta salada também fica ótima com raiz de aipo picada. Você pode usar o molho na beterraba, na couve-flor ou no brócolis assados.

SERVE 4, MAIS SOBRAS DE SALADA E DE MOLHO

MOLHO DE ALICHE

3 filés de aliche em conserva

1 dente de alho

Sal

Sumo de 1 limão-siciliano, mais se necessário

2 colheres (chá) de mostarda em grãos

1 pitada grande de pimenta de Espelette ou outra pimenta vermelha em pó

½ xícara de azeite extravirgem (120 ml)

SALADA

4½ xícaras de couve-de-bruxelas cortada em fatias finas (450 g)

2 punhados de folhas de mostarda, couve baby ou espinafre rasgadas (4 xícaras/80 g)

¼ de xícara de pecorino em lascas (25 g)

1 Em um pilão, amasse o aliche, o alho e uma pitada de sal, até formar uma polpa. Se seu pilão for grande o bastante, faça o molho todo nele; caso contrário, transfira para uma tigela. Coloque o sumo de limão-siciliano, a mostarda, a pimenta em pó e, em seguida, o azeite. Guarde o molho na geladeira por até 1 semana.

2 **No dia:** Coloque a couve-de-bruxelas e as folhas de mostarda em uma tigela grande, adicione ¼ do molho e misture até que estejam homogeneamente cobertas. Acrescente mais molho a gosto e limão-siciliano para dar uma refrescada, reservando o restante para o farro com folhas de mostarda (p. 217). Sirva em uma travessa e cubra com pecorino. Fica melhor quando servida pelo menos 15 minutos depois de pronta, e dura alguns dias na geladeira.

Almoço: Salada de farro e couve-de-bruxelas

Como na salada de farro com cogumelo assado e parmesão (p. 119) da Merrill, use quaisquer sobras da **couve-de-bruxelas** com o **farro** (p. 216) que você separou. Acrescente **1 punhado de folhas de salsinha picadas** e/ou **1 colher (chá) de tomilho fresco picado**, se tiver. Cubra com **raspas de pecorino**. Tempere com sal e muita pimenta-do-reino moída na hora, acrescentando mais **azeite** ou sumo de **limão-siciliano** se necessário. Se tiver **pimenta ou limão-siciliano em conserva** na geladeira, pode dar outra abordagem ao prato.

Almoço: Salada de couve-de-bruxelas com molho de aliche e ovo cozido com iogurte grego

Cozinhe o **ovo** enquanto faz o café da manhã; monte a **salada** e posicione o ovo cortado ao meio sobre ela. Não esqueça de usar o **iogurte**. Você terá um almoço sofisticado com mais 5 minutos de preparação.

Barrinha de coco dos sonhos

Procurei por um bom tempo por uma barrinha de coco que não fosse grudenta ou doce demais — elas costumam ser raras. Então uma receita caiu bem no meu colo no Food52, graças à antiga editora e agora importante colaboradora Posie Harwood. As barrinhas dela têm uma camada de biscoito amanteigado e uma cobertura de coco generosa. Para deixar o biscoito tão fino quanto possível, faço as barras em uma assadeira grande.

Minha mãe costumava fazer uma sobremesa parecida que ela chamava de Barrinha Mágica. Envolvia muito coco, gotas de chocolate e leite evaporado, numa deliciosa bomba de açúcar dos anos 1970. Em homenagem a ela, às vezes acrescento 1 xícara de chocolate picado (170 g) na cobertura.

RENDE 18 BARRAS PEQUENAS

BISCOITO AMANTEIGADO
1 xícara de farinha (125 g)

½ xícara de manteiga sem sal em temperatura ambiente (110 g)

½ xícara de açúcar mascavo (110 g)

CAMADA DE COCO
2 ovos

½ xícara de açúcar mascavo (110 g)

¼ de xícara de farinha (30 g)

½ colher (chá) de fermento em pó

¼ de colher (chá) de sal

1½ xícara de coco ralado sem açúcar (120 g)

1 xícara de nozes picadas (120 g)

1 colher (chá) de extrato de baunilha

1 Preaqueça o forno a 175°C e unte com manteiga uma fôrma retangular de 24 cm × 31 cm. Forre com papel-manteiga, incluindo as laterais (deixe uma sobra de 2,5 cm de cada lado, para poder tirar as barras da assadeira), e passe bastante manteiga nele.

2 Em uma tigela, amasse na mão a farinha, a manteiga e o açúcar mascavo para o biscoito amanteigado. Espalhe a massa de forma homogênea pela assadeira e faça diversos furos com um garfo. Asse por 15 minutos, até que não esteja mais cru e adquira um tom dourado.

3 Para fazer a camada de coco, bata os ovos na batedeira em velocidade alta por cerca de 5 minutos, até que fiquem bem branquinhos e fofos. Acrescente o açúcar mascavo continue batendo até clarear e engrossar.

4 Em outra tigela, misture a farinha, o fermento em pó e o sal. Acrescente a mistura aos ovos, depois o coco, as nozes e o extrato de baunilha. Mexa bem.

5 Despeje o conteúdo da tigela sobre a camada de biscoito amanteigado. Asse até que fique levemente dourado nas beiradas, por cerca de 20 minutos. Deixe esfriar, remova da assadeira usando o papel-manteiga e corte as barras. Guarde em um recipiente hermético.

Sanduíche de cookie de gengibre com sorvete de chocolate

Você vai precisar de **8 cookies de gengibre** ou outro tipo de bolacha bem macia e **seu sorvete de chocolate favorito**. Coloque uma bola pequena de sorvete sobre um cookie e cubra com outro cookie, apertando para que o sorvete se espalhe. Repita o processo com todos os cookies. Embrulhe em papel-manteiga e leve ao congelador pelo menos 1 hora antes de servir. Se tiver tempo no fim de semana, faça uma leva grande para a semana inteira.

Sorvete de chocolate com mel apimentado e cereja ao marasquino

Se você ainda não experimentou um mel apimentado, esta é a hora — primeiro vem a doçura, que é seguida rapidamente por um formigamento ardente. Logo você vai estar procurando diferentes maneiras de usá-lo. Dá certo com bolacha de arroz? Sim. E com iogurte no café da manhã? Com certeza. Foi assim que experimentei com sorvete de chocolate. Gosto da combinação com algumas colheradas de boa cereja ao marasquino (com a calda). Se não quiser comprar, basta colocar cerejas secas em brandy por 1-2 dias.

MENU #14

AS RECEITAS

Salada de laranja-sanguínea
227

Salada de abacate e
laranja-sanguínea 227

Porchetta da Luciana 228

Molho à bolonhesa 231

Batata-bolinha crocante 231

Polenta assada 232

Verduras ao alho 235

Salada de espinafre, *pancetta*,
ovo e *croûtons* 235

Sanduíche de *porchetta*,
cebola em conserva e
verduras ao alho 235

Musse de chocolate
com alecrim 236

Purê de batata e pastinaca
com *sour cream* 251

COMO COMBINAR

JANTAR 1

Nabo baby e rabanete com sal

Polenta assada

Molho à bolonhesa

Biscoito *cantuccini* comprado

NO DIA Dispor o nabo e o rabanete
em um prato com manteiga amolecida
e sal à parte. Esquentar o molho
e metade da polenta.

JANTAR 2

Porchetta da Luciana

Purê de batata e pastinaca com *sour cream*

Salada de laranja-sanguínea

Musse de chocolate com alecrim

NO DIA Esquente fatias de *porchetta* bem finas e purê para
4 pessoas. Monte a salada (usando metade dos ingredientes).
Tire a musse da geladeira antes do jantar.

JANTAR 3

Batata-bolinha crocante

Molho à bolonhesa

Musse de chocolate com alecrim

NO DIA Faça a batata enquanto esquenta o molho. Espalhe-o
sobre ela em seguida e cubra com queijo ralado. Tire a musse
da geladeira antes do jantar.

JANTAR 4

Salada de laranja-sanguínea

Porchetta da Luciana

Pão

Sorvete de caramelo ou doce de leite

NO DIA Faça a salada com os ingredientes restantes.
Fatie a *porchetta* e sirva em temperatura ambiente com pão.

JANTAR 5

Polenta assada com folhas verdes ao alho e ovo frito
ou poché

Queijo com amêndoa, ameixa e tâmara seca

NO DIA Esquente as sobras de polenta e as folhas verdes
e coloque em 4 tigelas rasas. Cubra com ovo frito ou poché
e rale pecorino por cima. Faça um prato de queijos (gosto
de misturar queijos macios de vaca com queijos duros de
ovelha) e frutas secas antes de sentar para comer.

ALMOÇO

Sanduíche de *porchetta*, cebola em conserva
e folhas verdes ao alho

Salada de espinafre, *pancetta*, ovo e *croûtons*

Salada de abacate e laranja-sanguínea

PLANEJAMENTO

PARA FAZER DURANTE A SEMANA

Porchetta da Luciana

Purê de batata e pastinaca com *sour cream* (receita da Merrill da p. 251, mas só com batata-bolinha)

Batata-bolinha crocante

Molho à bolonhesa

Polenta assada

Folhas verdes ao alho

Musse de chocolate com alecrim

COZINHA À ITALIANA

Prepare-se para passar 2½ horas silenciosas na cozinha — alguns pratos vão demorar mais para ficar prontos, mas não dependem de você, que já pode ir limpando tudo.

- No sábado, faça a mistura de tempero e ervas e esfregue na *porchetta* (p. 228) para que passe a noite descoberta na geladeira. (Se quiser adiantar o trabalho, já pode fazer a musse.)

- No domingo, tire a *porchetta* e deixe descansar em temperatura ambiente por 30-60 minutos. Preaqueça o forno a 165°C e ponha para assar.

- Comece o molho à bolonhesa (p. 231).

- Com o molho na fase final de fervura, faça a polenta (p. 232) e coloque no forno com a *porchetta*.

- Cozinhe a batata (p. 251). Enquanto isso, comece o espinafre (p. 235).

- Lave e apare o rabanete e o nabo, mantendo as pontas se estiverem boas.

- Quando a batata estiver macia, tire metade, deixe esfriar e guarde na geladeira para fazer crocante (p. 231). Continue cozinhando o restante até ficar mais mole e escorra, reservando 1 xícara da água do cozimento. Siga as instruções para amassar (p. 251), mas use metade da quantidade de *sour cream*, manteiga e azeite.

- Faça a musse de chocolate com alecrim (p. 236).

- Quando o molho à bolonhesa estiver pronto, deixe esfriar e leve à geladeira. Faça o mesmo com a *porchetta*.

- Pegue uma taça de vinho e faça um brinde à semana por vir.

Precisa encurtar o cardápio? Tire o molho e a musse. No lugar da bolonhesa, faça as sobrecoxas de frango de frigideira (p. 184) com um molho simples para servir com a polenta. Em vez de fazer purê com metade da batata, faça com todas. Isso vai reduzir o tempo de preparo em 1½ hora.

LISTA DE COMPRAS

HORTIFRÚTI

Abacate, 1

Alho, 4 dentes grandes

Batata-bolinha, 1,8 kg

Cebola-roxa, 1

Cebola, 1

Cenoura, 3 (1 xícara/130 g picada)

Espinafre, 570 g, mais um pouco para o almoço

Laranja, 1

Laranja-sanguínea, 7

Limão-siciliano, 1

Mexerica, 4

Nabo baby, 1 maço

Rabanete baby, 1 maço

ERVAS

Alecrim, 1 maço

Coentro, 1 punhado pequeno de folhas

ESPECIARIAS

Louro, 2 folhas

Noz-moscada, 1 inteira

Pimenta calabresa em flocos, 1½ colher (chá)

Pimenta de Espelette ou outra pimenta vermelha em pó (como pimenta-caiena ou aleppo)

Pimenta-do-reino em grãos, 1 colher (sopa)

Semente de coentro, 2 colheres (chá)

Semente de erva-doce, 2 colheres (chá)

DESPENSA

Açúcar refinado, ½ xícara mais 4 colheres (sopa) (150 g)

Ameixa seca, para a sobremesa

Amêndoa, para a sobremesa

Azeite extravirgem, ¾ de xícara (175 ml)

Azeitona verde, 20 sem caroço cortada em quatro, mais um pouco para o almoço

Cacau em pó, ¼ de xícara (20 g)

Chocolate meio amargo, 285 g

Extrato de amêndoa, ½ colher (chá)

Leite de amêndoa, 4½ xícaras (1,1 litro)

Maionese, para o almoço

Maisena, ¼ de xícara (30 g)

Óleo vegetal, 1 colher (sopa)

Polenta, 2 xícaras (320 g)

Sal em flocos, flor de sal ou Maldon

Tâmara, para a sobremesa

Tomate italiano pelado em lata, 2½ xícaras (600 g)

Vinagre de maçã, 1½ xícara (355 ml)

Vinagre de vinho tinto, 1½ xícara mais 8 colheres (chá) (395 ml)

LATICÍNIOS E OVOS

Creme de leite fresco, para servir

Iogurte desnatado, 2 colheres (sopa), para o almoço

Leite, 1¼ xícara

Manteiga sem sal, 1 xícara (225 g)

Ovo, 7

Parmesão, para servir

Queijo, 3 pedaços (mistura de queijos macios de vaca com queijos duros de ovelha), o suficiente para 4 pessoas

Queijo tipo gorgonzola, para o almoço

Sour cream, ¾ de xícara (175 ml) (ver p. 131 para receita caseira)

CARNES E FRUTOS DO MAR

Carne moída, 450 g

Carne suína moída, 225 g

Paleta suína aberta, 1,8 kg (peça ao seu açougueiro para fazer isso por você)

Pancetta, 8 fatias finas

BEBIDAS

Vinho branco seco, 1 xícara (240 ml)

CONGELADOR

Sorvete de caramelo ou de doce de leite, para a sobremesa

PADARIA

Biscoito *cantuccini*

Pão

Salada de laranja-sanguínea

Esta salada fica melhor quando preparada no dia, então, se você for servir em duas noites, como sugiro, divida os ingredientes pela metade. Se quiser economizar tempo, pode fazer tudo de uma vez só e guardar as sobras — ninguém vai morrer por isso.

Eu faço essa salada sempre que encontro laranja-sanguínea e na época da mexerica. Você pode mudar o molho — qualquer vinagre ou azeite funcionam, além de alcaparras, pimentas diferentes etc. É um sucesso tão grande quando recebo convidados que fico pensando: "Mas e a torta, que deu o maior trabalho? Não ficou boa?".

Mudando um pouco Esta salada pode ser complementada com qualquer tipo de fruta cítrica. Se não encontrar laranja-sanguínea, use poncã ou grapefruit. Quando consigo encontrar kinkan, acrescento fatias finas como papel para dar textura e forma.

SERVE 4, EM 2 JANTARES

6 laranjas-sanguíneas

4 mexericas

½ cebola-roxa

8 colheres (chá) de um bom vinagre de vinho tinto

4 colheres (sopa) de azeite da melhor qualidade (60 ml)

20 azeitonas verdes sem caroço cortadas em 4

Pimenta de Espelette ou outra pimenta vermelha em pó (como pimenta-caiena ou aleppo), para polvilhar

Sal em flocos

1 Divida a quantidade ao meio se for fazer a salada para uma única noite. Descasque as laranjas e as mexericas, certificando-se de tirar toda a parte branca sem perder muito da polpa. Corte-as transversalmente em fatias de 3 mm. Corte 8 rodelas bem finas de cebola, de maneira que dê para ver através delas (use o mandolim se necessário).

2 Disponha as frutas em 4 pratos, sobrepondo as fatias. Espalhe a cebola por cima. Polvilhe cerca de 1 colher (chá) de vinagre, 1½ colher (chá) de azeite e 1 pitada generosa de pimenta de Espelette em cada prato (não precisa medir, faça no olhômetro!), dividindo as azeitonas entre eles. Tempere com sal. Admire as cores e sirva!

Almoço: Salada de abacate e laranja-sanguínea

Junte **1 abacate fatiado**, **gomos de 1 laranja-sanguínea** e **1 punhado de folhas de coentro** em uma tigela. Deixe algumas rodelas de cebola-roxa com uma pitada de sal em um prato por 5 minutos, depois misture com a salada e tempere com **azeite extravirgem** e **vinagre**.

Porchetta da Luciana

Eu faço esta receita desde 2010, ano em que o conceito do Food52 mudou. Começamos com competições semanais, e assim cozinheiros de todas as partes começaram a compartilhar receitas incríveis. Esta veio de Ali Waks-Adams, que trabalhava como chef na Filadélfia na época. Tem muito amor nessa *porchetta*: (1) dá bem pouco trabalho, praticamente só o de levar ao forno; (2) tem um sabor robusto que combina com praticamente qualquer coisa.

A versão de Ali é brilhante: você tosta os temperos, depois mistura com alecrim, alho e raspas bem finas de laranja. Quando a carne sai do forno, sua casa fica com um cheirinho de *trattoria*.

É importante comprar uma carne de boa qualidade, preferencialmente de um pequeno produtor, e se você conseguir com a pele ainda melhor. De qualquer maneira, use a *pancetta* para envolver a parte superior do corte; isso vai impedir que a carne seque e produzir chips deliciosos para a salada de espinafre (p. 235).

***Porchetta* da Luciana e paleta assada durante a noite da Merrill** Você pode misturar esta *porchetta* com a paleta da p. 165. Siga esta receita até o passo 5 e asse de acordo com as instruções da Merrill. Assim, a carne vai ter uma textura mais macia e saborosa. Faça o molho como descrito aqui.

SERVE 8, COM SOBRAS PARA O ALMOÇO

1 colher (sopa) de sal grosso	2 colheres (chá) de raspas bem finas de laranja
1 colher (sopa) de pimenta-do-reino em grãos	3 dentes de alho grandes amassados e picados
2 colheres (chá) de semente de erva-doce	2 colheres (sopa) de azeite extravirgem
2 colheres (chá) de semente de coentro	1,8 kg de *porchetta* suína aberta (se precisar, peça ao seu açougueiro para fazer isso por você)
½ colher (chá) de pimenta calabresa em flocos	
2 colheres (chá) de alecrim picado	2 folhas de louro

8 fatias finas de *pancetta*

½ xícara de um bom vinagre de vinho tinto (120 ml)

1 Um dia antes, toste a pimenta-do-reino, as sementes de erva-doce e de coentro, a pimenta calabresa em flocos e o sal em uma frigideira em fogo médio até que comece a soltar o aroma, o que deve levar 3 minutos. Deixe esfriar e moa grosseiramente no pilão ou liquidificador.

2 Em uma travessa grande o bastante para o porco, misture esses temperos com o alecrim, as raspas de laranja e o alho. Acrescente o azeite e transforme tudo em uma pasta.

3 Espalhe a mistura pela carne, acrescentando as folhas de louro. Deixe na geladeira a noite toda, sem cobrir.

4 No dia seguinte, preaqueça o forno a 165°C. Tire a carne da geladeira e espere que volte à temperatura ambiente, o que deve levar de 30-60 minutos.

5 Enrole a carne (como um rocambole) e amarre com barbante em intervalos de 2,5 cm, prendendo as folhas de louro embaixo dela. Coloque a *pancetta* em fileiras sobrepostas na parte superior da carne, formando quase que uma trança.

6 Coloque a *porchetta* em uma assadeira e deixe no forno por 1½-2 horas, girando-a na metade do tempo, até que a temperatura interna da carne esteja em 68°C. Tire do forno e deixe até que a temperatura suba para 71°C. Transfira a *porchetta* para uma tábua enquanto você faz o molho.

7 Coloque a assadeira em fogo médio e deglace com vinagre, raspando tudo o que conseguir. Não deixe o molho reduzir muito, só o bastante para os sabores se misturarem. Mantenha o porco e o molho em recipientes separados na geladeira e reserve os chips de *pancetta*.

8 **No dia:** Preaqueça o forno a 150°C. Corte fatias finas de *porchetta* e disponha em uma travessa com um pouco de *pancetta* e molho por cima.

Molho à bolonhesa

Gosto de molho à bolonhesa com bastante cenoura. Não uso aipo, porque não gosto muito dele cozido (a não ser com a rabada da p. 214). Esta adaptação da Marcella Hazan é ótima para dobrar e congelar em porções para 4 pessoas. Dessa maneira você pode tirar do congelador e incluir no cardápio semanal para ter uma folguinha.

Molho com objetivo Usei este molho para acompanhar a polenta em uma noite e batatas na outra, mas, se preferir macarrão, recomendo usar 450 g de *penne* para 4 pessoas.

SERVE 4 EM 2 JANTARES

1 colher (sopa) de óleo vegetal	Sal e pimenta-do-reino moída na hora
3 colheres (sopa) de manteiga	1¼ xícara de leite (300 ml)
⅔ de xícara de cebola picada (105 g)	¼ de colher (chá) de noz-moscada ralada bem fino
1 xícara de cenoura picada (130 g)	1 xícara de vinho branco seco (240 ml)
225 g de carne suína moída	2½ xícaras de tomate italiano pelado picado à mão, com o líquido (600 g)
450 g de carne bovina moída	Parmesão ralado, para servir

1 Coloque o óleo, a manteiga e a cebola em uma panela de fundo grosso de 4,7 litros em fogo médio-baixo. Refogue até ficar transparente e acrescente a cenoura. Cozinhe por mais 2 minutos, mexendo.

2 Acrescente a carne moída, 1 pitada generosa de sal e um pouco de pimenta-do-reino. Quebre a carne com um garfo, mexa bem e cozinhe até que comece a ficar marrom.

3 Acrescente o leite, mexendo com frequência até que esteja fervendo bem, por cerca de 30 minutos. Junte a noz-moscada ralada e mexa novamente.

4 Despeje o vinho e deixe ferver até evaporar, em 20-30 minutos. Acrescente os tomates e mexa bem para misturar todos os ingredientes. Quando começar a ferver, abaixe o fogo para garantir um borbulhar extremamente lento na superfície.

5 Cozinhe por 2-3 horas, sem tampar a panela e mexendo de vez em quando. Talvez seja necessário acrescentar ½ xícara de água (120 ml) se estiver muito seco, para evitar que grude. Deixe no fogo até obter a textura e a concentração desejadas. Prove e acerte o sal. Guarde na geladeira por até 5 dias.

6 **No dia:** Esquente metade do molho em uma panela com tampa em fogo médio-baixo, mexendo a cada poucos minutos (você também pode fazer isso no micro-ondas). Sirva com parmesão ralado.

Batata-bolinha crocante

Ferva **900 g de batatinha** até que esteja macia e deixe esfriar. Use a palma da mão ou um martelo de carne para amassá-las delicadamente. Aqueça uma panela de ferro fundido em fogo médio-alto. Cubra o fundo com azeite e ponha **1 dente de alho amassado**. Quando o azeite estiver quente, disponha as batatas em uma camada única (talvez você tenha que trabalhar em levas). Deixe cozinhar, sem mexer, até ficar crocante e dourada embaixo (remova o alho antes que queime). Vire uma vez e doure o outro lado. Tempere com sal e pimenta.

Polenta assada

Minha vida mudou para melhor quando aprendi a fazer polenta no forno. É uma blasfêmia, eu sei, mas funciona e fez com que ela pudesse voltar ao meu cardápio. Em vez de ficar eternamente mexendo a panela no fogo (e terminar com uma polenta empelotada), você só tem que dar uma mexidinha a cada 15 minutos na massa que borbulha com segurança no forno. Gosto de ver quantas coisas consigo fazer entre uma mexida e outra e declaro que essa é a minha atividade física do dia.

Voltando ao outono com Merrill "No outono, sirvo esta polenta com sobrecoxa assada de frango (p. 184) ou ragu de linguiça (p. 155). Amo o método de reaquecimento da Amanda, mas, se você estiver preocupado com empelotamento, pode cortar quadrados de polenta fria, fritar no azeite e cobrir com molho à bolonhesa (p. 231), verduras (p. 235), sobrecoxa ou ragu."

SERVE 4 EM 2 JANTARES

2 xícaras de polenta (320 g)

2 colheres (chá) de sal

¼ de xícara de manteiga sem sal

Parmesão ralado (opcional)

1 Preaqueça o forno a 165°C. Coloque 8 xícaras de água (1,9 litro) em uma panela de ferro. Acrescente a polenta e o sal. Coloque a panela no forno e deixe assar por 1½-2 horas, mexendo a cada 15 minutos. Acrescente mais água se necessário. Quando a polenta estiver parecendo um pudim, tire do forno e deixe descansar por alguns minutos. Acerte o tempero, depois adicione a manteiga e o parmesão.

2 **No dia:** A polenta não foi feita para ser requentada, mas dá-se um jeito. Coloque-a em uma panela de fundo grosso em fogo médio. Adicione um pouco de água e amasse os pedaços com uma colher de pau. Às vezes uso um espremedor de batata para alisar a polenta, se necessário.

Verduras ao alho

Talvez você tenha sua própria versão desta receita. Se não tem, é um ótimo coringa ao qual recorrer quando precisa de uma verdura rápida para o jantar. Usei espinafre aqui, mas também funciona com couve, acelga, escarola e folhas de mostarda.

Dicas de armazenagem Use metade do espinafre ao alho no jantar e guarde o restante para outra noite ou para o almoço em um pote na geladeira. Ele pode soltar água — jogue-a fora antes de reaquecer. Na minha opinião, a melhor maneira de esquentar verduras cozidas é no micro-ondas.

Bolinhas de espinafre Outro modo de cozinhar espinafre (ou qualquer verdura) adiantado é no vapor e sem azeite. Quando tiver esfriado, esprema na palma das mãos para tirar o excesso de água, formando uma bola. Guarde as bolinhas em um pote na geladeira. Para servir, fatie, solte as folhas e reaqueça em azeite em fogo médio-baixo.

SERVE 4

2 colheres (sopa) de azeite extravirgem	570 g de espinafre, couve, acelga ou outra verdura de sua preferência
1 dente de alho grande amassado	Sal e pimenta-do-reino moída na hora
	Noz-moscada ralada na hora

1 Despeje o azeite em uma panela grande e funda e leve ao fogo médio-alto. Acrescente o alho e refogue até que amoleça e fique levemente tostado. Coloque o espinafre e polvilhe sal. Tampe a panela por 30 segundos. Levante a tampa e use uma pinça de cozinha para virar a verdura. Quando começar a murchar, destampe. Deixe a água no fundo da panela evaporar, terminando de refogar o espinafre no processo. Quando estiver murcho e com pouquíssima água, prove, acerte o sal e tempere com pimenta e noz-moscada.

Almoço: Salada de espinafre, *pancetta*, ovo e *croûtons*

Misture alguns **punhados de folhas de espinafre baby** com **chips de *pancetta*** da *porchetta* (p. 228), **azeitonas verdes sem caroço picadas e cebola em conserva** (p. 86). Acrescente **2 colheres (sopa) de azeite extravirgem**, **2 colheres (sopa) de iogurte desnatado** e **1 espremida de limão-siciliano** (use o restante para temperar a salada). Cubra com *croûtons* (que podem ser feitos cortando pão de fôrma e torrando), pedaços de **queijo tipo gorgonzola** e 1 **ovo cozido** cortado ao meio.

Almoço: Sanduíche de *porchetta*, cebola em conserva e verduras ao alho

Torre **2 fatias de pão integral**. Passe **maionese** e ponha **1 fatia fina de *porchetta*** (p. 228), **cebola em conserva** (p. 86) e **verduras ao alho**.

Musse de chocolate com alecrim

Musse é uma empreitada menos estressante que flan, e eu amo a técnica antipelotas da Dorie Greenspan. Esta é basicamente uma musse do tipo "junte tudo e bata", feita com leite de amêndoa e alecrim, que é surpreendentemente pouco doce. Você pode servir em ramequins de ¾ de xícara (175 ml) ou em uma única tigela grande (o que é mais fácil).

SERVE 8

4½ xícaras de leite de amêndoa (1,1 litro)	4 gemas
10 colheres (sopa) de açúcar refinado (120 g)	285 g de chocolate meio amargo derretido ainda quente
2 ramos de alecrim	¼ de xícara de manteiga sem sal em temperatura ambiente cortada em 4 pedaços (60 g)
¼ de xícara de cacau em pó (20 g)	
¼ de xícara de maisena (30 g)	½ colher (chá) de extrato de amêndoa
½ colher (chá) de sal	
2 ovos	Creme de leite fresco, para servir

1 Misture 4 xícaras de leite de amêndoa (950 ml), 6 colheres (sopa) de açúcar (75 g) e o alecrim em uma panela grande e leve ao fogo para ferver. Enquanto o leite esquenta, peneire o cacau, a maisena e o sal. Acrescente os ovos, as gemas e as 4 colheres (sopa) restantes de açúcar (50 g) no liquidificador e bata por 1 minuto. Limpe as laterais do copo e acrescente a ½ xícara do leite de amêndoa (120 ml) restante. Bata por alguns segundos, adicione os ingredientes secos e pulse até que fique cremoso.

2 Remova o alecrim da mistura com leite quente. Com o liquidificador ligado, adicione metade dessa mistura em um fio lento e constante. Ela vai ficar espumosa, mas as bolhas vão desaparecer quando a musse for ao fogo. Coloque-a em uma panela com o restante do leite e cozinhe em fogo médio-baixo por 2 minutos, mexendo sempre, até engrossar (mas não deixe ferver). Tire do fogo e adicione o chocolate, a manteiga e o extrato de amêndoa.

3 Pulse metade da musse no liquidificador até ficar lisa. Despeje-a em 4 ramequins de ¾ de xícara (175 ml) ou em uma tigela grande. Bata o restante e despeje em mais 4 ramequins ou na mesma tigela. Cubra e guarde na geladeira por até 1 semana.

4 **No dia:** Deixe a musse voltar à temperatura ambiente e sirva. Se desejar, acrescente creme de leite fresco, batido ou não.

Sorvete de café com marshmallow tostado

Coloque **8 marshmallows** a 5 cm de distância um do outro na assadeira e toste no forno preaquecido a 200°C por 5 minutos, até ficarem fofinhos e dourados, virando uma vez. Quando estiverem prontos, coloque 1 bola de **sorvete de café** e 2 marshmallows em 4 tigelinhas. Se tiver à mão **chocolate e pistache salgado**, pode picar e jogar por cima.

O inverno da Merrill

MENU #15

AS RECEITAS

Enroladinhos com pecorino e raiz-forte 244

Sherry Temple 245

Shirley Temple 245

Ensopado de carne ao vinho tinto com pastinaca e cenoura 247

Creme de abóbora com xerez 248

Purê de batata e pastinaca com *sour cream* 251

Bolinho de batata e pastinaca 251

Cookie de chocolate com farinha de amêndoa e cereja 252

Sorvete de menta festivo 252

O melhor vinagrete de vinho tinto 31

Couve cremosa 199

COMO COMBINAR

JANTAR 1: JANTAR PARA 6

Sherry Temple

Shirley Temple

Enroladinhos com pecorino e raiz-forte

Ensopado de carne ao vinho tinto com pastinaca e cenoura

Purê de batata e pastinaca com *sour cream*

Salada de folhas verdes com o melhor vinagrete de vinho tinto

Cookie de chocolate com farinha de amêndoa e cereja

Sorvete de menta festivo

NO DIA Uma hora antes de os convidados chegarem, faça a base do *sherry temple* e prepare o vinagrete. Fatie o enroladinho um pouco antes do jantar. Prepare os *sherry* e *Shirley Temples* para os convidados. Esquente o ensopado e o purê e tempere a salada. Sirva o *prosecco* que sobrar dos drinques com o jantar.

JANTAR 2

Macarrão com couve cremosa

Cookie de chocolate com farinha de amêndoa e cereja

NO DIA Faça uma receita dupla de couve cremosa e use metade no macarrão, guardando o restante.

JANTAR 3

Creme de abóbora com xerez

Pão com manteiga de qualidade

Pera e queijos fortes (como *gouda* ou cheddar) com mel

NO DIA Esquente o creme e fatie o pão. Sirva a pera com queijo e mel de sobremesa.

JANTAR 4

Ensopado de carne ao vinho tinto com pastinaca e cenoura

Couve cremosa

Bolinho de batata e pastinaca

Sorvete de menta festivo

NO DIA Esquente o ensopado e a couve. Faça os bolinhos de batata.

JANTAR 5

Creme de abóbora com xerez

Torrada com manteiga de qualidade

Salada de folhas roxas com o melhor vinagrete de vinho tinto

Mexerica e cookie de chocolate com farinha de amêndoa e cereja

NO DIA Esquente o creme. Faça as torradas usando sobras de pão. Tempere a salada.

ALMOÇO

Creme de abóbora com xerez acompanhado de torrada e queijo

Bolinho de batata e pastinaca, ovo cozido, salada de folhas roxas com o melhor vinagrete de vinho tinto

PLANEJAMENTO

PARA FAZER NO FIM DE SEMANA

Enroladinhos com pecorino
e raiz-forte

Ensopado de carne
ao vinho tinto com pastinaca
e cenoura

Creme de abóbora com xerez

Purê de batata e pastinaca
com *sour cream*

O melhor vinagrete de vinho
tinto

Cookies de chocolate com
farinha de amêndoa e cereja

Sorvete de menta festivo

PREPARE-SE PARA O JANTAR

Esta semana você vai precisar de 3½ horas na cozinha —
mas vai valer a pena, prometo.

• De manhã, tire a massa folhada do congelador
para os enroladinhos (p. 244). Quando estiver pronto
para começar a cozinhar, separe ½ xícara mais
3 colheres (sopa) de manteiga sem sal (185 g)
para amolecer para o cookie (p. 252). Tire a
carne para o ensopado (p. 247) da geladeira.

• Pegue a faca! Corte a *pancetta* e os legumes
e tubérculos para o ensopado (p. 247), a abóbora
e o alho-poró para o creme (p. 248), a pastinaca
e a batata para o purê (p. 251). Coloque a batata
e a pastinaca em uma tigela com água fria para
que não escureçam.

• Lave e seque as folhas da semana e guarde em sacos
tipo zip na geladeira.

• Preaqueça o forno a 175°C. Doure a carne em levas.

• Enquanto isso, ferva o creme de abóbora, assim como
a batata e a pastinaca para o purê. Ponha o ensopado
no forno.

• Faça a massa de cookie (p. 252) e coloque na geladeira
por 30 minutos.

• Amasse a batata e a pastinaca e adicione o restante
dos ingredientes. Faça o vinagrete de vinho tinto
(p. 31). Coloque ambos na geladeira.

• Faça bolinhas com a massa de cookie, role no açúcar
e asse junto com o ensopado. Ou guarde em um pote
no congelador e asse depois, quando for consumir.

• Bata o creme, transfira para um pote e coloque
na geladeira.

• Tire o sorvete de creme da geladeira para amolecer
para o sorvete de menta festivo (p. 252). Recheie
a massa folhada, feche e coloque na geladeira
(ou no congelador).

• Quando a carne estiver macia, tire da panela
e reduza o líquido. Devolva a carne à panela,
deixe esfriar e ponha tudo na geladeira.

• Esmague as balas de menta e misture com o sorvete,
colocando de volta para congelar (experimente
um pouquinho primeiro). E é hora de curtir!

**Está sem tempo nenhum no período das férias
escolares?** Faça 1½ porção do ensopado e do creme,
o purê e o vinagrete e esqueça todo o resto. Com
um pouquinho de baunilha em mãos, pode animar
ainda mais o sorvete de menta festivo quando tiver
15 minutinhos para gastar. Com esse plano reduzido,
seu tempo ativo na cozinha vai ser de menos de 2 horas.

LISTA DE COMPRAS

HORTIFRÚTI

Abóbora, 3,2-3,6 kg

Aipo, 2 talos

Alface roxa, 3 cabeças

Alho, 1 dente grande

Alho-poró, 3

Batata-bolinha, 900 g

Cebola, 1 grande

Cenoura, 4 (340 g)

Couve-toscana, 1,8 kg

Laranja, 2

Mexerica, para sobremesa

Pastinaca, 1,2 kg

Pera, para a sobremesa

ERVAS

Alecrim, 1 ramo (ou ½ colher (chá) do seco)

Louro, 1 folha

Tomilho, 4-5 ramos

ESPECIARIAS

Noz-moscada, 1

DESPENSA

Açúcar mascavo, ⅔ de xícara (135 g)

Açúcar refinado, 1 xícara (200 g)

Azeite extravirgem, 2 xícaras (475 ml)

Bala de menta, 12

Bicarbonato de sódio, ½ colher (chá)

Cacau em pó sem açúcar, ⅓ de xícara (30 g)

Caldo de carne, 2 xícaras (475 ml)

Caldo de galinha ou legumes, 5-6 xícaras (1,2-1,4 litro)

Cereja ao marasquino

Cereja seca, ⅔ de xícara (135 g)

Chocolate meio amargo, 140 g

Extrato de baunilha, 1 colher (chá)

Extrato de menta, 1 colher (chá) (opcional)

Farinha, 6½ colheres (sopa) (50 g), mais um pouco para trabalhar a massa

Farinha de amêndoa, 1 xícara mais 2 colheres (sopa) (125 g)

Farinha de rosca ou panko, 1 xícara (60 g)

Mel, para a sobremesa

Pasta de raiz-forte, 2 colheres (sopa)

Penne ou outro macarrão, 450 g

Tomate picado em lata, 1 xícara (240 g)

Vinagre de vinho tinto, 3 colheres (sopa)

Vinagre de xerez, 1 colher (sopa)

LATICÍNIOS E OVOS

Cream cheese, 3 colheres (sopa)

Creme de leite fresco, 1 e ⅓ de xícara (chá) (335ml), mais um pouco

Leite, 2 xícaras (475 ml)

Manteiga com sal de boa qualidade

Manteiga sem sal, 1½ xícara mais 2 colheres (sopa) (370 g)

Ovo, 2 dúzias

Pecorino, ½ xícara (50 g), ralado

Queijo forte (como *gouda* ou cheddar), para a sobremesa

Sour cream, ¾ de xícara (175 ml) (ver p. 131 para receita caseira)

CARNES E FRUTOS DO MAR

Acém, 1,4 kg, cortado em cubos de 4 cm (peça ao açougueiro para fazer isso por você)

Pancetta, 340 g

BEBIDAS

Gim, ⅜ de xícara (90 ml)

Grenadine

Prosecco, 1 garrafa

Vinho tinto seco, 2 xícaras (475 ml)

Xerez seco, cerca de 1 xícara (240 ml)

CONGELADOR

Massa folhada, 1 folha

Sorvete de creme de boa qualidade, 950 ml

PADARIA

Baguete, 1

Pão, 1 filão

Enroladinhos com pecorino e raiz-forte

É transformador ter uma obra-prima pronta para tirar da manga no último minuto. Sempre mantenho massa folhada congelada para que possa fazer alguma versão deste maravilhoso enroladinho salgado com relativamente pouco aviso prévio. (É um milagre quando já o tenho pronto no congelador.) Ele é facilmente adaptável (ver as dicas nesta página) e parece dar mais trabalho do que realmente dá (veja foto na p. 238).

Pronto para receber Com uma massa dessas no congelador, você estará sempre preparado para receber convidados. Embrulhe duplamente em filme a massa sem fatiar e congele por até 2 meses. Você também pode usar como recheio mostarda de Dijon e cheddar ralado, presunto cru e parmesão, espinafre e cream cheese ou cogumelos picadinhos e gruyère.

RENDE 36 ENROLADINHOS, O BASTANTE
PARA 10-12 PESSOAS

1 folha de massa folhada congelada

3 colheres (sopa) de cream cheese em temperatura ambiente

2 colheres (sopa) de pasta de raiz-forte

½ colher (chá) de folhas frescas de tomilho picadas

½ colher (chá) de pimenta-do-reino moída na hora

Raspas finas de 1 limão-siciliano

Farinha, para enrolar

½ xícara de pecorino ralado (50 g)

1 Deixe a massa folhada descongelar na geladeira até a hora de trabalhar com ela, pelo menos por 6 horas.

2 Em uma tigela pequena, misture o cream cheese, a raiz-forte, o tomilho, a pimenta e as raspas de limão-siciliano.

3 Abra a massa folhada em uma superfície levemente enfarinhada, transformando-a em um retângulo de 25 cm × 36 cm com cerca de 3 mm de espessura.

4 Trabalhando rápido, espalhe a mistura com cream cheese uniformemente sobre a massa, deixando uma borda de 1,3 cm. Polvilhe com pecorino.

5 Enrole a massa, formando um rocambole compacto. Envolva-a firmemente em papel-manteiga e coloque na geladeira pelo menos por 30 minutos ou congele (ver a dica).

6 **No dia:** Se tiver congelado o enroladinho, transfira para a geladeira assim que acordar. Cerca de 30 minutos antes de servir, preaqueça o forno a 190°C e forre duas assadeiras com papel-manteiga. Usando uma faca afiada, faça fatias de 6 mm e posicione-as 2,5 cm separadas umas das outras nas assadeiras. Leve ao forno por 12-15 minutos, girando as assadeiras na metade do tempo, até que as fatias estejam douradas e crocantes. Deixe que esfriem por alguns minutos na assadeira antes de servir.

Sherry Temple

Minha irmã e eu aprendemos a reconhecer uma ocasião especial: quando podíamos tomar um *Shirley Temple*. Esta é uma versão para adultos (que você pode ver na p. 239), com bebida alcoólica. Como o original, leva *grenadine*. Coloque um pouquinho e prove, porque ele pode passar de sutil a enjoativo em um segundo.

Em escala Com um grupo grande, aumente os ingredientes para fazer o número de drinques necessários. Misture tudo exceto o *prosecco* e a casca de laranja e mantenha na geladeira até a hora de servir, desde que não passe de 24 horas. Despeje ½ xícara (120 ml) em cada taça, complete com *prosecco* e acrescente a casca de laranja.

Twist Se der, deixe para cortar a casca de laranja na hora de servir os drinques. Assim que ela é separada da fruta, parte do seu sabor e de sua fragrância se vão. Além disso, ela começa a secar e já não fica tão bonita.

RENDE 6 DRINQUES

Casca de 1 laranja

⅜ de xícara de sumo de laranja recém-espremido (90 ml)

⅜ de xícara de sumo de limão-siciliano recém-espremido (90 ml)

⅜ de xícara de gim (90 ml)

⅜ de xícara de xerez seco (90 ml)

Grenadine, a gosto

1½ xícara de *prosecco*

1 Faça espirais finas com a casca da laranja.

2 Encha uma coqueteleira com gelo. Acrescente o sumo de laranja e o de limão-siciliano, o gim e o xerez. Agite vigorosamente por 15 segundos e divida em 6 taças de champanhe ou martíni.

3 Acrescente algumas gotas de *grenadine* em cada taça e complete com ¼ de xícara de *prosecco* (60 ml). Decore com uma espiral de laranja e sirva imediatamente.

Shirley Temple

Para os convidados mirins, encha um copo longo com gelo e **ginger ale** (p. 268). Acrescente **1 colher (chá) de** *grenadine* (os drinques vão ficar vermelho-cereja), mexa com cuidado e coloque uma **cereja ao marasquino** em cima.

Ensopado de carne ao vinho tinto com pastinaca e cenoura

Amanda me apresentou a receita de Mario Batali de carne ao Barolo, que envolve assar um peito bovino inteiro em uma garrafa do vinho. Nunca usei Barolo de fato (Dolcetto é um bom substituto e muito mais em conta) e prefiro usar qualquer carne para ensopado a peito, porque não gosto da ideia de ter que pôr e tirar uma peça imensa de carne de uma panela cheia de líquido escaldante. A versão da Amanda da p. 187 pede costela, que funciona superbem, mas prefiro acém em cubos porque não preciso lidar com os ossos. Peguei a cenoura da receita dela e acrescentei a pastinaca para que fosse uma refeição completa. Mas purê é sempre bem-vindo, e você vai encontrar uma receita de purê de batata e pastinaca com *sour cream* na p. 251.

Escolha sua proteína Você não só pode usar diferentes cortes de carne bovina, como de cordeiro, vitela e porco. Dá até para fazer com sobrecoxas de frango, em um *coq au vin* modificado. Só diminua o cozimento para 40-45 minutos e reduza o molho sozinho por um pouco mais de tempo.

Em vez de comprar carne já picada, escolha um pedaço inteiro (como acém ou paleta de cordeiro desossada) e peça ao açougueiro para cortar. Assim, você pode especificar o tamanho dos cubos e sabe que a carne vem toda do mesmo pedaço.

SERVE 4 EM 2 JANTARES

1,4 kg de acém cortado em cubos de 4 cm (ver nota acima)

Sal e pimenta-do-reino moída na hora

3 colheres (sopa) de azeite extravirgem

115 g de *pancetta* picada

4 cenouras sem casca em rodelas de 1,3 cm (340 g)

3 pastinacas médias sem casca em rodelas de 1,3 cm (255 g)

1 cebola grande picada

2 talos de aipo cortados em rodelas de 1,3 cm

1 dente de alho grande sem casca amassado

2 xícaras de vinho tinto seco (475 ml)

2 xícaras de caldo de carne (475 ml)

1 xícara de tomate picado em lata (240 g)

3 ramos de tomilho

1 ramo de alecrim ou ½ colher (chá) de alecrim seco

1 folha de louro

1   Tire a carne da geladeira de 20-30 minutos antes de começar a trabalhar. Preaqueça o forno a 175°C. Tempere com sal e pimenta. Esquente 1 colher (sopa) de azeite em uma panela de ferro grande em fogo alto. Trabalhando em levas, acrescente a carne, tomando cuidado para não encher a panela. Cozinhe por cerca de 5 minutos, virando para dourar dos dois lados. Transfira para um prato enquanto trabalha com o restante.

2   Descarte tudo menos 1 colher (sopa) da gordura da panela, diminua o fogo para médio-baixo e acrescente as 2 colheres (sopa) de azeite restante e a *pancetta*. Frite até que comece a ficar crocante, por cerca de 5 minutos.

3   Acrescente a cenoura, a pastinaca, a cebola e o aipo e cozinhe por 5 minutos, até começar a amolecer. Coloque o alho e deixe por mais 1 minuto.

4   Adicione o vinho, o caldo de carne, o tomate, o tomilho, o alecrim, a folha de louro e as 2 colheres (chá) de sal e leve ao fogo alto para ferver. Acrescente a carne, que deve ficar submersa no líquido. Tampe a panela e coloque no forno. Asse até que a carne esteja macia, por cerca de 2 horas.

5   Transfira a carne para um prato. Leve o líquido para ferver em fogo médio-alto até reduzir e engrossar o bastante para cobrir uma colher de pau. Prove e acerte o tempero. Deixe esfriar um pouco, descarte as ervas, tampe e leve à geladeira na própria panela.

6   **No dia:** Esquente o ensopado em fogo baixo por 10-15 minutos.

Creme de abóbora com xerez

Em geral, reservo sopas e cremes para os dias frios do ano (embora, no verão, nada fique entre mim e o gaspacho!), e essa poderia ser facilmente minha refeição na maioria dos dias de outono e inverno. Tenho feito o mesmo creme básico de abóbora por anos, com pequenas alterações aqui e ali. Ele é aveludado como uma sopa de abóbora de inverno deve ser. É só ter um pouco na geladeira para me sentir pronta para a semana adiante.

Trocar ou não trocar Se você não tem xerez aberto, pode substituir por brandy, vinho madeira ou conhaque. Para uma versão vegana, use óleo vegetal em vez de manteiga e esqueça o leite e o creme de leite fresco. Vai ficar delicioso de qualquer jeito.

Um truque para descascar Uma das coisas que me deixa louca na cozinha é o alaranjado que fica nas mãos (e é impossível de tirar) quando você mexe com abóbora. Para minimizar isso, seguro a abóbora pela ponta mais grossa, o mais perto do fim possível, e descasco no sentido do comprimento, do lado maior para o menor. Assim, só tenho que tocar a parte grudenta por poucos segundos enquanto termino de descascar o fundo e tiro as sementes. Uma esponja vegetal é um modo efetivo — e menos dolorido que a esponja de aço — de remover qualquer sujeira que persista em suas mãos.

SERVE 4 EM 2 JANTARES, COM SOBRAS

¼ de xícara de manteiga sem sal (60 g)

3 talos de alho-poró picados com as partes brancas e verdes

3,2-3,6 kg de abóbora sem casca e sem semente cortada em cubos de 2,5 cm

Sal e pimenta-do-reino moída na hora

½ colher (chá) de noz-moscada ralada na hora

6 colheres (sopa) de xerez seco (90 ml), mais um pouco para finalizar

5-6 xícaras de caldo de galinha ou legumes (1,2-1,4 litro)

2 xícaras de leite (475 ml)

¼ de xícara de creme de leite fresco (60 ml) e mais para servir

1 Derreta a manteiga em uma panela de 5,5-7,5 litros em fogo médio-baixo. Coloque o alho-poró e mexa com uma colher de pau até amolecer, por cerca de 5 minutos (se começar a escurecer, ponha algumas colheradas de água).

2 Adicione a abóbora, 1 colher (chá) de sal, um pouco de pimenta-do-reino e a noz-moscada. Cozinhe, mexendo com frequência, por mais 5 minutos.

3 Ponha o xerez e reduza por 1-2 minutos. Cubra a abóbora com o caldo (se precisar de mais líquido, use água).

4 Deixe ferver com a panela parcialmente tampada, até que a abóbora esteja macia, por cerca de 20 minutos. Desligue o fogo e deixe esfriar pelo menos por mais 20 minutos.

5 Se pretende congelar o creme, bata e não acrescente o leite e o creme de leite, para não talhar quando descongelado. Caso contrário, trabalhando em levas, bata-o com o leite até ficar cremoso, adicionando mais água se parecer grosso demais. Inclua o creme de leite, prove e acerte o tempero. Guarde na geladeira por até 1 semana ou no congelador por até 3 meses.

6 Se tiver congelado o creme, passe para a geladeira na noite anterior. **No dia:** Esquente o creme em uma panela em fogo médio-baixo até ferver. Acrescente o leite e o creme de leite fresco se ainda não o tiver feito e deixe voltar à fervura. Prove e acerte o tempero. Dê um toque de xerez e mais creme de leite fresco ou iogurte em cada tigela antes de servir.

Purê de batata e pastinaca com *sour cream*

Na primeira vez em que fiz purê de batata, minha mãe compartilhou uma pílula de sabedoria comigo: sempre adicione um toque azedinho — *sour cream*, creme de leite fresco, leitelho, iogurte grego, o que for. Dá uma elevada no sabor, saindo da monotonia da batata com manteiga. Desde então, sigo esse conselho (ou pelo menos tento). Esta receita leva batata e pastinaca, o que resulta em um purê menos denso, com uma presença vegetal agradável. Como Amanda, sou uma grande defensora do uso da água do cozimento em vez de leite no purê. Isso potencializa os sabores em vez de abafá-los. (Ver o prato finalizado, p. 246.)

SERVE 6 COMO ACOMPANHAMENTO, COM SOBRAS PARA OS BOLINHOS (AO LADO)

900 de pastinaca sem casca cortada em pedaços de 2,5 cm

900 g de batata-bolinha sem casca cortada em pedaços de 4 cm

Sal e pimenta-do-reino moída na hora

¾ de xícara de *sour cream* (175 ml) (veja na p. 131 como fazer em casa)

3 colheres (sopa) de manteiga sem sal em temperatura ambiente

1-2 colheres (sopa) de azeite extravirgem

1 Coloque a pastinaca e a batata em uma panela grande e cubra com água fria com 2 colheres (chá) de sal. Ponha para ferver em fogo alto. Abaixe o fogo e mantenha a fervura até que os tubérculos fiquem macios, por cerca de 20 minutos.

2 Reserve 2 xícaras da água do cozimento (475 ml), escorra e devolva a pastinaca e a batata à panela em fogo baixo. Amasse-as, acrescentando o *sour cream*, a manteiga, o azeite e um pouco da água do cozimento. Com uma colher de pau, mexa vigorosamente até que o purê fique liso e cremoso. Se parecer seco, coloque mais um pouco da água do cozimento até adquirir uma consistência aveludada. Prove e acerte o tempero. Esfrie e guarde na geladeira por até 5 dias.

3 **No dia:** Esquente em uma panela de fundo triplo em fogo médio-alto por 5-10 minutos, acrescentando um pouco de água quente para soltar. Não se esqueça de separar um pouco para os bolinhos (abaixo)!

Bolinho de batata e pastinaca

Bata **1 ovo grande para cada 225 g de sobras de purê**. Faça bolinhos de 7,5 cm (não se preocupe se não ficarem firmes: isso vai mudar quando estiverem prontos), empane com **farinha de rosca (ou panko)** temperada com sal e pimenta-do-reino e frite por 2-3 minutos de cada lado em **azeite extravirgem** em uma frigideira grossa em fogo médio até dourar. Polvilhe sal e pimenta-do-reino e sirva na hora.

Cookie de chocolate com farinha de amêndoa e cereja

Foi com esta receita que venci o cookie de baunilha com especiarias e gotas de chocolate da Amanda (p. 204) na nossa competição de fim de ano em 2015. Minha inspiração foi uma receita de Pierre Hermé e Dorie Greenspan, mas eu queria um cookie mais macio, então troquei a maior parte da farinha de trigo por farinha de amêndoa e acrescentei cerejas secas. A textura é quase de *brownie*, então estes cookies continuam bons após cinco dias. Desenvolvi a receita para larga escala, então as quantidades podem parecer um pouco esquisitas. Mas prometo que vai valer a pena.

Não asse demais Levei um tempo para entender a importância de tirar cookies (e bolos) mais macios do forno antes que estejam prontos. Como a carne, eles continuam assando quando você tira, então, a menos que queira que fiquem bem crocantes (como na p. 23), resista ao impulso de deixar "só mais um minuto".

RENDE CERCA DE 36 COOKIES

1 xícara mais 2 colheres (sopa) de farinha de amêndoa (125 g)

6½ colheres (sopa) de farinha de trigo (50 g)

⅓ de xícara de cacau em pó sem açúcar (30 g)

½ colher (chá) de bicarbonato de sódio

½ xícara mais 3 colheres (sopa) de manteiga sem sal em temperatura ambiente (125 g)

⅔ de xícara de açúcar mascavo (135 g)

1 xícara de açúcar (200 g)

½ colher (chá) de sal

1 colher (chá) de extrato de baunilha

140 g de chocolate meio amargo grosseiramente picado (em pedaços de 8 mm ou menores)

⅔ de xícara de cereja seca picada (135 g)

1 Misture as farinhas, o cacau em pó e o bicarbonato de sódio em uma tigela grande. Na batedeira com a raquete acoplada, bata a manteiga em velocidade média por

3-5 minutos, até ficar leve e fofa. Limpe a lateral da tigela com uma espátula.

2 Acrescente o açúcar mascavo, ¼ de xícara de açúcar (50 g), o sal e a baunilha e bata por 2 minutos. Limpe a lateral da tigela. Junte os ingredientes secos, cubra a batedeira com um pano de prato para não fazer sujeira e pulse em velocidade baixa 5 vezes, 2 segundos por vez. Remova o pano de prato e bata em velocidade baixa até misturar bem. Limpe a lateral da tigela de novo.

3 Adicione o chocolate e a cereja e incorpore. Cubra a tigela e leve à geladeira por 30 minutos.

4 Preaqueça o forno a 175°C. Forre 2 assadeiras com papel-manteiga. Coloque os ¾ de xícara restantes de açúcar (150 g) em um prato grande. Faça bolinhas de 4 cm com a massa, passe no açúcar e distribua na assadeira a 5 cm de distância uma da outra. (Ou congele em um pote hermético e asse conforme for consumir.)

5 Asse por 10-12 minutos. Eles devem estar secos na superfície, mas moles ao toque. Não asse demais. Deixe esfriar por 5 minutos e transfira para uma grade.

6 Os cookies duram até 1 semana em uma lata. Se acha que não vai comer antes disso, congele em um saco tipo zip por até 1 mês. Deixe que descongelem fora da geladeira antes de consumir.

Sorvete de menta festivo

Eis um jeito de transformar balas de menta que estiverem dando bobeira. Deixe **950 ml de sorvete de creme** amolecer um pouco em temperatura ambiente. Enquanto isso, desembrulhe **12 balas**, coloque-as em 2 sacos tipo zip e esmague-as com um martelo de cozinha, formando pequenos cristais. Coloque o sorvete na tigela da batedeira com a raquete acoplada. Acrescente as balas esmagadas e **1 colher (chá) de extrato de menta**, se tiver. Bata em velocidade baixa até misturar e congele de novo.

MENU #16

AS RECEITAS

Salada de repolho e rabanete 258

Peixe no papelote 259

Salpicão de peixe 260

Lámen com peixe, gengibre, coentro, pimenta e limão 260

Taco de carne de porco de panela 263

Feijão encorpado 264

Massa com *fagioli* 264

Arroz verde 266

Sorvete de limão 268

Sorvete de torta de limão 268

Vaca-branca 268

Grapefruit grelhada com limão 268

Xarope de gengibre 268

Cebola em conserva 86

COMO COMBINAR

JANTAR 1

Peixe no papelote

Arroz verde

Agrião temperado com limão, azeite e coentro

Sorvete de limão

NO DIA Esquente o peixe e o arroz. Tempere o agrião com folhas frescas de coentro, sumo de limão, azeite, sal e pimenta.

JANTAR 2

Taco de carne de porco de panela

Salada de repolho e rabanete

Grapefruit grelhada com limão

NO DIA Esquente as tortilhas e a carne e prepare o recheio dos tacos. Tempere a salada. Prepare as grapefruits antes do jantar e grelhe imediatamente antes de comer.

JANTAR 3

Salpicão de peixe

Salada de repolho e rabanete

Vaca-branca

NO DIA Faça o salpicão de peixe. Tempere a salada. Faça a vaca-branca para a sobremesa.

JANTAR 4

Pasta e *fagioli*

Embutidos

Pão

Sorvete de torta de limão

NO DIA Faça o sorvete de torta de limão e ponha na geladeira. Faça a massa e *fagioli* e separe o pão e os embutidos. Bata o creme de leite fresco para o sorvete antes de servir.

JANTAR 5

Carne de porco de cozimento lento e feijão encorpado com cebola em conserva

Arroz verde

Agrião e aipo com molho de salsinha e limão

Sorvete de creme com xarope de gengibre

NO DIA Esquente o arroz, a carne de porco e o feijão juntos. Misture agrião, aipo cortado fininho e salsinha picada, cobrindo com sobras do molho da salada de repolho e rabanete (p. 258). Para a sobremesa, use o xarope de gengibre como calda para o sorvete.

ALMOÇO

Lámen com peixe, gengibre, coentro, pimenta e limão

Sanduíche de carne de porco, cebola em conserva e fatias de abacate

Feijão encorpado com ovo frito ou cozido

PLANEJAMENTO

PARA FAZER NO FIM DE SEMANA

Peixe no papelote

Salada de repolho e rabanete

Taco de carne de porco de panela

Cebola em conserva (p. 86)

Feijão encorpado

Arroz verde

Sorvete de limão

Xarope de gengibre

E VAMOS LÁ!

O tempo ativo na cozinha este fim de semana vai ser de cerca de 3 horas.

• Coloque o feijão de molho (p. 264).

• Leve a carne de porco ao forno (p. 263).

• Lave e seque todas as ervas e folhas da semana e guarde na geladeira.

• Faça a base do sorvete (p. 268) e leve à geladeira por 1 hora pelo menos.

• Coloque o xarope de gengibre (p. 268) no fogo.

• Preaqueça o forno a 175°C. Faça o arroz verde (p. 266) e ponha no forno.

• Escorra o feijão e deixe para ferver com o restante dos ingredientes.

• Leve o sorvete de limão ao congelador, mexendo a cada 20 minutos.

• Faça a cebola em conserva (p. 86) para o taco de carne de porco e fatie a cebola para a salada de repolho e rabanete (p. 258). Guarde tudo na geladeira.

• Corte o repolho e os rabanetes para a salada e leve à geladeira.

• Faça o molho para a salada de repolho e rabanete (p. 258) e também leve à geladeira.

• Quando o arroz estiver pronto, abaixe a temperatura do forno para 165°C. Prepare o peixe no papelote e leve para assar (p. 259).

• Coe o xarope de gengibre (p. 268). Guarde na geladeira.

• Tome um chá e coma um cookie. Você merece.

Não tem muito tempo para cozinhar esta semana? Faça o arroz de forno simples (p. 83) em vez do arroz verde. Esqueça o sorvete de limão, o xarope de gengibre e a salada de repolho e rabanete e complemente com seu sorvete industrializado favorito e uma salada verde simples. Dessa maneira, você deve reduzir seu tempo na cozinha pela metade.

LISTA DE COMPRAS

HORTIFRÚTI

Abacate, 4

Agrião, 2 maços

Aipo, 1 maço

Alho, 18 dentes

Cebola, 8 (2 médias, 2 grandes e 4 pequenas)

Cebola-roxa, 2½ (2 grandes e ½ pequena)

Cebolinha, 10

Cenoura, 3 grandes

Gengibre, 2 bulbos (15 cm)

Grapefruit, 2

Rabanete médio, (225 g)

Limão, 25

Pimenta-poblano, 2

Pimenta-serrano, 4

Repolho, 450 g

ERVAS

Alecrim, 1 ramo (ou ½ colher (chá) de alecrim seco)

Coentro, 3 maços

Hortelã, 1 maço

Salsinha, 1 maço

Tomilho, 2 ramos

ESPECIARIAS

Chipotle em pó, 2 colheres (chá)

Louro, 1 folha

Orégano seco, 1 colher (chá)

Pimenta ancho em pó, 4 colheres (chá)

Pimenta-do-reino em grãos, 1 colher (chá)

Semente de coentro, 2 colheres (chá)

Semente de cominho, 4 colheres (chá)

DESPENSA

Açúcar demerara, ¼ de xícara (50 g)

Açúcar refinado, 3½ xícaras mais 2 colheres (sopa) (725 g)

Arroz basmati, 4 xícaras (740 g)

Azeite extravirgem, 1 xícara (240 ml), mais um pouco

Bolacha maria ou maisena, 3

Caldo de galinha ou legumes caseiro ou com baixo teor de sódio, 11 xícaras (2,6 litro)

Feijão-branco, 900 g

Macarrão curto, 115 g

Macarrão de arroz oriental (bifum), 55 g

Maionese, para o almoço

Mel, 2 colheres (sopa)

Molho de pimenta, para servir

Molho de soja, ⅛ de colher (chá)

Mostarda de Dijon, 2 colheres (sopa)

Óleo vegetal, 1 xícara (240 ml)

Tomate em lata picado, 4 xícaras (960 g)

Vinagre de maçã, 1½ xícara (355 ml)

Vinagre de vinho tinto, 4 colheres (chá)

LATICÍNIOS E OVOS

Casca de parmesão (opcional)

Creme de leite fresco, 3½ xícaras (830 ml)

Manteiga sem sal, 6 colheres (sopa) (85 g)

Parmesão, para ralar

Sour cream, para servir (veja na p. 131 como fazer em casa)

CARNES E FRUTOS DO MAR

Embutidos

Paleta suína desossada (não muito magra), 1,8 kg

Peixe branco (robalo, pargo etc.), 1,4 kg em filés

BEBIDAS

Água com gás, 1 garrafa (1 litro)

CONGELADOR

Sorvete de creme, para a sobremesa

PADARIA

Pão, 1 filão

Pão para sanduíche, 4

Tortilhas, 32 pequenas

Salada de repolho e rabanete

Todo ensopado ou assado pede alguma coisa crocante e refrescante para compensar. Esta salada é supersimples. E usa rabanete, um tubérculo muito benéfico.

Adiantando Depois que puser o molho, a salada vai perder a estrutura rapidamente. Sugiro que faça isso pouco antes de servir, apenas com a quantidade de cebola, repolho e rabanete que pretende comer, e guarde o restante na geladeira para temperar depois.

SERVE 4 COMO ACOMPANHAMENTO EM 2 JANTARES

½ cebola-roxa em fatias finas

450 g de repolho

225g de rabanetes médios

MOLHO DE LIMÃO

6 colheres (sopa) de sumo de limão (90 ml)

2 colheres (chá) de raspas finas de limão

2 colheres (sopa) de mel

6 colheres (sopa) de óleo vegetal (90 ml)

1 colher (chá) de sal

Pimenta-do-reino moída na hora

½ xícara de folhas de coentro (20 g)

½ xícara de folhas de salsinha (20 g)

1 Mergulhe a cebola em uma tigela com água fria por cerca de 20 minutos para tirar um pouco da acidez. Escorra e guarde na geladeira em um pote ou saco envolta em duas folhas de papel-toalha.

2 Corte o repolho bem fininho (deve render 12 xícaras) e descasque e pique os rabanetes em tiras finas e uniformes (deve render 6 xícaras). Guarde na geladeira em um pote ou um saco envolta em duas folhas de papel-toalha.

3 Misture o sumo e as raspas de limão, o mel, o óleo, o sal e um pouco de pimenta em um vidro com tampa de rosca. Feche e agite vigorosamente, até emulsificar. Prove, acerte o tempero e guarde na geladeira por até 5 dias. Você vai usar em outras saladas durante a semana.

4 **No dia:** Misture metade do repolho, dos rabanetes e da cebola em uma tigela grande. Pique grosseiramente ¼ de xícara de coentro (10 g) e a mesma quantidade de salsinha. Regue com cerca de 3 colheres (sopa) do molho de limão e misture. Prove e adicione mais molho se necessário. Sirva imediatamente. Repita o processo na segunda noite em que for comer esta salada.

Peixe no papelote

Esta é uma adaptação de um peixe que meu marido e eu comíamos em um resort no Quênia na nossa lua de mel. Éramos mimados com peixes e frutos do mar recém-pescados e impecavelmente preparados todos os dias. Com um pouco de adulação, o chef concordou em me passar algumas receitas. Nesta, os filés são temperados com limão, azeite e coentro, cobertos por fatias de cebola e limão e assados envoltos em papel-alumínio. Funciona melhor com filés finos, como de robalo e pargo. Há ainda uma dica de como fazer esta receita com um peixe inteiro.

Seu melhor amigo Assar no papel-alumínio é uma maneira excelente de capitalizar o calor do forno de maneira uniforme sem que o alimento fique seco. Ele mantém a umidade do que quer que esteja lá dentro, o que é especialmente útil no caso de proteínas delicadas de cozimento rápido. Para fazer esta receita com peito de frango sem osso e sem pele, faça um pacotinho para cada pedaço e asse em forno a 190°C por 25-30 minutos, até que a temperatura interna da carne chegue a 74°C.

SERVE 4, COM SOBRAS PARA O SALPICÃO DE PEIXE E ALMOÇOS

¼ de xícara de sumo de limão espremido na hora (60 ml)

2 colheres (chá) de raspas finas de limão

½ xícara de coentro (folhas e talos) grosseiramente picado (20 g)

½ xícara de azeite extravirgem (120 ml)

Sal e pimenta-do-reino moída na hora

2 cebolas-roxas grandes cortadas ao meio e em fatias finas

3 limões em fatias finas

1,4 kg de filé de peixe (como robalo ou pargo)

2 colheres (sopa) de mostarda de Dijon

2 colheres (sopa) de manteiga sem sal em pedaços pequenos

1 Preaqueça o forno a 165°C.

2 Misture o sumo e as raspas de limão, o coentro e o azeite em uma tigela. Tempere com sal e pimenta.

3 Coloque 2 pedaços de papel-alumínio um sobre o outro, com os lados opacos para dentro. Faça uma prega de 1,3 cm em um dos lados maiores e dobre mais duas vezes de modo que as folhas fiquem bem presas. Separe os lados opacos, formando uma única folha grande, e deixe o lado brilhante para baixo. Repita o processo para criar mais 2 folhas grandes. Disponha as fatias de cebola e limão no centro de cada folha, perto da dobra, criando uma cama do mesmo tamanho do filé.

4 Coloque um filé sobre essa cama e espalhe um pouco de mostarda sobre ele. Adicione cebola e limão sobre o filé, depois outro filé e mais um pouco de mostarda. Repita até que tenha usado ⅓ do peixe, finalizando com uma camada de cebola e limão. Faça o mesmo com as outras 2 folhas.

5 Jogue ⅓ da marinada no topo de cada pilha de filés e finalize com a manteiga. Dobre e vinque o papel-alumínio formando um pacotinho, tirando o máximo de ar possível. Coloque os papelotes em assadeiras.

6 Asse por cerca de 30 minutos, até que o peixe esteja bom. Sirva metade imediatamente, guardando o resto (sem o líquido acumulado no papel-alumínio) na geladeira por até 3 dias.

Para um jantar mais dramático Se quiser fazer um peixe inteiro, procure 2 do mesmo tamanho, com cerca de 570 g cada, e peça ao peixeiro para limpá-los. Recheie o peixe com a mostarda, a cebola, o limão e a manteiga que sobrarem depois de fazer as camadas de cima e de baixo. Enrole em papel-alumínio e ponha no forno. Vai demorar mais para assar, cerca de 45-55 minutos.

Salpicão de peixe

Esta é uma ótima maneira de dar vida nova às sobras de peixe. Este ceviche cozido envolto por tortilhas de milho macias é um dos pratos que meu marido e eu conhecemos no Fonda, um dos meus restaurantes preferidos do Brooklyn. Adoro o fato de que posso fazê-lo rapidamente ao chegar do trabalho, e a ideia de que cada um monta o seu é outra vantagem — especialmente para o cozinheiro! Eu costumo usar peixe branco, mas um peixe mais gorduroso como atum também funciona.

SERVE 4

12-16 tortilhas de milho pequenas

450 g de peixe assado (sobras do peixe no papelote da p. 259)

⅓ de xícara de coentro grosseiramente picado (13 g)

4 cebolinhas com a parte verde e branca em fatias finas

½-1 pimenta dedo-de-moça sem semente e bem picadinha

Sal

2 limões

1-2 abacates

Molho de pimenta, para servir

1 Preaqueça o forno a 150°C. Enrole as tortilhas em papel-alumínio e coloque no forno para esquentar por 5-10 minutos.

2 Enquanto isso, parta o peixe com um garfo, deixando pedaços grandes, e ponha em uma tigela.

3 Acrescente o coentro, a cebolinha, a pimenta e algumas pitadas de sal. Esprema o limão e misture com cuidado. Prove e acerte o tempero.

4 Para servir, descasque, tire o caroço e fatie os abacates, então corte os limões restantes em cunhas. Ponha o molho de pimenta na mesa e deixe que cada um monte seu próprio taco.

Almoço: Lámen com peixe, gengibre, coentro, pimenta e limão

Tirei esta ótima ideia de *The Little Book of Lunch*, escrito por Sophie Missing e Caroline Craig. Coloque **55 g de bifum**, o macarrão de arroz oriental, em um vidro com tampa de rosca de 295-355 ml. Acrescente **1 colher (chá) de gengibre fresco ralado, 2 cebolinhas cortadas finas, ½ cenoura em tiras finas, algumas folhas de hortelã e coentro** picadas e ⅛ **de colher (chá) de molho de soja** (ou mais a gosto). Acrescente ¼ **de xícara (50 g) de sobras de peixe no papelote** (p. 259) em pedaços. Na hora de comer, coloque água fervendo para cobrir os outros ingredientes e espere 3 minutos. Esprema ½ **limão**, mexa e pronto!

Taco de carne de porco de panela

Estes tacos foram inspirados em uma receita de chili que encontrei no livro *Fine Cooking*. Decidi fazer com paleta suína em vez de carne bovina, reduzi o molho e cortei o feijão para que parecesse mais um ensopado grosso. Então pensei: por que não colocar em tortilhas? E, nesse caso, não custaria nada fazer cebola em conserva rapidinho. Àquela altura, era um prato completamente diferente do original, mas todas as receitas têm que vir de algum lugar, certo? Como a maior parte das carnes de cozimento lento, esta aqui fica ainda melhor depois de um ou dois dias.

Pimenta O recheio deste taco pede diferentes tipos de pimentas inteiras e em pó. Você pode simplesmente deixar de fora as que não tiver, mas se quiser montar um estoque vai ser recompensado com camadas complexas de sabor e calor. Sinta-se livre para ajustar as quantidades de acordo com sua tolerância. Use 1 serrano em vez de 2 e apenas 1 colher (chá) de chipotle em pó se estiver tímido.

SERVE 4, COM SOBRAS DE CARNE

4 colheres (chá) de semente de cominho

2 colheres (chá) de semente de coentro

4 colheres (chá) de pimenta ancho em pó

2 colheres (chá) de chipotle em pó

1 colher (chá) de orégano seco

3-4 colheres (sopa) de óleo vegetal

1,8 kg de paleta suína desossada cortada em cubos de 2 cm (ver a dica para comprar carne de porco, p. 165)

Sal

2 cebolas picadas

2 pimentas-poblano sem semente bem picadinhas

2 pimentas-serrano sem semente bem picadinhas

4 dentes de alho grandes picados

3 xícaras de caldo de galinha caseiro ou com baixo teor de sódio (710 ml)

2 xícaras de tomate picado em lata, com o líquido (480 g)

4 limões grandes

12-16 tortilhas de milho pequenas

2 abacates

½ maço de coentro

Sour cream, para servir (veja na p. 131 como fazer em casa)

Cebola em conserva (p. 86), para servir

1 Toste as sementes de cominho e coentro em uma frigideira pequena em fogo médio por 1-2 minutos, mexendo até que comecem a soltar aroma. (Cuidado para não queimar.) Moa os temperos com cuidado usando um moedor ou pilão. Junte as pimentas em pó e o orégano e reserve.

2 Esquente 1 colher (sopa) de óleo em uma panela de fundo grosso ou de ferro em fogo médio-alto. Tempere a carne com sal. Trabalhando em levas, doure a carne dos dois lados, por cerca de 4 minutos no total (adicione mais óleo se necessário). Transfira para um prato.

3 Reduza o fogo para médio-baixo e acrescente outra colher (sopa) de óleo, a cebola, as pimentas-poblano e serrano e algumas pitadas de sal. Cozinhe até tudo amolecer, por cerca de 5 minutos. Acrescente o alho e espere por mais 1 minuto. Acrescente a mistura de temperos moída e mantenha assim por outro minuto.

4 Devolva a carne com o líquido para a panela e acrescente o caldo de galinha e o tomate. A carne deve ficar coberta de líquido; caso contrário, adicione mais água. Esprema 1 limão e acrescente 1 colher (sopa) de sal. Deixe ferver, abaixe o fogo, tampe a panela e mantenha a fervura por mais 1 hora.

5 Destampe a panela e continue a cozinhar por 30-60 minutos, até a carne ficar macia e o molho engrossar. Prove e acerte o tempero. Deixe esfriar e guarde na própria panela na geladeira por até 5 dias. Você pode fazer na panela de pressão, para ser ainda mais rápido.

6 **No dia:** Preaqueça o forno a 150°C. Embrulhe as tortilhas em papel-alumínio e esquente no forno por 5-10 minutos. Reaqueça a carne em fogo médio por 10 minutos e esprema um pouco mais de sumo de limão. Descasque, tire o caroço e fatie os abacates e corte 2 limões em cunhas. Disponha a carne, o abacate, o limão, a cebola em conserva, bastante coentro e 1 tigela de *sour cream* para que cada um monte seus próprios tacos.

Feijão encorpado

Um dia, quando minha despensa e minha geladeira estavam particularmente deprimentes, decidi jogar todos os legumes, verduras e ervas que eu tinha em uma panela de feijão com uma casca de parmesão que estava na geladeira fazia semanas. Conforme o feijão amoleceu e inchou, ele absorveu as qualidades desse grupo heterogêneo de sabores. Ficou rico e aveludado, fazendo todos os outros que eu já tinha cozinhado comerem poeira. Agora sempre faço feijão desse jeito. Não é preciso se ater aos detalhes. Você pode usar alho-poró em vez de cebolinha, sálvia ou salsinha em vez de tomilho e alecrim, pecorino no lugar de parmesão, e por aí vai.

O amigo do congelador Este feijão congela superbem. Mantenha em um recipiente hermético por até 3 meses. Quando for comer, transfira para a geladeira pela manhã.

SERVE 4 COMO ACOMPANHAMENTO, COM SOBRAS PARA MASSA E *FAGIOLI* E ALMOÇOS

900 g de feijão-branco escolhido e lavado

1,9 litro de caldo de galinha ou de legumes caseiro ou com baixo teor de sódio

2 cenouras grandes sem casca cortadas ao meio

2 talos de aipo com as folhas, se possível, cortados em pedaços de 7,5 cm

4 cebolas pequenas cortadas ao meio

4 cebolinhas aparadas

6 dentes de alho grandes amassados

2 ramos de tomilho

1 ramo de alecrim ou ½ colher (chá) de alecrim seco

1 punhado de salsinha (folhas e talos)

Casca de parmesão (opcional)

¼ de xícara de um bom azeite (60 ml), mais um pouco para servir

Sal

2 xícaras de tomate picado em lata (480 g)

1 Ponha o feijão em uma panela com fundo triplo ou de pressão com água fria, cobrindo-o em 2,5 cm. Coloque para ferver em fogo alto por 1 minuto, desligue o fogo e tampe a panela. Reserve por 1 hora.

2 Escorra o feijão e devolva à panela. Acrescente o caldo e, se não passar os grãos em pelo menos 5 cm, complete com água. Acrescente a cenoura, o aipo, a cebola, a cebolinha, o alho, o tomilho, o alecrim, a salsinha, a casca de parmesão, o azeite e 3 colheres (chá) de sal. Leve para ferver em fogo médio-alto. Abaixe o fogo e mantenha a panela parcialmente fechada por 45-60 minutos, até que o feijão esteja quase macio. Adicione o tomate e cozinhe por mais 10 a 15 minutos. Se estiver fazendo na pressão, desligue depois de 20 minutos após a pressão apitar.

3 Remova as ervas, legumes e verduras, prove e acerte o tempero. Guarde na geladeira por até 5 dias.

4 **No dia:** Esquente o feijão na panela por 5-10 minutos.

Massa com *fagioli*

Este é um atalho simples para um prato clássico. Cozinhe 30 g de **macarrão curto** (eu gosto de *trofie*, aquele torcidinho) por pessoa, até ficar al dente. Esquente **sobras de feijão** com um pouco de água ou **caldo de galinha** para fazer uma sopa grossa, calculando cerca de 1½ xícara (355 ml) por pessoa. Prove, acerte o tempero e acrescente o macarrão. Sirva com um pouco de **azeite de qualidade** e **parmesão ralado**.

Arroz verde

Nos primórdios do Food52, uma de nossas membras, Amreen Karmali, postou uma receita de camarão biryani. Fiz esse prato maravilhosamente aromático diversas vezes. Primeiro, você faz uma pasta de pimentas, alho e ervas bem vibrante, que serve de base para o arroz pilaf. Essa pasta também serve de marinada para o camarão que fica sobre esse arroz. Aqui, tirei o camarão e substituí algumas ervas e temperos para usar como acompanhamento (a versão da Amanda mantém o camarão). Sinta-se livre para experimentar com os sabores. Endro é uma boa alternativa, assim como acrescentar vagens de cardamomo ou sementes de coentro no lugar da folha de louro.

Brinque com o ardor Esta receita pede grãos de pimenta-do-reino, que não são removidos antes de servir. Se quiser, pode substituir por ¼ de colher (chá) de pimenta moída na hora ou colocar os grãos dentro de um tule amarrado para remover com facilidade ao final.

As pimentas-serrano variam em tamanho e ardor. Se as que tiver forem grandes (ou picantes), talvez seja melhor adicionar menos à pasta para fazer o arroz.

SERVE 4 COMO ACOMPANHAMENTO EM 2 JANTARES

½ maço de coentro aparado

1 xícara de folhas de salsinha grosseiramente picadas (40 g)

⅔ de xícara de folhas de hortelã grosseiramente picadas (30 g)

8 dentes de alho sem casca

2 pimentas-serrano com semente

⅓ de xícara de óleo vegetal (80 ml)

1 colher (chá) de pimenta-do-reino em grãos

1 folha de louro

2 cebolas grandes bem picadinhas

Sal

4 xícaras de arroz basmati (740 g)

¼ de xícara de manteiga sem sal cortada em cubos (60 g)

4 colheres (chá) de vinagre de vinho tinto

2 colheres (sopa) de azeite extravirgem

1 Preaqueça o forno a 175°C.

2 Coloque todo o coentro no processador de alimentos com a salsinha, a hortelã, o alho e a pimenta-serrano. Pulse até formar uma pasta grossa, acrescentando um pouco de água, se precisar, e limpando a lateral do recipiente algumas vezes.

3 Esquente o óleo vegetal em uma travessa refratária de 7,5 litro. Acrescente a pimenta-do-reino e a folha de louro e deixe até soltar o aroma, por 2-3 minutos.

4 Adicione a cebola e cozinhe, mexendo com frequência, até que amoleça e comece a dourar, o que leva cerca de 8-10 minutos. Coloque metade da pasta de pimenta-serrano e misture por mais 1 minuto.

5 Acrescente 6 xícaras de água (1,4 litro) e 1 colher (sopa) de sal e deixe ferver. Jogue o arroz e a manteiga e deixe ferver novamente. Cubra bem com papel-alumínio ou tampe e asse por exatamente 20 minutos.

6 Deixe descansar por 5 minutos. Tire a tampa ou papel-alumínio, solte o arroz com um garfo e remova a folha de louro. Despeje o vinagre e o azeite com cuidado e ponha mais algumas colheradas da pasta de pimenta serrano, sempre provando para acertar a quantidade e o tempero. Deixe esfriar e guarde na geladeira na própria travessa por até 5 dias. Guarde o que sobrar da pasta na geladeira por até 1 semana ou no congelador por até 3 meses.

7 **No dia:** Cubra a travessa com papel-alumínio e reaqueça no forno de 150-165°C por cerca de 15 minutos, mexendo na metade do tempo.

Arroz verde frito da Amanda

Coloque 1½ colher (sopa) de óleo vegetal em uma panela de ferro fundido antiaderente ou wok com tampa e leve ao fogo alto. Espalhe 4 xícaras de arroz verde (515 g) e pressione com uma colher de pau. Não mexa até que o arroz esteja tostado e dourado, cerca de 5 minutos depois. Espalhe e pressione de novo o arroz, repetindo o processo até que ele esteja crocante e regulando a chama se necessário. Transfira o arroz frito para tigelas rasas ou uma travessa. Coloque outra colher (sopa) de óleo na panela e aqueça em fogo médio-alto. Quando começar a chiar, quebre 4 ovos e tempere com sal e pimenta. Deixe que fiquem crocantes embaixo, tampe a panela e espere até que a clara esteja cozida, por cerca de 2 minutos. Disponha os ovos sobre o arroz e deixe molho de pimenta na mesa para quem quiser se servir.

Arroz verde com camarão da Amanda

Faça o **arroz verde** dobrando a quantidade de **coentro** e sem hortelã. Coloque o arroz pronto na geladeira, em uma assadeira pequena coberta com papel-alumínio.

No dia: Preaqueça o forno a 150°C. Coloque a assadeira coberta no forno por cerca de 20 minutos, até o arroz esquentar. Grelhe **450 g de camarões médios** com **azeite extravirgem** e sal. Sirva sobre o arroz.

Sorvete de limão

Eu tinha seis anos quando minha família foi passar férias nas Bahamas e tomamos o sorvete de limão mais delicioso do mundo. Era um sabor azedo intenso, e dava para ver as linhas verdes das raspas. Juntei coragem para pedir a receita, que transcrevi em um pedaço de papel. A melhor parte: nem era preciso de máquina de sorvete para fazer.

RENDE 1,4 KG

3 xícaras de creme de leite fresco (710 ml)

1½ xícara de açúcar (300 g)

¼ de xícara de raspas finas de limão (25 g)

⅔ de xícara de sumo de limão espremido na hora (160 ml)

1 Junte o creme de leite fresco, o açúcar, as raspas e o sumo de limão em uma tigela grande, misturando até que o açúcar dissolva. Cubra e deixe na geladeira por pelo menos 1 hora.

2 Congele a mistura em uma travessa rasa e larga, mexendo a cada 20 minutos por cerca de 2 horas, até ficar cremoso. Congele. Cubra a travessa. Não se desespere se o sorvete não ficar muito duro — a textura deve ser bem aerada e leve.

Variações da Amanda

"Minha família faz uma receita muito parecida, usando leite em vez de creme de leite fresco. Dá para fazer um **sorvete de torta de limão** com ele. Coloque 2 xícaras de sorvete de limão (475 ml) em uma tigela. Triture 3 bolachas maria ou maisena por cima e misture bem. Deixe a tigela no congelador enquanto janta. Bata ½ xícara de creme de leite fresco (120 ml) até formar picos. Sirva o sorvete coberto com o chantili. Você também pode fazer **vaca-branca**, colocando o sorvete de limão em copos altos e cobrindo com refrigerante (inclusive o ginger ale ao lado)."

Grapefruit grelhada com limão

A grapefruit grelhada é uma tradição do sul dos Estados Unidos — da qual eu sou uma entusiasta. A crosta de açúcar crocante quebra com uma colherada como um bom *crème brûlée*, mas, em vez da riqueza enjoativa do creme, o sabor aqui é suculento, cítrico e ligeiramente azedo. Fica especialmente boa com uma bola de sorvete. Para fazer para 4 pessoas, leve uma fridigeira ao fogo alto. Com uma faca, divida **2 grapefruits** ao meio horizontalmente e corte uma fatia do fundo. Solte os gomos, cortando em volta das membranas, e tire as sementes com uma faca. Polvilhe **1 colher (sopa) de açúcar demerara** e alguns grãos de sal sobre cada metade de grapefruit. Coloque na frigideira com o lado coberto por açúcar virado para baixo, até que caramelize. (Cuidado para que elas não queimem!) Deixe esfriar por alguns minutos, esprema **limão** em cima e sirva imediatamente. Acrescente **sorvete de limão**, se quiser.

Xarope de gengibre

Em um mundo perfeito, eu sempre teria este xarope simples e versátil na geladeira. Para fazer 2 xícaras (475 ml), corte **2 bulbos de gengibre** de 15 cm em fatias (sem tirar a casca). Ponha em uma panela com 2 xícaras de água fria (475 ml) e **2 xícaras de açúcar (400 g)** e deixe ferver por 5 minutos. Quando o xarope esfriar, coe e guarde em um recipiente hermético na geladeira por até 2 semanas.

Você pode usar esse xarope para fazer ginger ale caseiro (misture **2 colheres (sopa)** com **240 ml de água com gás**), como calda de sorvete, em drinques ou misturar à água quente para fazer um chá relaxante. Também não é má ideia colocar no iogurte de manhã.

Macarrão de sexta à noite do Tad

Rotelle à arrabiata

Nos primórdios do Food52, eu trabalhava na maioria dos fins de semana. Durante a semana, chegava em casa, passava algumas horas com as crianças e voltava ao laptop para trabalhar até a hora de dormir. Dificilmente cozinhava ou pensava no jantar. Meu marido Tad e eu nos referimos a essa época como a Era Negra.

Uma das coisas boas desse tempo (além do sucesso do Food52!) foi que meu marido dominou a arte da macarronada. Em 2013, a *New York Times Magazine* publicou uma receita de Mario Batali de *penne à arrabiata*. Eu nem sabia que Tad lia a seção de gastronomia até que ele serviu esse prato no jantar e revelou a fonte. Desde então, meu marido fez esta receita no mínimo umas cinquenta vezes, adicionando seu toque pessoal (bacon e *rotelle* no lugar do *penne*) e fazendo ajustes (mais tomate). Agora que a Era Negra acabou e eu tenho tempo para cozinhar no fim de semana e jantar com eles nos dias de semana (embora continue trabalhando no laptop durante a noite!), Tad segue fazendo macarrão às sextas. E fica cada vez mais gostoso.

SERVE 4, MAIS SOBRAS

Sal

225 g de bacon cortado em fatias de 6 mm

¼ de xícara mais 3 colheres (sopa) de azeite extravirgem (105 ml)

½ xícara de pasta de tomate (130 g)

2 pitadas modestas de pimenta calabresa em flocos (ou o quanto quiser)

1¾ xícara de tomate picado em lata (420 g)

450 g de *rotelle* ou outro macarrão curto

Parmesão ralado, para servir

Torrada de ricota (p. 20) com raspas de limão-siciliano e mel, para servir

1 Coloque uma panela grande de água generosamente salgada para ferver.

2 Espalhe o bacon em uma panela grande em fogo médio e doure até a gordura se soltar. Tire a panela do fogo e deixe o bacon sobre papel-toalha. Descarte toda a gordura da panela menos 1 colher (sopa). Acrescente ¼ de xícara de azeite (60 ml) e aqueça em fogo médio.

3 Adicione a pasta de tomate e a pimenta calabresa em flocos. Abaixe o fogo e mexa até soltar o aroma, por cerca de 4 minutos. Adicione os tomates, mexa e desligue o fogo.

4 Jogue o macarrão na água fervente e deixe até ficar al dente — ele vai cozinhar um pouco mais com o molho. Escorra a água, reservando ¼ de xícara (60 ml).

5 Acrescente o macarrão, o bacon e a água do cozimento reservada ao molho de tomate em fogo médio e mexa bem. Ponha sal, se necessário, e adicione 3 colheres (sopa) de azeite. Sirva imediatamente e finalize com parmesão.

Sobras de macarrão (de verdade) Tad manda o que sobra de macarrão com azeite para o almoço das crianças. Eu estranhava no início, mas eles adoram e podem comer sem requentar — o que provavelmente significa que vão sobreviver à vida universitária.

Macarrão com vodca

A maioria das massas com vodca são exageradas, com ingredientes supérfluos maquiando a mágica que acontece quando se mistura tomate, creme de leite e vodca. Eu me apaixonei pela simplicidade desta receita e por sua insistência em apenas deixar os ingredientes brilharem. Este macarrão também é a maneira perfeita de encerrar o cardápio da semana, porque exige pouco de você e da sua despensa. Tornou-se outro prato clássico do Tad. Use um macarrão curto. Ele gosta de *rotelle* ou *conchiglie*.

SERVE 4

Sal

7 colheres (sopa) de manteiga sem sal (100 g)

1-2 pitadas (você que sabe!) de pimenta calabresa em flocos

¾ de xícara de vodca (175 ml)

450 g de macarrão curto (como *rotelle* ou *conchiglie*)

1¼ xícara de tomate picado em lata

1 xícara de creme de leite fresco (240 ml)

1 xícara de parmesão ralado (100 g)

1 Coloque uma panela grande de água com sal para ferver.

2 Quando a água estiver borbulhando, coloque o macarrão e cozinhe até ficar al dente.

3 Derreta a manteiga em fogo médio em uma panela grande o bastante para comportar toda a massa cozida. Acrescente a pimenta calabresa em flocos e a vodca e deixe ferver. Abaixe o fogo e mantenha a fervura por 2 minutos.

4 Acrescente o tomate e o creme de leite fresco à vodca, deixando ferver novamente, então abaixe o fogo e mantenha a fervura por 5 minutos. Tempere com sal.

5 Quando o macarrão estiver cozido, escorra e misture com o molho. Com o fogo baixo, acrescente o parmesão e mexa bem.

Macarrão com atum do Zuni

Esta receita do Zuni Café, em São Francisco, foi publicada no Food52 pelo colunista de longa data Nicholas Day. Escritor, pai e cozinheiro, ele aprecia a delícia simples de um macarrão que pode ser feito com atum em lata e ingredientes comuns da despensa. Na primeira vez em que fiz esta receita, minha família foi cética. Onde estava o molho? Era tão monocromático! Mas, assim que superaram esse preconceito — uma mente aberta leva a um palato aberto! —, viraram fãs. A quantidade de pimenta calabresa em flocos pode ser diminuída para o bem das crianças na sua casa.

SERVE 4

Sal

½ xícara de azeite (120 ml)

1 colher (sopa) de raspas de limão-siciliano

1 folha de louro

½ colher (chá) de pimenta calabresa em flocos (ou menos — costumo usar 1 pitada)

½ colher (chá) de pimenta-do-reino moída na hora (opcional)

2 dentes de alho em lascas

¼ de colher (chá) de sementes de erva-doce

400 g de atum em lata conservado em azeite

¼ de xícara de *pinoli* (35 g)

2 colheres (sopa) de alcaparra picada grosseiramente

1 colher (sopa) de limão-siciliano em conserva lavado e picado

450 g de macarrão (qual preferir; eu uso *penne*)

1 Leve uma panela grande de água com sal para ferver. Em uma frigideira pequena, aqueça o azeite, as raspas de limão, a folha de louro, a pimenta calabresa em flocos, a pimenta-do-reino, o alho e a semente de erva-doce em fogo bem baixo por cerca de 15 minutos, até que os sabores se misturem ao azeite. Acrescente o atum, o *pinoli*, a alcaparra e o limão-siciliano em conserva. Parta o atum delicadamente e deixe esquentar, mas não cozinhar.

2 Quando a água tiver fervido, cozinhe o macarrão até ficar al dente. Escorra bem e transfira para uma travessa com o molho.

Almoço: Macarrão com atum do Zuni à *niçoise* Misture as sobras de macarrão com **vagens** branqueadas, **azeitonas pretas**, sumo de **limão-siciliano** espremido na hora e **azeite extravirgem**. Cubra com 1 **ovo cozido picado**.

AGRADECIMENTOS

Muitas pessoas testaram as receitas e os cardápios deste livro para termos certeza de que conseguimos o que nos propusemos a fazer. Mas não houve cobaias mais corajosas que nossas famílias, com quem comemos toda semana. Obrigada ao melhor grupo de ratinhos de laboratório — e algumas vezes *sous chefs* — que poderíamos ter: Tad, Addison e Walker, Jonathan, Clara e Henry. Obrigada também a Dickyi Tenzin e Donna Herman, que cuidaram tanto do estômago dos nossos filhos quanto do coração e da mente.

Quando começamos a discutir o conceito deste livro com os editores da Ten Speed, nenhum de nós sabia bem em que estava se metendo. Somos muito gratas a Hannah Rahill e Kelly Snowden por compartilhar nossa visão e aguentar firme conosco durante as inúmeras mudanças de curso, tudo para tornar este livro útil e inspirador para qualquer um que precise colocar o jantar na mesa toda noite. Muito obrigada a Aaron Wehner, Michele Crim, David Hawk e Margaux Keres da Ten Speed.

Obrigada também às tropas em casa: nossa talentosa equipe no Food52. Não poderíamos ter feito este livro sem a energia serena e o apoio capacitado de Ali Slagle e Kristen Miglore. Ali teve que lidar com uma enxurrada de documentos e e-mails para nos ajudar a melhorar este livro e teve muito a ver com a produção das fotos de comida que aparecem aqui. Kristen usou seu olho afiado para aperfeiçoar o texto, as fotos e o estilo geral do livro.

Obrigada a James Ransom (com quem estamos trabalhando há mais de cinco anos!) e Alexis Anthony por trazer um visual e uma atmosfera completamente novos para o livro e tirarem todas as fotos com base nisso. Também somos gratas a Carmen Ladipo pela produção das fotos, à multitalentosa Sarah Jampel por nos emprestar suas habilidades de estilização de comida e a C. B. Owens por mais um par de olhos de águia.

Muitas pessoas testaram estas receitas ou prepararam as seções de fotos, dando feedback importantíssimo ao longo do caminho. Obrigada a Josh Cohen, Derek Laughren, Erin McDowell, Emily Stephenson, Katy Peetz, Kenzi Wilbur, Stephanie Bourgeois, Samantha Weiss-Hills, Amanda Sims, Caroline Lange, Leslie Stephens, Angela Barros, Anna Gass, Deanna Curri, Emily Olson, Kate Knapp, Monita Buchwald, Sarah Green e Victoria Ross.

Nenhum livro de receitas do Food52 poderia ser feito sem o talento e a generosidade da nossa comunidade, cujas habilidades culinárias nos inspiram todos os dias e cujas receitas excepcionais nos ajudam a alimentar nossas famílias há anos.

ÍNDICE REMISSIVO

abacate: *Bruschetta* de rabanete e abacate com manteiga de *sriracha* e limão, 121; Salada de abacate e laranja-sanguínea, 227; Salada de aspargo e abacate com parmesão, 49; Salada de caranguejo e abacate, 134; Salada de carne e abacate com arroz frito e castanha-de-caju, 82; Salada de frango com abacate e limão-siciliano, 42; Sanduíche de abacate, caranguejo, alcaparra e tomate--cereja estourado, 134; Sanduíche tailandês com carne, abacate, coentro e cebola em conserva, 82; Taco de carne de porco de panela, 263; Torrada de abacate com pesto, bacon e ovo poché, 124

abóbora: Creme de abóbora com xerez, 248; Purê de abóbora, 188; truque para descascar, 248

abobrinha: Abobrinha assada com molho apimentado de hortelã, 151; Almôndega com tomate e abobrinha, 136; Macarrão de verão, 104; Salada de cuscuz com abobrinha, pistache e atum escaldado, 99; Salada de cuscuz com abobrinha, pistache e queijo feta, 99

agrião: Salada de carne e abacate com arroz frito e castanha-de-caju, 82; Salada de cordeiro com raiz-forte, agrião e aipo, 198

aipo: Grão-de-bico refogado com aipo, 170; Salada de cordeiro com raiz-forte, agrião e aipo, 198

alcachofra: Legumes sortidos, 50

alface: Salada de caranguejo e abacate, 134; Salada de cordeiro com raiz-forte, agrião e aipo, 198; Salada de frango com abacate e limão-siciliano, 42; Salada quente de frango, 152

alho: Brandade, 46; Molho de alho assado da Roberta, 42; Verduras ao alho, 235

aliche: Molho de alho assado da Roberta, 42; Molho de aliche, 219; Molho verde, 198

almôndega: Almôndega com tomate e abobrinha, 136; Sanduíche de almôndega com mozarela e manjericão, 136

ameixa: Ameixa e espuma de canela, 191; Torta de ameixa, 109

amêndoa: Cookie de chocolate com farinha de amêndoa e cereja, 252; Farro com folhas de mostarda, amêndoas, groselha e lascas de queijo, 217; Molho romesco, 107; Salada de cevada com caqui, *confit* de cebola e queijo, 166; Salada de frango com erva-doce e amêndoas defumadas, 185; Salada verde com ervilha-torta, aspargo assado, ricota e amêndoa torrada, 15; Sorvete de chocolate com *croûtons* de brioche, amêndoa e sal, 66

amora: Sorvete de amora com gotas de chocolate, 141

arroz: Arroz de forno simples da Merrill, 83; Arroz jasmim por tentativa e erro, 83; Arroz tostado, 203; Arroz tostado com couve cremosa e ovo frito, 203; Arroz verde, 266-7; Arroz verde com camarão da

Amanda, 267; Arroz verde frito da Amanda, 267; *Jook* com ovo frito, 213; *Jook* turbinado com couve-de-bruxelas e rabada, 213; *Jook* turbinado com folhas de mostarda, 213; Salada de arroz jasmim com tomate-cereja estourado, atum, azeitona e alcaparra, 76; Salada de carne e abacate com arroz frito e castanha-de-caju, 82; Salada tailandesa de carne, 80

asparago: Asparago assado do Jonathan, 15; Aspargos mexidos, 58; Legumes sortidos, 50; Macarrão ao limão-siciliano com aspargo, 49; Salada de aspargo e abacate com parmesão, 49; Salada de ervilha-torta, folhas e aspargo com creme de limão--siciliano em conserva e *merguez*, 14; Salada de grãos com aspargo, nabo, queijo feta e molho de limão-siciliano em conserva, 61; Salada verde com ervilha-torta, aspargo assado, ricota e amêndoa torrada, 15; Torradas com queijo Minas e aspargo, 49

atum: Atum escaldado, 100; Macarrão com atum do Zuni, 271; Macarrão com atum e pesto, 124; Salada de arroz jasmim com tomate-cereja estourado, atum, azeitona e alcaparra, 76; Salada de atum com pimentão e maionese de páprica defumada, 103; Salada de cuscuz com abobrinha, pistache e atum escaldado, 99; Sanduíche de salada de atum com molho romesco, 100

azeitona: Macarrão com atum do Zuni, 271; Salada de arroz jasmim com tomate-cereja estourado, atum, azeitona e alcaparra, 76; Salada de laranja-sanguínea, 227; Sanduíche de *merguez* com folhas *baby*, queijo de cabra e azeitona verde, 19

bacalhau: Brandade, 46; Panqueca de brandade, 46

bacon: assado no forno, 124; Macarrão de verão, 104; Queijo quente com bacon da mamãe, 182; *Rotelle à arrabiata*, 270; Salada de frango com abacate e limão--siciliano, 42; Torrada de abacate com pesto, bacon e ovo poché, 124; *ver também Pancetta*

batata: Batata assada do Tad, 50; Batata cozida, 152; Batata-bolinha crocante, 231; Bolinho de batata e pastinaca, 251; Brandade, 46; como assar, 32; Purê de batata e pastinaca com *sour cream*, 251; Salada de frango com abacate e limão-siciliano, 42; Salada quente de frango, 152

batata-doce: Batata-doce assada com ragu de linguiça, 155; como assar, 32

blueberry: Raspadinha de *blueberry*, 91; *Schlumpf*, 66

bolacha: Bolacha com fritada, maionese de ervas e pimenta, 28; Bolacha multiúso, 28; ideias para, 28

bolos: Bolo de chocolate com azeite, 191; Bolo de purê de maçã com cobertura, 156; Bolo inglês de açúcar mascavo com chantili, 173; evite assar demais, 173

brandade: Brandade 46; Panqueca de brandade, 46

brócolis: Macarrão ao limão-siciliano com brócolis (variação), 49; Sopa de brócolis, limão-siciliano e parmesão, 162

camarão: Arroz verde com camarão da Amanda, 267; Camarão grelhado com

rúcula e pesto de folhas de alho, 123; Salada de farro com camarão, rabanete e pesto, 124

caranguejo: Salada de caranguejo e abacate, 134; Sanduíche de abacate, caranguejo, alcaparra e tomate-cereja assado, 134; Torrada de caranguejo, 134

carne bovina: Almôndega com tomate e abobrinha, 136; Bisteca com rúcula, limão--siciliano e parmesão, 120; Costela bovina ao vinho tinto, 187; Ensopado de carne ao vinho tinto com pastinaca e cenoura, 247; Fraldinha e *charmoula* na vianinha, 62; Molho à bolonhesa, 231; Picadinho de rabada na torrada, 216; Rabada, 214; Salada de carne e abacate com arroz frito e castanha-de-caju, 82; Salada tailandesa de carne, 80; Sanduíche de almôndega com mozarela e manjericão, 136; Sanduíche de carne com cebola em conserva, tomate--cereja estourado e folhas verdes picantes, 82; Sanduíche tailandês com carne, abacate, coentro e cebola em conserva, 82; Tigelinha de grãos e carne, 121; *Wraps* de carne, 86

carne suína: comprar, 165; Costeleta de porco ao molho romesco, 107; Ensopado de porco ao vinho tinto com pastinaca e cenoura (variação), 247; Molho à bolonhesa, 231; Paleta suína assada durante a noite, 165; *Porchetta* da Luciana, 228; Salada de espinafre, *pancetta*, ovo e *croûtons*, 235; Sanduíche de *porchetta*, cebola em conserva e verduras ao alho, 235; Taco de carne de porco de panela, 263

castanha-de-caju: Salada de carne e abacate com arroz frito e castanha-de-caju, 82

cebola: Cebola em conserva, 86; *Confit* de cebola, 166; Vinagrete de *confit* de cebola, 166

cenoura: Ensopado de carne ao vinho tinto com pastinaca e cenoura, 247; Legumes com ricota e folhas de alho, 61; Legumes da estação com sal, 61; Molho à bolonhesa, 231

cereja: Cookie de chocolate com farinha de amêndoa e cereja, 252; Sorvete de chocolate com mel apimentado e cereja ao marasquino, 220

chantili, 126, 173

chocolate: Bolo de chocolate com azeite, 191; Cookie de baunilha com especiarias e gotas de chocolate (vegano!), 204; Cookie de chocolate com farinha de amêndoa e cereja, 252; Musse de chocolate com alecrim, 236; Sanduíche de cookie de gengibre com sorvete de chocolate, 220; Sorvete de chocolate com *croûtons* de brioche, amêndoa e sal, 66; Sorvete de chocolate com mel apimentado e cereja ao marasquino, 220; Torrada de chocolate, 35

cobertura de caramelo, 156

coco: Barrinha de coco dos sonhos, 220; *Schlumpf*, 66

coentro: Arroz verde, 266; *Charmoula*, 62

congelamento, dicas, 7, 107

cookies e barrinhas: Barrinha de coco dos sonhos, 220; Biscoito de suspiro (variação), 126; como congelar, 23; Cookie crocante de aveia, 23; Cookie de baunilha com especiarias e gotas de chocolate (vegano!), 204; Cookie de chocolate com farinha de amêndoa e cereja, 252; evite assar demais, 252

cordeiro: Cordeiro com *charmoula* e limão-
-siciliano em conserva (variação), 62;
Ensopado de cordeiro ao vinho tinto
com pastinaca e cenoura (variação), 247;
Merguez de cordeiro, 16; Paleta de cordeiro
fatiada, 196; Salada de cordeiro com raiz-
-forte, agrião e aipo, 198; Sanduíche de
cordeiro com couve e molho verde, 198
couve: Arroz tostado com couve cremosa e ovo
frito, 203; Couve cremosa, 199; Nhoque
de ricota com couve cremosa, 199; Salada
de frango com erva-doce e amêndoas
defumadas, 185; Sanduíche de cordeiro
com couve e molho verde, 198; Verduras ao
alho, 235
couve-de-bruxelas: Couve-de-bruxelas assada,
196; *Jook* turbinado com couve-de-bruxelas
e rabada, 213; Macarrão ao limão-siciliano
com couve-de-bruxelas (variação), 49;
Nhoque com manteiga, sálvia, couve-de-
-bruxelas e *pinoli*, 200; Salada de couve-
-de-bruxelas com molho de aliche, 219;
Salada de couve-de-bruxelas com *pinoli* e
uva-passa, 196; Salada de farro e couve-de-
-bruxelas, 219
couve-flor: *Bucatini* com couve-flor, pecorino,
pimenta e farinha de rosca, 169; Couve-
-flor apimentada, 169; Escarola, couve-flor
apimentada e grão-de-bico com vinagrete de
confit de cebola, 169
cuscuz: Salada de cuscuz com abobrinha,
pistache e atum escaldado, 99; Salada de
cuscuz com abobrinha, pistache e queijo
feta, 99; Salada de lula grelhada com limão,
alcaparra e cuscuz, 96

dicas de armazenagem, 5, 7

ensopado: Ensopado de carne ao vinho tinto
com pastinaca e cenoura, 247; Rabada, 214;
ver também Sopas
erva-doce: Erva-doce refogada, 185; Salada
de erva-doce e salame, 185; Salada de
frango com erva-doce e amêndoas
defumadas, 185
ervas: armazenamento, 5; Salmão assado
com maionese de ervas, 32; sobras, 7; *ver
também ervas individuais*
ervilha: Fritada com ervilha, folhas verdes
e ricota, 31; Legumes sortidos, 50; Salada
de ervilha-torta, folhas e asparago com
creme de limão-siciliano em conserva e
merguez, 14; Salada verde com ervilha-
-torta, asparago assado, ricota e amêndoa
torrada, 15
ervilha-torta: Salada de ervilha-torta, folhas
e asparago com creme de limão-siciliano
em conserva e *merguez*, 14; Salada verde
com ervilha-torta, asparago assado, ricota e
amêndoa torrada, 15
escarola: Escarola, couve-flor apimentada e
grão-de-bico com vinagrete de *confit* de
cebola, 169
espinafre: cozinhar adiantado, 235; Salada de
espinafre, *pancetta*, ovo e *croûtons*, 235;
Verduras ao alho, 235

farro: como cozinhar, 216; Farro com folhas de
mostarda, amêndoas, groselha e lascas de
queijo, 217; Salada de farro com camarão,
rabanete e pesto, 124; Salada de farro com
cogumelo assado e parmesão, 119; Salada de

farro e couve-de-bruxelas, 219; Tigelinha
de grãos e carne, 121
folha de alho: Camarão grelhado com rúcula e
pesto de folhas de alho, 123; Legumes com
ricota e folhas de alho, 61; *Quesadilla* ao
pesto de folhas de alho, 65
folha de ervilha: Salada de ervilha-torta, folhas
e asparago com creme de limão-siciliano em
conserva e *merguez*, 14
folha de mostarda: Farro com folhas de
mostarda, amêndoas, groselha e lascas de
queijo, 217; *Jook* turbinado com folhas de
mostarda, 213
framboesa: Bagunça sofisticada, 126; *Spritzer* de
vinho rosé com framboesa (variação), 116
frango: Ensopado de frango ao vinho tinto com
pastinaca e cenoura (variação), 247; Filé de
frango com *charmoula* e limão-siciliano
em conserva, 62; Frango de frigideira, 184;
Frango no papelote (variação), 259; Frango
rosé, 148; *Nuggets* caseiros, 45; Salada de
frango com abacate e limão-siciliano, 42;
Salada de frango com erva-doce e amêndoas
defumadas, 185; Salada de grãos com
asparago, nabo, queijo feta e molho de limão-
-siciliano em conserva, 61; Salada quente
de frango, 152; Sanduíche de *nuggets* com
picles e molho especial, 45; Sanduíche de
salada de frango, 185; uso das sobras, 184
fritada: Bolacha com fritada, maionese de
ervas e pimenta, 28; dicas, 31; Fritada com
ervilha, folhas verdes e ricota, 31

galettes: *Galette* de pera (variação), 53; *Galette*
de ruibarbo, 53
gelo: como triturar, 75; Raspadinha de
blueberry, 91
gim: *Sherry Temple*, 245
ginger ale: caseiro, 268; *Shirley Temple*, 245;
vaca-branca, 268
grão-de-bico: Escarola, couve-flor apimentada
e grão-de-bico com vinagrete de *confit* de
cebola, 169; Grão-de-bico refogado com
aipo, 170
grelhar: Asparagos grelhados do Jonathan
(variação), 15; Bisteca com rúcula, limão-
-siciliano e parmesão, 120; Camarão
grelhado com rúcula e pesto de folhas
de alho, 123; Costeleta de porco ao
molho romesco, 107; Filé de frango com
charmoula e limão-siciliano em conserva,
62; Paleta de cordeiro fatiada, 196; para
poupar tempo, 40; Salada de lula grelhada
com limão, alcaparras e cuscuz, 96; Salada
tailandesa de carne, 80; Torrada com
maionese de páprica defumada, 96

hana-nirá: Manteiga com *hana-nirá*, 20;
Orecchiette com *merguez* e *hana-nirá*, 19;
Torrada de ricota, 20
hortelã: Abobrinha assada com molho
apimentado de hortelã, 151; Arroz verde,
266

iogurte: Salada de couve-de-bruxelas com
molho de aliche e ovo cozido com iogurte
grego, 219; *Smoothie* de morango com
iogurte e mel, 116

jook: *Jook* com ovo frito, 213; *Jook* turbinado
com couve-de-bruxelas e rabada, 213; *Jook*
turbinado com folhas de mostarda, 213

laranja: Salada de abacate e laranja-sanguínea,
227; Salada de laranja-sanguínea, 227;
Sherry Temple, 245
legume: armazenamento, 5; como assar, 50;
Legumes com ricota e folhas de alho, 61;
Legumes da estação com sal, 61; Legumes
sortidos, 50; *ver também legumes individuais*
leguminosas: Feijão encorpado, 264; Legumes
com ricota e folhas de alho, 61; Macarrão
com atum do Zuni, 271; Massa *fagioli*,
264; Salada de grãos com asparago, nabo,
queijo feta e molho de limão-siciliano
em conserva, 61; Vagem cozida, 137; *ver
também* Grão-de-bico
limão-siciliano: Bisteca com rúcula, limão-
-siciliano e parmesão, 120; Creme de
limão-siciliano, 14; Filé de frango com
charmoula e limão-siciliano em conserva,
62; Macarrão ao limão-siciliano com
asparagos, 49; Melancionada, 133; Molho de
limão-siciliano em conserva, 61; Molho de
mostarda com limão-siciliano, 134; Molho
simples de limão-siciliano, 185; Salada
de frango com abacate e limão-siciliano,
42; Sopa de brócolis, limão-siciliano e
parmesão, 162
limão: Grapefruit grelhada com limão, 268;
Limonada com manjericão, 75; Manteiga
de *sriracha* e limão, 121; Sorvete de limão,
268; Sorvete de torta de limão, 268
limpeza, dicas, 7
linguiça: Batata-doce assada com ragu de
linguiça, 155; como assar, 213; *Jook*
turbinado com folhas de mostarda, 213;
Macarrão ao forno com ragu de linguiça,
155; *Merguez* de cordeiro, 16; *Orecchiette*
com *merguez* e *hana-nirá*, 19; Salada de
ervilha-torta, folhas e asparago com creme
de limão-siciliano em conserva e *merguez*,
14; Sanduíche de *merguez* com folhas *baby*,
queijo de cabra e azeitona verde, 19

maçã: Bolo de purê de maçã com cobertura,
156; Purê de maçã, 156; Purê de maçã
assada, 156; Torta de maçã (variação), 109
maionese: Salmão assado com maionese de
ervas, 32; Torrada com maionese de páprica
defumada, 96
manteiga: com alho-poró, 20; de *sriracha* e
limão, 121; dourada, 99
massa: *Bucatini* (ou espaguete) com couve-
-flor, pecorino, pimenta e farinha de rosca,
169; Lámen com peixe, gengibre, coentro,
pimenta e limão, 260; Macarrão ao forno
com ragu de linguiça, 155; Macarrão ao
limão-siciliano com asparagos, 49; Macarrão
com alho, tomate, manjericão e brie,
138; Macarrão com atum do Zuni, 271;
Macarrão com atum do Zuni à *niçoise*, 271;
Macarrão com atum e pesto, 124; Macarrão
com vodca, 271; Macarrão de verão, 104;
Massa com *fagioli*, 264; Molho à bolonhesa,
231; Nhoque com manteiga, sálvia,
couve-de-bruxelas e *pinoli*, 200; Nhoque
de ricota, 200; Nhoque de ricota com
couve cremosa, 199; *Orecchiette* com
merguez e *hana-nirá*, 19; *Penne* com
tomate-cereja estourado e milho, 88;
Rotelle à *arrabiata*, 270; sobras para levar
para a escola, 270
massa folhada: Enroladinhos com pecorino e
raiz-forte, 244

melancia: Melancionada, 133; Picolé de melancia (variação), 133

menta: Sorvete de menta com torrada de bolo e chantili, 191

merguez: comprar, 12; *Merguez* de cordeiro, 16; *Orecchiette* com *merguez* e *hana-nirá*, 19; Salada de ervilha-torta, folhas e aspargo com creme de limão-siciliano em conserva e *merguez*, 14; Sanduíche de *merguez* com folhas *baby*, queijo de cabra e azeitona verde, 19

milho: como debulhar, 88; Macarrão de verão, 104; *Penne* com tomate-cereja estourado e milho, 88

molhos: Camarão grelhado com rúcula e pesto de folhas de alho, 123; *Charmoula*, 62; Creme de limão-siciliano em conserva, 14; Molho à bolonhesa, 231; Molho apimentado de hortelã, 151; Molho de tomate rápido, 137; Molho romesco, 107; Molho verde, 198; Pesto de folhas de alho, 123; Ragu de linguiça, 155; *ver também* Molhos de salada

molhos de salada: Molho de alho assado da Roberta, 42; Molho de aliche, 219; Molho apimentado de hortelã, 151; Molho de limão-siciliano, 14; Molho de limão--siciliano em conserva, 61; Molho de mostarda e limão-siciliano, 134; Molho simples de limão-siciliano, 185; *ver também Vinagretes*

morango: Bagunça sofisticada, 126; *Spritzer* de vinho rosé e morango, 116; vaca-rosa (variação), 116

mostarda: Molho de mostarda com limão--siciliano, 134; Vinagrete cremoso de mostarda, 198

mozarela: Macarrão ao forno com ragu de linguiça, 155; Sanduíche de almôndega com mozarela e manjericão, 136

nabo: Bolinho de batata e pastinaca, 251; Ensopado de carne ao vinho tinto com pastinaca e cenoura, 247; Purê de batata e pastinaca com *sour cream*, 251

ovo: Arroz tostado com couve cremosa e ovo frito, 203; Aspargos mexidos, 58; Bolacha com fritada, maionese de ervas e pimenta, 28; Fritada com ervilha, folhas verdes e ricota, 31; *Jook* com ovo frito, 213; Macarrão com atum do Zuni, 271; Ovos ao molho romesco, 107; Ovos verdes, 20; Salada de couve-de-bruxelas com molho de aliche e ovo cozido com iogurte grego, 219; Salada de espinafre, *pancetta*, ovo e *croûtons*, 235; Salada de farro com cogumelo assado e parmesão, 119; Salada de ovo, 182; Torrada de abacate com pesto, bacon e ovo poché, 124

pancetta: Costela bovina ao vinho tinto, 187; Couve cremosa, 199; Ensopado de carne ao vinho tinto com pastinaca e cenoura, 247; *Porchetta* da Luciana, 228; Rabada, 214; Salada de espinafre, *pancetta*, ovo e *croûtons*, 235

pão: congelado, 5; e manteiga, 100; Torrada com maionese de páprica defumada, 96; *ver também Biscoitos*; *Sanduíches*; *Tartines*

peixe: Atum escaldado, 100; Brandade, 46; esquentar, 7; Lámen com peixe, gengibre,

coentro, pimenta e limão, 260; Macarrão com atum do Zuni, 271; Macarrão com atum e pesto, 124; Panqueca de brandade, 46; Peixe no papelote, 259; Salada de arroz jasmim com tomate-cereja estourado, atum, azeitona e alcaparra, 76; Salada de cuscuz com abobrinha, pistache e atum escaldado, 99; Salmão assado com maionese de ervas, 32; Salpicão de peixe, 260; Sanduíche de salada de atum com molho romesco, 100; *Wraps* de peixe, 85; *ver também Anchovas*

pera: *Galette* de pera (variação), 53; Salada de pera picante (variação), 79

pêssego: Presunto cru enrolado no pêssego picante, 79; Salada de pêssego picante, 79; *Spritzer* de vinho rosé com pêssego (variação), 116; Torta de pêssego (variação), 109

pimentão: Salada de atum com pimentão e maionese de páprica defumada, 103; Pimentão no azeite, 103

pimenta: Bolacha com fritada, maionese de ervas e pimenta, 28; Molho romesco, 107

pistache: Salada de cuscuz com abobrinha, pistache e atum escaldado, 99; Salada de cuscuz com abobrinha, pistache e queijo feta, 99; Sorvete de café com marshmallow tostado, 236

planejamento de refeições, 1-2, 4

polenta: frita, 232; Polenta assada, 232

porchetta: Porchetta da Luciana, 228; Sanduíche de *porchetta*, cebola em conserva e verduras ao alho, 235

presunto: Sanduíche de presunto cru com manteiga e salada, 217

presunto cru: Presunto cru enrolado no pêssego picante, 79; Sanduíche de presunto cru com manteiga e salada, 217

queijo brie: Macarrão com alho, tomate, manjericão e brie, 138

queijo de cabra: Creme de limão-siciliano em conserva, 14; Sanduíche de *merguez* com folhas *baby*, queijo de cabra e azeitona verde, 19

queijo feta: Salada de cuscuz com abobrinha, pistache e queijo feta, 99; Salada de grãos com aspargo, nabo, queijo feta e molho de limão-siciliano em conserva, 61

queijo parmesão: Bisteca com rúcula, limão--siciliano e parmesão, 120; Salada de asparago e abacate com parmesão, 49; Salada de farro com cogumelo assado e parmesão, 119; Sopa de brócolis, limão-siciliano e parmesão, 162

queijo pecorino: *Bucatini* com couve-flor, pecorino, pimenta e farinha de rosca, 169; Enroladinhos com pecorino e raiz-forte, 244

quinoa: Salada de grãos com aspargo, nabo, queijo feta e molho de limão-siciliano em conserva, 61

rabanete: *Bruschetta* de rabanete e abacate com manteiga de *sriracha* e limão, 121; Legumes com ricota e folhas de alho, 61; Legumes da estação com sal, 61; Salada de farro com camarão, rabanete e pesto, 124; *Tartine* de rabanete e homus, 121

reaquecer: dicas, 5, 7

ricota: Fritada com ervilha, folhas verdes e ricota, 31; Macarrão ao forno com ragu de

linguiça, 155; Macarrão ao limão-siciliano com aspargos, 49; Nhoque de ricota, 200; Salada verde com ervilha-torta, aspargo assado, ricota e amêndoa torrada, 15; Torrada de ricota, 20

rúcula: Bisteca com rúcula, limão-siciliano e parmesão, 120; Camarão grelhado com rúcula e pesto de folhas de alho, 123; Salada de carne e abacate com arroz frito e castanha-de-caju, 82; Salada de cevada com caqui, *confit* de cebola e queijo, 166; Salada de frango com erva-doce e amêndoas defumadas, 185

ruibarbo: Bolinho de compota de ruibarbo, 35; Compota de ruibarbo, 35; *Galette* de ruibarbo, 53; Ruibarbo assado com mexerica e cardamomo, 53; *Schlumpf*, 66

salada: Salada de abacate e laranja-sanguínea, 227; Salada de arroz jasmim com tomate--cereja estourado, atum, azeitona e alcaparra, 76; Salada de aspargos e abacate com parmesão, 49; Salada de atum com pimentão e maionese de páprica defumada, 103; Salada de caranguejo e abacate, 134; Salada de carne e abacate com arroz frito e castanha-de-caju, 82; Salada de cevada com caqui, *confit* de cebola e queijo, 166; Salada de cordeiro com raiz-forte, agrião e aipo, 198; Salada de couve-de-bruxelas com molho de aliche, 219; Salada de couve--bruxelas com molho de aliche e ovo cozido com iogurte grego, 219; Salada de couve--de-bruxelas com *pinoli* e uva-passa, 196; Salada de cuscuz com abobrinha, pistache e atum escaldado, 99; Salada de cuscuz com abobrinha, pistache e queijo feta, 99; Salada de erva-doce e salame, 185; Salada de ervilha-torta, folhas e aspargo com creme de limão-siciliano em conserva e *merguez*, 14; Salada de espinafre, *pancetta*, ovo e *croûtons*, 235; Salada de farro com camarão, rabanete e pesto, 124; Salada de farro com cogumelo assado e parmesão, 119; Salada de farro Farro com folhas de mostarda, amêndoas, groselha e lascas de queijo, 217; Salada de farro e couve-de-bruxelas, 219; Salada de frango com abacate e limão-siciliano, 42; Salada de frango com erva-doce e amêndoas defumadas, 185; Salada de grãos com aspargo, nabo, queijo feta e molho de limão-siciliano em conserva, 61; Salada de laranja-sanguínea, 227; Salada de lula grelhada com limão, alcaparra e cuscuz, 96; Salada de manga picante (variação), 79; Salada de ovo, 182; Salada de pêssego picante, 79; Salada de repolho e rabanete, 258; Salada quente de frango, 152; Salada tailandesa de carne, 80; Salada verde com ervilha-torta, aspargo assado, ricota e amêndoa torrada, 15; Torradas com queijo de minas e aspargo, 49

salsinha: Arroz verde, 266; *Charmoula*, 62; Molho verde, 198

sanduíche: Bolacha com fritada, maionese de ervas e pimenta, 28; Fraldinha e *charmoula* na vianinha, 62; Meu sanduíche de tomate favorito, 138; Queijo quente com bacon da mamãe, 182; Sanduíche de almôndega com mozarela e manjericão, 136; Sanduíche de carne com cebola em conserva, tomate--cereja estourado e folhas verdes picantes,

82; Sanduíche de cordeiro com couve e molho verde, 198; Sanduíche de *merguez* com folhas *baby*, queijo de cabra e azeitona verde, 19; Sanduíche de *nugget* com picles e molho especial, 45; Sanduíche de *porchetta*, cebola em conserva e verduras ao alho, 235; Sanduíche de presunto cru com manteiga e salada, 217; Sanduíche de salada de atum com molho romesco, 100; Sanduíche de salada de frango, 185; Sanduíche de cookie de gengibre com sorvete de chocolate, 220; Sanduíche de tomate-cereja estourado, 76; Sanduíche tailandês com carne, abacate, coentro e cebola em conserva, 82

Schlumpf, 66

sobremesa: Ameixa e espuma de canela, 191; Bagunça sofisticada, 126; Barrinha de coco dos sonhos, 220; Biscoito de suspiro (variação), 126; Bolinho de compota de ruibarbo, 35; Bolo de chocolate com azeite, 191; Bolo de purê de maçã com cobertura, 156; Bolo inglês de açúcar mascavo com chantili, 173; Cookie crocante de aveia, 23; Cookie de baunilha com especiarias e gotas de chocolate (vegano!), 204; Cookie de chocolate com farinha de amêndoa e cereja, 252; *Galette* de pera (variação), 53; *Galette* de ruibarbo, 53; Grapefruit grelhada com limão, 268; Musse de chocolate com alecrim, 236; Picolé de melancia (variação), 133; Purê de maçã às antigas, 156; Raspadinha de *blueberry*, 91; Ruibarbo assado com mexerica e cardamomo, 53; Sanduíche de cookie de gengibre com sorvete de chocolate, 220; *Schlumpf*, 66; *Smoothie* de morango com iogurte e mel, 116; Sorvete de amora com gotas de chocolate, 141; Sorvete de café com marshmallow tostado, 236; Sorvete de chocolate com *croûtons* de brioche, amêndoa e sal, 66; Sorvete de chocolate com mel apimentado e cereja ao marasquino, 220; Sorvete de limão, 268; Sorvete de menta com torrada de bolo e chantili, 191; Sorvete de menta festivo, 252; Sorvete de torta de limão, 268; Torrada de chocolate, 35; Torta de ameixa, 109; Torta de maçã

(variação), 109; Torta de pera (variação), 109; vaca-rosa (variação), 116; Xarope de gengibre, 268; xarope de rosé para, 148

sopa: Creme de abóbora com xerez, 248; Creme de tomate assado, 181; Lámen com peixe, gengibre, coentro, pimenta e limão, 260; Massa com *fagioli*, 264; Sopa de brócolis, limão-siciliano e parmesão, 162; *ver também Ensopados*

sorvete: Sanduíche de cookie de gengibre com sorvete de chocolate, 220; Sorvete de amora com gotas de chocolate, 141; Sorvete de café com marshmallow tostado, 236; Sorvete de chocolate com *croûtons* de brioche, amêndoa e sal, 66; Sorvete de chocolate com mel apimentado e cereja ao marasquino, 220; Sorvete de limão, 268; Sorvete de menta com torrada de bolo e chantili, 191; Sorvete de menta festivo, 252; Sorvete de torta de limão, 268; vaca-branca, 268; vaca-rosa (variação), 116

tacos: Taco de carne de porco de panela, 263

Tartines: *Bruschetta* de rabanete e abacate com manteiga de *sriracha* e limão, 121; *Tartine* de rabanete e homus, 121; Torrada de caranguejo, 134

tomate: Almôndega com tomate e abobrinha, 136; como tirar a pele, 137; Costela bovina ao vinho tinto, 187; Creme de tomate assado, 181; Ensopado de carne ao vinho tinto com pastinaca e cenoura, 247; Feijão encorpado, 264; Frango rosé, 148; Macarrão ao forno com ragu de linguiça, 155; Macarrão com alho, tomate, manjericão e brie, 138; Macarrão com vodca, 271; Meu sanduíche de tomate favorito, 138; Molho à bolonhesa, 231; Molho de tomate rápido, 137; Molho romesco, 107; Penne com tomate-cereja estourado e milho, 88; Rabada, 214; *Rotelle à arrabiata*, 270; Salada de arroz jasmim com tomate-cereja estourado, atum, azeitona e alcaparra, 76; Sanduíche de abacate, caranguejo, alcaparra e tomate-cereja assado, 134; Sanduíche de carne com cebola em conserva, tomate-cereja estourado e folhas verdes picantes,

82; Sanduíche de tomate-cereja estourado, 76; Taco de carne de porco de panela, 263; Tomate à *noisette*, 99; Tomate-cereja estourado, 76

torrada: Picadinho de rabada na torrada, 216; Torrada de abacate com pesto, bacon e ovo poché, 124; Torrada de caranguejo, 134; Torrada de chocolate, 35; Torrada de ricota, 20; Torrada com maionese de páprica defumada, 96; Torrada com pesto, 124

torta: Torta de ameixa, 109; Torta de maçã (variação), 109; Torta de pêssego (variação), 109; *ver também Galettes*

tortilha: *Quesadilla* ao pesto de folhas de alho, 65; Taco de carne de porco de panela, 263; *Wraps* de carne, 86; *Wraps* de peixe, 85

verduras: como conservar, 5; Fritada com ervilha, folhas verdes e ricota, 31; Salada de carne e abacate com arroz frito e castanha-de-caju, 82; Salada de couve-de-bruxelas com molho de aliche, 219; Salada de espinafre, *pancetta*, e *croûtons*, 235; Sanduíche de *porchetta*, cebola em conserva e verduras ao alho, 235; Verduras ao alho, 235; Verduras cremosas (variação), 199; *ver também Verduras individuais*

vinagrete: O melhor vinagrete de vinho tinto, 31; Vinagrete cremoso de mostarda, 198; Vinagrete de *confit* de cebola, 166; *ver também Molhos de salada*

vinho: Costela bovina ao vinho tinto, 187; Ensopado de carne ao vinho tinto com pastinaca e cenoura, 247; Frango rosé, 148; *Sherry Temple*, 245; Xarope de vinho rosé (variação), 148

vitela: Almôndega com tomate e abobrinha, 136; Ensopado de vitela ao vinho tinto com pastinaca e cenoura (variação), 247; Sanduíche de almôndega com mozarela e manjericão, 136

wraps: de carne, 86; de peixe, 85

xerez: Creme de abóbora com xerez, 248; *Sherry Temple*, 245

Copyright © 2016 by Food52, Inc.
Fotografias © 2016 by James Ransom
Esta tradução foi publicada por acordo com Ten Speed Press, um selo
do Crown Publishing Group, uma divisão da Penguin Random House LLC.

Companhia de Mesa é um selo da Editora Schwarcz S.A.

*Grafia atualizada segundo o Acordo Ortográfico da Língua Portuguesa de 1990,
que entrou em vigor no Brasil em 2009.*

TÍTULO ORIGINAL A New Way to Dinner: A Playbook of Recipes and Strategies
for the Week Ahead

FOTOS DE CAPA James Ransom

DESIGN DE CAPA Margaux Keres

PREPARAÇÃO Paula Marconi de Lima

ÍNDICE REMISSIVO Probo Poletti

REVISÃO Carmen T. S. Costa e Márcia Moura

Dados Internacionais de Catalogação na Publicação (CIP)
(Câmara Brasileira do Livro, SP, Brasil)

Hesser, Amanda
Menu para a semana : Receitas e cardápios para
agilizar a sua cozinha / Amanda Hesser, Merrill Stubbs ;
fotografias James Ransom ; tradução Lígia Azevedo. —
1ª ed. — São Paulo : Companhia de Mesa, 2018.

Título original: A New Way to Dinner: A Playbook of
Recipes and Strategies for the Week Ahead.
ISBN 978-85-92754-06-8

1. Culinária (Receitas) 2. Culinária americana 3.
Jantares e refeições I. Stubbs, Merrill. II. Ransom, James.
III. Título.

17-05951   CDD-641.5975

Índice para catálogo sistemático:
1. Jantares e refeições : Receitas : Culinária americana
641.5975

[2018]
Todos os direitos desta edição reservados à
EDITORA SCHWARCZ S.A.
Rua Bandeira Paulista, 702, cj. 32
04532-002 — São Paulo — SP
Telefone: (11) 3707-3500
www.companhiadasletras.com.br
instagram.com/companhiademesa

TIPOGRAFIA Archer
DIAGRAMAÇÃO acomte
PAPEL Alta Alvura
IMPRESSÃO Geográfica, março de 2018

A marca FSC® é a garantia de que a madeira utilizada na fabricação do papel deste livro provém de florestas que foram gerenciadas de maneira ambientalmente correta, socialmente justa e economicamente viável, além de outras fontes de origem controlada.